本书为国家社科基金一般项目
"技术赋权与互联网时代的劳动关系转型研究"（批准号：18BSH076）成果之一

邓智平 著

技术赋权
与互联网时代的
劳动关系转型

TECHNOLOGICAL
EMPOWERMENT
AND
THE TRANSFORMATION OF
LABOR RELATIONS
IN THE INTERNET ERA

社会科学文献出版社
SOCIAL SCIENCES ACADEMIC PRESS (CHINA)

目　录

绪　论

一　研究背景与意义

随着互联网和信息技术的深入发展，大数据、云计算、人工智能、区块链等新技术被广泛应用于经济社会发展实践，引发了新一轮技术和产业革命。正如习近平总书记所指出的，"与以往历次工业革命相比，第四次工业革命是以指数级而非线性速度展开"。① 新技术不仅孕育了互联网平台经济等新产业、新业态、新模式，而且对传统的企业组织和用工模式产生了深远影响，全面重构了劳动关系所嵌入的制度和组织基础，从而使劳动关系发生了广泛而深远的转变和转型，并对劳动关系的治理提出了新的挑战和要求。

本书创造性地引入技术赋权视角，从国家、企业、劳动者和工会等多个层面考察技术进步给中国劳动关系带来的影响，构建了系统解释中国劳动关系转型的研究框架，深入分析了当下传统劳动关系和平台劳动关系的新变化。通过与劳动关系转型等主流理论对话，本书指出，技术进步改变了中国劳动关系集体化转型的方向和路径，互联网时代中国劳动关系转型将呈现与西方发达国家产业关系转型不一样的图景，有利于丰富和发展中国特色的劳动关系理论以及劳动社会学、工业社会学、技术社会学和社会政策理论。

同时，本书在深入调查的基础上分析了技术变革背景下我国劳动关系所面临的问题和挑战，明确了互联网时代构建和谐劳动关系的总体思路，

---

① 《习近平主席在世界经济论坛 2017 年年会开幕式上的主旨演讲（全文）》，中国网，https://news.china.com.cn/2017－01/18/content_40124623.htm，最后访问日期：2023 年 9 月 21 日。

提出了传统劳动关系和平台劳动关系有效应对技术变革的对策建议，对国家和地方与时俱进地建立健全互联网时代劳动关系的相关制度、促进各层级制度效能的提升、促进国家劳动关系治理体系和治理能力现代化具有重要的决策咨询价值和应用价值。

二　主要内容和基本观点

本书分为七章。第一章"新技术、新就业、新劳动关系"在描述当前技术变革和经济变革的基础上，阐明了以产业数字化和数字产业化为代表的数字经济发展导致互联网时代工作性质的变革和非标准劳动关系明显增多的现状。第二章"理论架构阐释"在中外相关文献回顾与述评的基础上，创造性地引入"技术赋权"的视角分析技术变革对劳动关系的影响，构建了以技术普遍但不均衡的赋权机制诠释互联网时代劳动关系变化和转型的分析框架。第三章"技术变革与传统劳动关系的重构"全面考察了新技术与传统产业的融合发展，特别是以"机器换人"为代表的自动化、智能化技术应用对工业时代标准劳动关系的影响，剖析了"机器换人"过程中劳动关系各方主体的行动策略以及"机器换人"后工人的分化与分流。第四章"平台经济中的新型劳动关系"从总体上辨识了平台经济中劳动者自带生产资料、创造收益跟平台分成共享、劳动过程相对自由、不签订劳动合同、无制度身份约束等不同于工业时代标准劳动关系的特征，在分析平台经济中劳资政各方互动和博弈的基础上，精准识别出平台经济劳动关系的不同类型。第五章"互联网时代劳动关系面临的困难与挑战"分门别类多视角透视了互联网时代我国劳动关系面临工作稳定性下降、技能升级滞后于技术升级、职业保障弱化等突出问题的本质内涵与表现形式。第六章"互联网时代构建和谐劳动关系的对策建议"明确了互联网时代构建和谐劳动关系的总体思路，具体提出了传统劳动关系有效应对技术变革和促进新就业形态高质量发展的政策建议。第七章"互联网时代劳动关系发展趋势：迈向新个体劳动关系"在对传统劳动关系和平台劳动关系进行实证分析的基础上，从理论层面进一步揭示了技术进步与劳动关系转型的关系，指出当前中国劳动关系转型和发展趋势及其背后的逻辑。

本书的基本观点有：（1）在马克思主义基本原理的指导下，借鉴技术赋权理论视角分析政府、企业、工人和工会等不同劳动关系主体在新技术应用中的行动策略，与劳动关系转型理论结合起来，能够科学诠释互联网时代中国劳动关系转型的方向及逻辑；（2）对密切联系技术进步、制度环境、企业组织和劳动者的互嵌与互动进行系统深入的研究，能够发现工作稳定性下降、自主性增强、技能升级与技术升级不同步、职业保障弱化等互联网时代劳动关系的新特点，特别是法律规制和政府治理滞后于平台经济发展实践的特点，对新型劳动关系治理提出了诸多挑战；（3）技术进步改变了中国劳动关系集体化转型的方向和路径，互联网时代中国劳动关系转型将不再亦步亦趋地遵循市场经济条件下西方国家劳动关系转型的固有路径，而是呈现"新个体化"的发展趋势，为此，政府的干预策略和劳动政策设计需要重新考虑。

三　研究方法

本书的研究方法主要有以下五种。（1）文献研究法。课题组成员通过图书馆、中国知网、国家哲学社会科学学术期刊数据库等，共查阅研究了超过百万字的国内外理论研究、实证研究、政策法规、媒体报道等方面的文献资料。（2）问卷调查法。以与企业签订劳动合同、建立劳动关系的劳动者（传统劳动关系）和平台经济从业者（未签订劳动合同、灵活就业的新型劳动关系）为调查对象，分别设计调查问卷。共收集到 7040 份问卷，其中传统劳动关系从业者问卷 6514 份，平台经济从业者问卷 526 份。（3）座谈法。共召开了 10 场专题调研座谈会，均在广州、深圳、佛山、东莞、中山等珠江三角洲的制造企业或平台经济企业召开，座谈对象为企业负责人、技术人员、一线工人、企业工会干部及陪同的地方党政领导干部等。每场座谈会的参会人数在 5～10 人，每人发言时间在 10 分钟到一个小时，共有 63 位调研对象在会上发言。（4）访谈法。对在座谈过程中能谈、肯谈、善谈的人以及通过滚雪球抽样找到的调研对象（如已经离职的工人）进行深度访谈，共访谈了包括制造企业工人、网约车司机、外卖骑手、游戏直播、快递员、UP 主等 78 位传统业态和新业态从业者。每位受访者接受访问的时长在半个小时至两个小时。（5）实地考察法。课题组利用各种调研机会集中考察了珠江三角洲 30 多个制造企业和 5 个平台企业，课题组成员个人自行考察的实际范围更广，考察内容主要涵盖了工业机器人、自动化生产线、工业互联网、智能装备、平台算法系统等。

四　创新、特色和不足之处

本书的创新之处主要体现在：（1）尝试把技术赋权理论运用于劳动关系这一特定场域的实证研究中，在学界率先构建起运用技术赋权理论解释技术进步对劳动关系影响和转型的新框架；（2）系统分析了政府、企业、工人等不同劳动关系主体运用技术手段为自身增权赋能的新情况，对技术变革背景下中国劳动关系的新变化、新情况、新问题进行了统揽全局的综合研究；（3）根据经济形态的差异，对传统劳动关系（旧业态）和平台经济中的新型劳动关系（新业态）等进行了分门别类的专题研究，科学辨识了不同类型劳动关系中政府、企业、工人等不同劳动关系主体之间的互嵌与互动，并深入探讨了复杂现状的形成机理；（4）系统提出了互联网时代构建和谐劳动关系的总体发展思路与优化相关运行机制的对策建议，提出了互联网时代构建和谐劳动关系的新思路，阐发了促进技术升级与劳动升级同步、加快新就业形态高质量发展的新见解。

本书的特色之处主要体现在：（1）具有政策层面的可靠性与严谨性，能够与党和国家现行的理论、路线、方针、政策保持一致，严谨论证，在全面分析技术的社会后果、客观剖析存在问题的基础上积极稳妥地推进互联网时代构建和谐劳动关系的体制、机制与范式创新；（2）具有学理层面的科学性与规范性，能够坚持马克思主义基本原理，遵从学术规范，借鉴、转化经典的或学术前沿的理论成果，把定量研究方法与定性研究方法结合起来，通过扎实的实证研究与赋权理论、劳动关系转型理论等主流理论对话，推进中国特色劳动关系理论创新；（3）具有实践层面的可行性与实用性，能够坚持一切从中国国情特别是技术创新和技术应用的时代要求出发，坚持问题导向，对促进国家和地方劳动关系治理体系和治理能力现代化，提出了具有客观性、适用性、可操作性和创新性的对策建议。

本书的不足之处主要体现在：一方面，课题研究后期受新冠疫情的影响，外出调研尤其是出省调研受到一定限制，课题组运用的实证调研资料主要来源于广东省内调研，原计划的召集高校科研单位专家学者专题座谈会，被迫改为以电子通信方式征求专家学者意见，理论研究的广度和深度还需进一步拓展；另一方面，对传统劳动关系转型的研究主要关注以自动化、智能化技术为代表的"机器换人"对制造企业劳动关系的影响，对生物技术等其他技术的影响仍然关注不够。

第一章　新技术、新就业、新劳动关系

近年来，随着互联网和信息技术的深入发展，大数据、云计算、物联网、区块链、人工智能、量子通信等新技术被广泛应用于经济社会发展实践，引发了新一轮技术和产业革命，并与工业革命、电力革命、信息化革命并列称为"第四次工业革命"。正如习近平总书记所指出的，"与以往历次工业革命相比，第四次工业革命是以指数级而非线性速度展开"。① 新技术革命彻底改变了传统的生产生活方式，不仅孕育了互联网平台经济等新产业、新业态、新商业模式，而且对传统的企业组织和用工模式产生了深远影响，全面重构了劳动关系所嵌入的制度和组织基础，从而使劳动关系发生了广泛而深远的转变和转型，也对劳动关系治理提出了新的挑战和要求。

一　新技术：技术变革与互联网时代的经济创新

劳动关系是最重要的社会关系之一。技术创新带来的新生产力总是对包括劳动关系在内的社会关系产生深远的影响。1847 年，马克思在《哲学的贫困》中指出，"社会关系和生产力密切相联。随着新生产力的获得，人们改变自己的生产方式，随着生产方式即谋生的方式的改变，人们也就会改变自己的一切社会关系"。② 在人类漫长的历史进程中，只有到了资本主义阶段，人们才开始对科学技术加以大规模利用，机器在资本主义生产关系下也成为剥削雇佣劳动的资本，从而使劳动从属于资本。③ 近年来，随着

---

① 《习近平主席在世界经济论坛 2017 年年会开幕式上的主旨演讲（全文）》，中国网，https://news.china.com.cn/2017 - 01/18/content_40124623.htm，最后访问日期：2023 年 9 月 21 日。
② 马克思、恩格斯：《马克思恩格斯文集》（第一卷），北京：人民出版社，2009，第 602 页。
③ 顾海良：《马克思与世界》，北京：中国人民大学出版社，2018，第 94 ~ 96 页。

互联网特别是移动互联网技术等新一代信息技术的发展进步和广泛应用，互联网时代的劳动关系呈现与机器大工业时代完全不同的新特点。

（一）互联网时代的技术变革

一般认为，自近代以来，人类社会发生了三次科技革命：第一次是18世纪60年代蒸汽机发明所引发的以机械为主导的技术革命；第二次是19世纪70年代内燃机发明所引发的以电力为主导的科技革命；第三次是20世纪四五十年代计算机发明所引发的以信息为主导的技术革命。虽然也有人把此后因特网、人工智能的发明看成是第四次甚至第五次科技革命，但大多数人认为，互联网、物联网、人工智能、大数据、区块链等仍然属于以信息为主导的第三次技术革命的延伸。此外，尽管新能源、新材料、生物科技、量子科技、空间技术等技术创新如火如荼，但尚未对经济社会发展实践产生全面和根本性的变革，难以上升到与其他几次技术革命同等的高度。总之，目前世界仍然处于新一轮技术革命与产业变革的孕育期。[①]

技术革命不仅带来生产力的发展和经济的变革，如诺思把农业经济的兴起称为第一次经济革命，把工业经济的兴起称为第二次经济革命，把知识经济的兴起称为第三次经济革命[②]，而且引起人类社会形态和生产关系的深刻变革，例如，农业技术的进步使人类从原始社会进入农业社会，近代以来的第一次、第二次科技革命将人类由农业社会推进到工业社会，第三次科技革命将人类由工业社会推进到知识社会。除了从经济和产业升级的角度进行分类，有的学者还从人类文明整体进程的角度，把人类社会分成工具时代的原始文化、农业时代的农业文明、工业时代的工业文明、知识时代的知识文明。[③]

在技术革命和人类文明进程的坐标体系中，当下的中国和世界正处于新一代信息网络技术主导下的数据驱动时代。党的十九届四中全会通过的《中共中央关于坚持和完善中国特色社会主义制度 推进国家治理体系和治理

---

① 《习近平：敏锐把握世界科技创新发展趋势 切实把创新驱动发展战略实施好》，《人民日报》2013年10月2日，第1版。

② 道格拉斯·C.诺思：《经济史上的结构和变革》，厉以平译，北京：商务印书馆，1992，第86~139页。

③ 何传启：《东方复兴：现代化的三条道路》，北京：商务印书馆，2003，第81页。

能力现代化若干重大问题的决定》提出"健全劳动、资本、土地、知识、技术、管理、数据等生产要素由市场评价贡献、按贡献决定报酬的机制"。① 这标志着高速通信、云计算、大数据、物联网、人工智能、区块链等围绕数据的核心技术正式成为新时代的重要生产要素。数据通过互联网载体互联互通，贯穿于人们生产生活的方方面面，导致人类社会剧烈而深刻的变化，使人类社会进入网络时代或网络社会②。

（二）新技术与经济变革

经济是技术的一种表达，并随着技术的进化而进化。③ 当前蓬勃发展的新一轮信息网络技术导致经济的数字化转型。一方面，数字技术与传统产业的深度融合，导致传统产业加快数字化、智能化转型；另一方面，数据和信息本身也成为产业，即数字产业化，导致很多新产业、新业态、新商业模式的诞生。

1. 传统产业数字化、智能化改造

近年来，数字技术在农业、工业、服务业等三次产业领域中广泛应用和融合渗透，明显加快了各行各业的数字化、网络化进程，有效提高了经济活动的效率，推动了经济结构调整和产业转型升级的提速。根据中国信息通信研究院 2021 年发布的《中国数字经济发展白皮书》，2020 年，我国产业数字化增加值规模达到 31.7 万亿元，同比名义增长 10.3%，占数字经济比重从 2015 年的 74.3% 提高到 80.9%，占 GDP 的比重为 31.2%。从产业结构看，我国农业、工业、服务业数字经济所占行业增加值的比重分别为 8.9%、21.0%、40.7%，同比分别增长 0.7、1.6 和 2.9 个百分点。④ 如在第一产业中，农业生产智能化加速推进，互联网 + 农业、智慧农业快速

---

① 《中共中央关于坚持和完善中国特色社会主义制度 推进国家治理体系和治理能力现代化若干重大问题的决定》，北京：人民出版社，2019，第 19 页。

② 也有人称为数字经济时代、e 时代、信息化时代，这些概念大致意思相同，都是指与农业经济时代、工业经济时代相对应的新经济形态和社会发展阶段。参见曼纽尔·卡斯特《网络社会的崛起》，夏铸九等译，北京：社会科学文献出版社，2000。

③ 布莱恩·阿瑟：《技术的本质：技术是什么，它是如何进化的》，曹东溟、王健译，杭州：浙江人民出版社，2014，第 211 页。

④ 《中国数字经济发展白皮书》，中国信息通信研究院官网，http://www.caict.ac.cn/kxyj/qwfb/bps/202104/t20210423_374626.htm，最后访问日期：2021 年 4 月 23 日。

发展，一些地方如广东建立农业大数据资源综合管理平台，实现了农产品溯源、种子检验、疫苗供应等 46 项业务信息共享，农产品网络营销额增长迅速；在第二产业中，制造业大力开展工业互联网应用、"机器换人"、智能制造等技术改造，从中央到地方，各级政府陆续出台多项政策措施鼓励企业上云上平台，开展智能制造试点示范，支持企业进行信息化、智能化升级改造；与第一、第二产业相比，第三产业与数字技术的融合更加深入，电子商务、数字金融、数字旅游、数字物流等新业态蓬勃发展。

数字化、智能化改造对劳动关系的影响是显著的。例如，作为先进科学技术的代表，机器人和智能装备在制造业、物流搬运、远程教育、医学诊断等领域广泛应用后，对人工的替代作用明显。雇主实施"机器换人"，对劳动者的就业、收入、技能水平、工作环境等各方面都会产生重大影响，而政府对智能制造的扶持政策又将降低企业的技术改造成本，从而加速企业"机器换人"的步伐。[1] 虽然工人可以利用网络技术进行信息搜寻和技能提升，但是工人和工会在企业技术升级决策过程中的主体缺位可能会导致工人权益的侵害和劳资政博弈的失衡。[2]

2. 数字产业化与新经济的兴起

如果说产业数字化主要是传统产业的数字化、网络化、智能化改造，而蕴含其中的标准劳动关系并没有发生根本改变的话，那么数字产业化导致的新产业、新业态、新商业模式（以下简称"三新"经济）的快速发展，从根本上改变了标准劳动关系的构成要件，对劳动关系的理论研究和实践应对带来巨大挑战。2017 年 2 月，国家统计局印发《新产业新业态新商业模式统计分类（试行）》，2018 年又修订出台《新产业新业态新商业模式统计分类（2018）》，对国民经济行业中具备"三新"经济特征的行业类别进行了再分类，为统计监测"三新"经济活动规模、结构和质量等数据提供了权威依据。国家统计局的数据显示，2019 年我国"三新"经济增加值为 161927 亿元，占 GDP 的比重为 16.3%，按现价计算的增速为 9.3%，比同

---

[1] Daron Acemoglu and Pascual Restrepo，"Automation and New Tasks：How Technology Displaces and Reinstates Labor，" *Journal of Economic Perspectives*，Vol. 33，No. 2，2019，pp. 3 – 30.

[2] 许怡、叶欣：《技术升级劳动降级？——基于三家"机器换人"工厂的社会学考察》，《社会学研究》2020 年第 3 期。

期 GDP 现价增速高出 1.5 个百分点。[1]

"三新"经济中最具特色的是平台经济。平台经济，又称互联网平台经济（Platform Economy），是指利用互联网、物联网、大数据等现代信息技术，围绕集聚资源、便利交易、提升效率，构建平台产业生态，推动商品生产、流通及配套服务高效融合、创新发展的新型经济形态。[2] 如我们所熟知的网络购物、网络直播、共享出行、快递、外卖等，都是平台经济的典型表现形式。平台经济是一种新的商业模式和产业组织方式[3]，平台本身虽然不生产产品和服务，但是可以通过促成供需双方或多方供求之间的交易，收取恰当的信息费用或赚取差价来获得收益。平台借助大数据和算法形成强大的信息处理和资源匹配能力，市场覆盖范围扩张迅猛，甚至在一些领域逐步取代了线下的市场，今天人们生产生活的方方面面已经离不开平台。

平台的扩张导致平台经济的快速发展，也孕育出优步、滴滴、美团、阿里巴巴、京东等一批大型平台企业。我国工业和信息化部的数据显示，2019 年，我国规模以上互联网和相关服务企业完成业务收入 12061 亿元，其中互联网平台服务企业实现业务收入 3193 亿元，同比增长 24.9%，增速高于互联网业务收入 3.5 个百分点，占比达到 26.5%。[4] 国家信息中心发布的《中国共享经济发展报告（2020）》也显示，2019 年我国共享经济市场交易规模为 32828 亿元，比上年增长 11.6%。[5] 互联网时代以平台化为主要特征的数字经济正成为生产力新的组织方式，是经济发展新动能，对促进就业和劳动力资源优化配置等各方面都具有十分重要的作用。

---

① 《2019 年我国"三新"经济增加值相当于国内生产总值的比重为 16.3%》，国家统计局网站，http://www.stats.gov.cn/xxgk/sjfb/zxfb2020/202007/t20200707_1772632.html，最后访问日期：2023 年 9 月 21 日。

② 《福建省人民政府关于加快平台经济发展的实施意见》，福建省人民政府门户网站，https://www.fujian.gov.cn/zwgk/zfxxgk/szfwj/jgzz/fzggwjzc/201904/t20190404_4844875.htm，最后访问日期：2023 年 9 月 21 日。

③ 尼克·斯尔尼塞克：《平台资本主义》，程水英译，广州：广东人民出版社，2018，第 7 页。

④ 《工信部：2019 年规模以上互联网企业完成业务收入 1.21 万亿元同比增长 21.4%》，中证网，https://www.cs.com.cn/sylm/jsbd/202001/t20200122_6019468.html，最后访问日期：2023 年 9 月 21 日。

⑤ 《中国共享经济发展报告（2020）》，国家信息中心微信公众号，https://mp.weixin.qq.com/s/D3k8gUJksH3RwqmWXq2zzw，最后访问日期：2023 年 9 月 24 日。

二　新就业：互联网时代工作性质的变革

技术变革给劳动力市场带来强烈冲击，导致互联网时代工作性质的深刻变革。国际劳工组织和世界银行分别发布报告《2015 年世界就业和社会展望：工作性质的不断改变》和《2019 年世界发展报告：工作性质的变革》，不约而同地使用了工作性质的变化作为标题，说明其密切关注未来的工作。技术变革导致形成了就业逐步偏离标准的就业模式，如工作场所不再固定，工作时间更为自由，工作稳定性减弱，劳动合同更加短期化甚至不签订劳动合同①，工作场所与家庭、劳动和休闲以及经济价值和社会价值之间曾经清晰的界限被抹去。可以预期，未来"平台＋个人""互联网＋就业""本职＋兼职"等灵活多元的新就业形态将越来越多。② 正如 Zipcar 公司（共享汽车平台企业）创始人罗宾·蔡斯所言，"我父亲一生只做了一份工作，我的一生将做六份工作，我的孩子将同时做六份工作"，这句话形象地表达了工作性质的变革。

（一）机器人和人工智能正在替代人的工作

当今世界许多发达国家都在大力推进智能制造，如德国的"工业 4.0 计划"、美国的"先进制造业国家战略计划"、日本的"科技工业联盟"、英国的"工业 2050 战略"等。中国也不甘示弱，推出了"中国制造 2025"，力图实现制造业智能升级，从而迈向产业链和价值链的中高端。党的十九大报告明确提出，"推动互联网、大数据、人工智能和实体经济深度融合"③。从中央到地方，各级政府陆续出台了许多鼓励发展人工智能、机器人产业的政策，拿出真金白银支持企业推广机器人应用等技术升级改造。

事实上，自 18 世纪蒸汽机的兴起引发第一次工业革命以来，机器是否

---

① 杨伟国、张成刚、辛茜莉：《数字经济范式与工作关系变革》，《中国劳动关系学院学报》2018 年第 5 期。

② 凯瑟琳·麦克切尔、文森特·莫斯可：《信息社会的知识劳工》，曹晋、罗真、林曦、吴冬妮译，上海：上海译文出版社，2013，第 7 页。

③ 习近平：《决胜全面建成小康社会 夺取新时代中国特色社会主义伟大胜利——在中国共产党第十九次全国代表大会上的报告》，北京：人民出版社，2017，第 30 页。

会与劳动力争夺工作机会的问题就一直备受人们关注，引发了广泛讨论。尽管关于机器对就业机会的破坏效应大还是创造效应大的问题一直没有定论，但如今面对来势汹汹的人工智能技术的发展，人们还是表现出比以往更大的担忧。一方面，自动化技术和人工智能的发展确实导致一些发达经济体和中等收入国家制造业领域工作岗位的流失，特别是那些从事"可被编码的"重复性工作的工人；另一方面，世界银行发布的报告也指出，全球工业就业数据未能证实这种担忧，虽然发达经济体中工业就业岗位减少，但东亚工业部门的崛起弥补了这一损失。如世界银行对过去20多年中许多高收入经济体中工业就业下降的趋势进行严谨研究后表明，1991年以来，工业就业比例下降10%及以上的国家包括葡萄牙、西班牙、新加坡，这一变革主要反映了制造业部门向服务业就业转移的趋势，而在世界其他地区，工业就业的比例基本保持稳定不变的状态，东亚国家的工业就业还在继续增加，例如，越南的工业就业比例从1991年的9%上升到2017年的25%。[①]不过，国际劳工组织却并不乐观，它认为，自2008年国际金融危机爆发之后，全球就业形势至今一直处于不均衡和脆弱的状态。如2011年以来，全球层面的就业增长一直停留在每年约1.4%的水平，尽管高于金融危机期间（2008～2010年），当时为0.9%，但依旧远低于2000～2007年的1.7%，仅2014年，全球就业缺口就达到6100万，且就业缺口在发达经济体最为严峻。[②]

从中国的情况看，"机器换人"确实存在导致制造业工人数量减少的情况。如学者对299家已经实施"机器换人"的企业进行问卷调查的结果表明，平均每家减少96人，约占员工总数的9.58%，其中普工平均减少89人，占减少员工总数的90.66%。[③] 中国企业–劳动力匹配调查（CEES）的数据也有类似的发现。[④] 从统计数据看，我国第二产业的就业人数在2012年达到2.3241亿人的峰值后开始逐年减少，2019年为2.1305亿人（见图1-1），第

① 世界银行集团：《2019年世界发展报告：工作性质的变革》，2018，第2～6页。
② 国际劳工组织：《2015年世界就业和社会展望：工作性质的不断改变》，北京：中国财政经济出版社，2016，第15页。
③ 孙中伟、邓韵雪：《"世界工厂"的"凤凰涅槃"——中国制造业"机器换人"的经济社会意义》，《学术论坛》2020年第3期。
④ CEES研究团队：《中国制造业企业如何应对劳动力成本上升？——中国企业–劳动力匹配调查（CEES）报告（2015—2016）》，《宏观质量研究》2017年第2期。

二产业就业人员所占比重从2012年的30.3%下降到2019年的27.5%（见表1-1）。中国虽然还是全球最大的发展中国家，但也出现制造业比重下降、青年劳动力不愿意到制造业就业（"离制造业"[①]）、就业人员从制造业部门向服务业部门转移的现象，如当前很多服务行业的外卖员、网约车司机都曾经有工厂工作经历，由此引发了"年轻人都去送外卖，制造业怎么办"的担忧。[②]

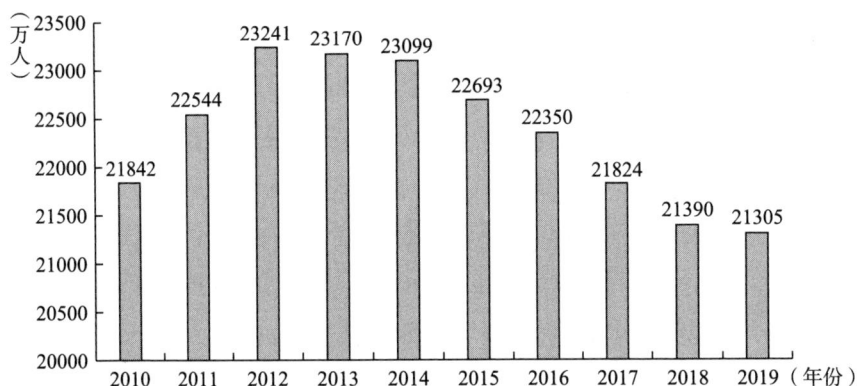

图1-1　我国第二产业就业人数变化（2010~2019年）
资料来源：相关年份《中国统计年鉴》。

表1-1　我国三次产业就业人数变化（2010~2019年）

单位：万人，%

年份	第一产业	第二产业	第三产业	合计
2010	27931（36.7）	21842（28.7）	26332（34.6）	76105（100）
2011	26594（34.8）	22544（29.5）	27282（35.7）	76420（100）
2012	25773（33.6）	23241（30.3）	27690（36.1）	76704（100）
2013	24171（31.4）	23170（30.1）	29636（38.5）	76977（100）
2014	22790（29.5）	23099（29.9）	31364（40.6）	77253（100）
2015	21919（28.3）	22693（29.3）	32839（42.4）	77451（100）

---

① 刘金山：《谁来当新时代的产业工人——产业基础高级化与产业链现代化的人才需求》，《青年探索》2021年第1期。

② 闻效仪：《去技能化陷阱：警惕零工经济对制造业的结构性风险》，《探索与争鸣》2020年第11期。

年份	第一产业	第二产业	第三产业	合计
2016	21496（27.7）	22350（28.8）	33757（43.5）	77603（100）
2017	20944（27.0）	21824（28.1）	34872（44.9）	77640（100）
2018	20258（26.1）	21390（27.6）	35938（46.3）	77586（100）
2019	19445（25.1）	21305（27.5）	36721（47.4）	77471（100）

资料来源：相关年份《中国统计年鉴》。

总体来看，当前人工智能技术应用和"机器换人"仍在进行中，尚未全面推广普及，其对就业人员的替代只是初现端倪，尚未产生大规模的就业破坏效应，但未来的发展趋势如何，仍有待观察，切不可掉以轻心。未来机器人将深刻改变人类工作的性质，岗位要么完全消失、要么完全被机器替代、要么工作内容发生本质转变。① 正如美国科普作家马丁·福特在《机器人时代：技术、工作与经济的未来》里写道的，"我们要承认一个严峻的现实：目前的大部分工作被机器人取代只是时间问题"。② 2019 年 5 月，国务院专门成立就业工作领导小组，就业是唯一一个"六稳"③ 和"六保"④ 都包括的内容，表明国家对技术变革时代就业工作的高度重视。

（二）新就业形态蓬勃兴起

新一轮科技革命和产业革命不仅加速了平台经济、共享经济⑤等新经济形态的发展，也催生出新的职业门类和就业岗位，如人工智能技术产生的算法工程师、区块链技术产生的区块链工程技术人员、物联网技术产生的物联网安装调试员等。正如世界银行报告所指出的，"通过创新，技术产生

---

① 邱泽奇：《零工经济：智能时代的工作革命》，《探索与争鸣》2020 年第 7 期。
② 马丁·福特：《机器人时代：技术、工作与经济的未来》，王吉美、牛筱萌译，北京：中信出版社，2015，第 25 页。
③ "六稳"指：稳就业、稳金融、稳外贸、稳外资、稳投资、稳预期。
④ "六保"指：保居民就业、保基本民生、保市场主体、保粮食能源安全、保产业链供应链稳定、保基层运转。
⑤ 平台经济、共享经济的概念实质上并不完全一样，但都意味着就业形态的变化。共享经济和分享经济是同一个意思，都是指物品或服务的使用权分享。随着时代的发展，当今人们越来越多地借助互联网等现代信息技术进行使用权分享，由此形成共享经济平台，但共享经济只强调分享本身，不强调通过分享营利，而平台经济是一种新的商业模式。

了新的部门和新的工作"①。2020年全国"两会"期间，习近平总书记在政协经济界委员联组会上指出，"新冠肺炎疫情突如其来，'新就业形态'也是脱颖而出"②。习近平总书记提出的"新就业形态"具有重要意义，是对"新产业、新业态、新商业模式"等新经济领域就业形态的最新概括。从2020年7月国务院办公厅印发的《关于支持多渠道灵活就业的意见》与广东省人力资源和社会保障厅、广东省财政厅联合印发的《广东省灵活就业人员服务管理办法（试行）》中可以看出，灵活就业人员主要包括个体经营者、非全日制从业人员、新就业形态人员，其中《广东省灵活就业人员服务管理办法（试行）》对"新就业形态"的直接定义是，包括依托电子商务、网络约车、网络送餐、快递物流等新业态平台实现就业，但未与新业态平台相关企业建立劳动关系的从业人员。可见，新就业形态就是平台就业人员，是灵活就业的一种形式。

近年来，平台经济的蓬勃发展创造了大量的就业机会。根据国家信息中心发布的《中国共享经济发展报告（2021）》，我国共享经济参与者人数从2018年的7.6亿人上升到2020年的8.3亿人，其中服务提供者人数从2018年的7500万人上升到2020年的8400万人，平台企业员工数从2018年的598万人上升到2020年的631万人。特别是新冠疫情期间，平台经济在拓宽就业渠道、增强就业弹性、增加劳动收入方面发挥了重要作用。如抖音平台上，从2019年8月至2020年8月，共有2097万人通过从事创作、直播、电商等工作获得收入。美团平台上，仅2020年上半年，从美团平台上获得收入的骑手总数为295.2万人，同比增长16.4%。③ 预计未来我国将有逾亿平台从业人员，平台用工成为普遍的经济和社会现象。④

平台经济从业者类型呈现多样化特点，既有"互联网＋"条件下升级版的传统灵活就业人员，也有高知识、高回报的新型自由职业者和多重职业者；既有在线教育、在线医疗、创意设计等适合大学生和专业技术人员

---

① 世界银行集团：《2019年世界发展报告：工作性质的变革》，2018，第2页。
② 《习近平在看望参加政协会议的经济界委员时强调 坚持用全面辩证长远眼光分析经济形势 努力在危机中育新机 于变局中开新局》，《人民日报》2020年5月24日，第1版。
③ 《中国共享经济发展报告（2021）》，国家信息中心网，http://www.sic.gov.cn/News/557/10779.htm，最后访问日期：2023年9月21日。
④ 田洋：《互联网时代劳动过程的变化》，《经济学家》2018年第3期。

的知识密集型岗位，也有网约车司机、外卖小哥、网约快递员、网络直播员等文化和技能要求相对较低的岗位。线上线下呈现融合发展特征，如在网约车平台上，既有传统线下的巡游出租车接入，也有专职的网约车接入，还有兼职的顺风车接入。

国家有关部门密切关注技术应用和职业的新变化，及时发布了新的职业门类。2015 年，《中华人民共和国职业分类大典》增加了"快递小哥"，同时删除了话务员、BP 机寻呼员等职业；2019 年，新增了人工智能工程技术人员、电子竞技运营师、工业机器人系统操作员等 13 个新职业；2020 年 2 月新增了"外卖小哥"，7 月又将以"直播带货"为主要内容的互联网营销师作为新的职业，同时把"直播销售员""互联网信息审核员"等作为新的工种。职业和工种的变化反映了技术带来的深刻的经济社会变迁。

目前，学界、统计部门和相关机构对平台经济从业人员尚没有统一的概念界定和称呼。对于与平台经济相关的从业人员，有的学者称之为"网约工"，并指出"网约工"有广义与狭义的理解。广义的"网约工"是指按照互联网平台的信息预约提供劳动的劳动者，既包括平台企业内部的劳动者，也包括与平台企业有合作关系的企业等组织所属的劳动者，还包括与平台企业有合作关系的个人劳动者。狭义的"网约工"则仅限于与平台企业有合作关系的个人劳动者。[①] 有的学者用"平台就业用工"指平台经济中以互联网和移动通信工具为依托，由平台整合和提供相应供需信息，通过订单形式进行任务分配，根据其工作任务和工作量获得相应报酬的就业劳动者。根据劳动者与平台公司之间是否存在正式直接的雇佣关系，平台用工又分为平台型标准就业和平台型非标准就业。[②] 综合相关概念，本书采用 2019 年 8 月 8 日国务院办公厅发布的《关于促进平台经济规范健康发展的指导意见》（国办发〔2019〕38 号）中的权威用语"平台从业人员"，并将其界定为以互联网和移动通信工具为依托，根据平台整合和提供的信息从事相关劳动的人员，类似于上述广义的"网约工"概念。

---

① 王全兴、王茜：《我国"网约工"的劳动关系认定及权益保护》，《法学》2018 年第 4 期。
② 王永洁、程国华：《平台型非标准就业特征及关键问题》，载张车伟主编《中国人口与劳动问题报告 No. 20》（人口与劳动绿皮书），北京：社会科学文献出版社，2019，第 222 页。

三 新劳动关系：工作变革引发劳动关系转型

技术的变革重构了工业时代的标准劳动关系，"平台－个人"替代了"企业－员工"的关系。平台上的就业人员大多不与平台企业签订劳动合同形成标准劳动关系，劳动关系的非标准化趋势在我国乃至世界正以前所未有的规模和速度推进。非标准劳动关系的普遍化对传统以标准劳动关系为核心的劳动治理体系和治理能力提出了严峻的挑战。

（一）劳动关系的概念及类型

劳动关系是雇员与雇主之间在劳动过程中形成的社会经济关系的统称，对应的英文的"labor relations"。其中，"雇员"是指劳动力的提供者，有时也称"劳工""工人""劳动者""受雇者"；"雇主"是指劳动力的使用者，我国通常称"用人单位"。由于各国社会制度和文化传统的不同，不同的国家对劳动关系的称谓各不相同，如劳资关系、劳工关系、劳使关系、产业关系、雇员关系等。这些概念含有明显的价值取向，但主要意思是一致的，不同称谓只是从不同角度对特定劳动关系的性质和特点的把握和表达。[①] 在我国，"劳动关系"是一个被广泛接受和使用的概念。虽然在不同历史时期，国内学者对劳动关系的定义不尽相同，但是目前大家对劳动关系内涵的界定大体上是一致的，即劳动关系是指劳动力使用者与劳动者在实现劳动的过程中所结成的一种社会经济利益关系。从狭义上讲，劳动关系主体包括两方：一方是雇员和以工会为主要形式的雇员团体；另一方是雇主及雇主组织。政府通常会通过立法介入和影响劳动关系，起着调整、干预和监督作用，因此，从广义上讲，劳动关系主体还包括政府，俗称"劳资政三方"。比如，我国建立的劳动关系三方协调机制便是由政府、企业、工人三方就涉及劳动关系的政策问题进行协商互动的机制。本书采用广义的劳动关系主体概念。

从属性是劳动关系最基本的特征。劳动者将自己的劳动力使用权在一定时间以一定价格卖给雇主，并按照雇主的指令从事劳动生产，从而在雇

---

① 程延园：《劳动关系》（第三版），北京：中国人民大学出版社，2011，第3页。

佣劳动的过程中呈现从属于劳动力使用者的特征。这种从属性主要包括人身（人格）从属性、经济从属性、组织管理从属性等。当然，并不完全否认的是，劳动关系同时兼有平等关系和隶属关系的特征、兼有人身关系和财产关系的性质①，只是劳动关系在平等性与隶属性、人身性与财产性的比例上更加侧重于隶属性，这一点使得劳动关系不同于行政关系与民事关系，由此，劳动关系也不同于劳务关系和人事关系。劳动关系受劳动法调整，劳务关系受合同法调整，国家机关的人事关系受公务员法调整。

实践中，我国关于劳动关系的判定主要基于以下两个事实：一是双方签订了劳动合同；二是双方未签订劳动合同，但一方为另一方提供了事实劳动。其主要的法律依据是现行《劳动法》《劳动合同法》以及原劳动和社会保障部于 2005 年颁布的《关于确立劳动关系有关事项的通知》（劳社部发〔2005〕12 号）。认定事实劳动关系需要同时满足以下三个条件：（1）用人单位和劳动者符合法律、法规规定的主体资格；（2）用人单位依法制定的各项劳动规章制度适用于劳动者，劳动者受用人单位的劳动管理，从事用人单位安排的有报酬的劳动；（3）劳动者提供的劳动是用人单位业务的组成部分。这三个条件也可以分别概括为人格、经济以及组织上的从属性。从属性作为劳动关系的本质特征，亦是判断劳动关系的主要依据。但从属性作为一个综合而富有弹性的概念，在实践中有强弱、深浅、广狭之分，界限并非绝对清楚②，这也令劳资双方在主体适格及其适用范围上存在分歧。

劳动法学、社会学等专业领域的研究者还按照不同的标准对劳动关系进行了分类。一是将生产资料所有制形式作为分类标准，分为全民所有制劳动关系、集体所有制劳动关系、合作所有制劳动关系、经济联合体混合所有制劳动关系、公有股份制公司所有制劳动关系、个体所有制劳动关系、私人所有制劳动关系、半社会主义所有制劳动关系和外国资本所有制劳动关系③；二是根据经济体制的不同，将劳动关系划分为计划经济体制下的劳动关系与市场经济体制下的劳动关系；三是根据劳动关系双方利益关系的

---

① 董保华：《劳动制度改革的法学探索》，《中国法学》1992 年第 5 期。
② 谢增毅：《我国劳动关系法律调整模式的转变》，《中国社会科学》2017 年第 2 期。
③ 董保华、程惠瑛：《中国劳动法学》，北京：中国政法大学出版社，1992，第 35 页。

性质与处理原则的不同，划分成利益冲突型、利益一致型、利益协调型等三种类型[①]；四是根据劳动关系所涉及的范围和主体的不同，分为个别（个体）劳动关系和集体（集团）劳动关系。[②] 本书主要是在第四种意义上谈论劳动关系转型。

另外，本书所说的传统劳动关系主要是指劳动者与用人单位签订了劳动合同、受劳动法律法规保护的传统雇佣关系。这类劳动关系的人格从属性、经济从属性、组织从属性都较强，在工业时代的旧经济形态（如制造业）中占主流，而没有与用人单位签订劳动合同、难以受劳动法律法规保护的新型劳动关系主要存在于平台经济等新产业、新业态、新商业模式中，这类劳动关系从属性较弱，所以本书也称之为平台经济新型劳动关系。

（二）互联网时代非标准劳动关系日益增多

一般来说，工业时代标准劳动关系的主要特征是，劳动者在特定时间内只与一个用人单位建立劳动关系、接受单一雇主的指挥管理、实行八小时全日制劳动，国家法律为此建立了相应的最低工资保障制度和社会保障制度。[③] 非标准劳动关系下，劳动者可能未必只受雇于单一用人单位，劳动时间、劳动地点和劳动报酬可能也不固定，而且缺乏最低工资制度和社会保障制度的保护，用人单位对劳动者的监督管理方式发生重大变化，组织从属性和人格从属性大大降低。换言之，对劳资双方来说是非标准劳动关系，对企业来说是弹性用工，对工人来说则是灵活就业。尽管零工经济和非标准劳动关系在历史上一直存在，但并没有像今天在互联网时代这么普遍。据统计，目前国际上一共有 11 种非标准劳动关系形式：非全日制就业、短期就业、派遣就业、季节就业、待命就业、兼职就业、远程就业、承包就业、独立就业、自营就业和家庭就业。[④] 这些表现形式都是一种马克斯·韦伯意义上的"理想类型"，不同类型的非标准劳动关系之间也存在一些交叉重叠，只是强调的重点不同。其共同特点主要是，雇用与使用分离（如

---

① 常凯主编《劳动关系·劳动者·劳权——当代中国的劳动问题》，北京：中国劳动出版社，1995，第 8 页。
② 杨体仁主编《劳动法学》，北京：红旗出版社，1993，第 9 页。
③ 董保华：《论非标准劳动关系》，《学术研究》2008 年第 7 期。
④ 董保华：《论非标准劳动关系》，《学术研究》2008 年第 7 期。

劳务派遣)、工作场所与劳动关系分离(如在家工作、远程工作、居家办公)、工作稳定性和持续性降低(如季节就业、短期就业)、多重就业(如兼职就业)、劳动收入和权益越来越依赖个人的市场能力而不是制度保护。下面我们将选择互联网时代国内几种主要的非标准劳动关系来进行说明。

一是劳务派遣与服务外包。劳务派遣是指第三方劳务派遣机构与劳动者签订劳动合同,并把劳动者派往真正的用人单位劳动,真正的用人单位不直接与劳动者签订劳动合同,而是向第三方劳务派遣机构支付费用的用工形式。当前,包括传统的工厂以及新兴的互联网企业等在内的用人单位,普遍建立了核心 – 边缘的劳动力使用结构,即企业与核心员工签订劳动合同,建立稳定的劳动关系,而对于非核心员工,则承包给劳务派遣公司。如在 IT 企业,一部分短期业务的知识工人和边缘业务的保安、保洁等都是劳务派遣员工。[①] 与劳务派遣类似的还有服务外包,如一些 IT 企业专注于 IT 外包业务,将员工派往不同客户企业提供项目服务,项目结束则转向为新承接的客户提供项目服务。

二是非全日制用工与兼职就业。为了充分利用机器设备、应对订单旺季、削减成本等,一些企业往往会使用非全日制工人,如暑期工、实习生、兼职员工、共享员工等。特别是 2020 年,受新冠疫情影响,常态经济和正规就业受到了冲击,进一步加速了零工经济和非全日制就业的发展。疫情期间,我国线下餐饮、酒店等服务业企业大量员工待岗,而电商、物流等企业则出现短期内业务暴涨、人手严重不足等情形。基于平台的"共享员工"模式使劳动力资源得以自由流动和高效配置。据不完全统计,仅在 2020 年 2 月 3 ~ 15 日,新零售平台盒马鲜生就在全国接纳了 2700 多名共享员工,截至 3 月末,40 多家企业的 5000 余名员工加入了盒马鲜生临时用工队伍。沃尔玛全国 400 多家门店入职的兼职人员超 3000 人,还与各地餐饮企业开展了"共享用工"项目,意向员工近 2000 人。此外,"共享员工"模式还渗透到房地产、科技、物流等多个行业。[②]

三是多元复杂的平台用工与劳动关系。依托互联网、大数据等现代信

① 梁萌:《我国 IT 产业发展现状和劳动关系研究》,《内蒙古大学学报》(哲学社会科学版) 2013 年第 6 期。
② 于凤霞:《释放平台经济稳就业潜力》,《群众》2020 年第 12 期。

息科技手段建立起来的数字平台为劳动者提供了新的就业渠道，但这些就业者普遍未与平台企业建立劳动关系。实践中，平台经济的就业形态复杂多样，既有全职从业者，也有兼职就业者；既有从事经营的创业者，也有赚取生计的就业者；既有借助平台渠道营销推广但不与平台分成的新型网络散工（不同于传统路边扎堆揽活的散工），也有依赖平台且被平台抽成的网约工（如网约车司机）、众包工。同时，劳动者与平台之间的关系也多种多样，既有与平台企业直接签订劳动合同的劳动者，也有与第三方劳务派遣公司或者其他平台相关企业签订合同的劳动者，还有完全不签订劳动合同仅签订服务协议或者承揽合同的劳动者。总的来看，平台用工更具灵活性和自主性，但稳定性和劳动权益的法律保障相对不足，劳动者的原子化更加凸显，集体行动的力量明显弱化，如何提高平台就业质量是今后新业态发展过程中值得关注和研究的问题。

（三）互联网时代劳动关系转型

技术变革引发就业和劳动关系的深刻变革，在非标准劳动关系主流化背景下，劳资双方的力量发生了显著变化，这将深刻影响劳动力市场的博弈结果，从而引发互联网时代劳动关系的深刻转型。

一是劳动者的个体化、原子化更加明显，工人团结起来形成力量的可能降低。根据赖特（Wright）的观点，工人的力量主要来自"结社力量"和"结构力量"，其中，"结社力量"主要来自"工人形成集体组织的各种权力形式"[①]，即工人团结和集体行动的权力和力量（如集体谈判、罢工）。而在非标准劳动关系中，工人往往不像过去在工厂一样，平时集中在车间上班，彼此比较熟悉，动员能力强大，而是各自分散在不同空间劳动，缺乏社会交往的渠道，尽管也有微信群等网络互动平台，但缺乏线下交往互动的基础，线上动员能力明显弱化。同时，劳动者的异质性明显增大，既有全职，也有兼职，不同劳动者的收入和社会阶层也不同，团结起来博弈的可能性大大降低。如网约车司机中，既有有房有车一族，也有贷款买车

---

① 埃里克·奥林·赖特：《工人阶级的力量、资产阶级的利益和阶级妥协》，载李友梅、孙立平、沈原主编《当代中国社会分层：理论与实证》，北京：社会科学文献出版社，2006，第118～119页。

或者租车的外来打工者。要让陌生的异质性工人形成结社力量，难度非常大，"集体谈判和产业冲突似乎已经从雇佣关系的核心议题中淡去"①。

　　二是技术重塑工作所需要的技能，劳动者的"结构力量"也越来越离不开持续的人力资本投资。"结构力量"是指"工人简单地由其在经济系统中的位置而形成的力量"，主要包括"市场讨价还价能力"和"工作现场的讨价还价能力"。② 自动化技术、算法技术和人工智能等技术的发展让劳动者对工作现场的主观把控能力越来越弱，劳动者往往会被智能机器和算法"牵着鼻子走"，劳动过程中的主观能动性和自由度越来越小，于是唯有依靠市场能力来讨价还价。正如黛安娜·马尔卡希所言，基于互联网平台的新零工经济是一种技能经济，技能型劳动者会是鱼与熊掌兼得的大赢家。③ 同时，技术的快速迭代升级和新技术的广泛使用，使传统工作的技术含量越来越高以及越来越多技术性新职业的诞生。"一招鲜、吃遍天"的时代一去不复返，人力资本的价值因技术进步而充满不确定性，唯有终身学习并且不断增加对人力资本的投资，成为技能型劳动者，才能在市场中立于不败之地。简言之，从结构力量来看，工人"工作现场的讨价还价能力"明显削弱，"市场讨价还价能力"虽然仍有上升空间，但劳动者人力资本的保值增值风险明显加大。

　　总之，技术创新导致当今世界经济形态和就业方式发生了深刻变革，工作的不稳定性增加且非标准劳动关系明显增多，劳资双方的博弈和力量越来越多地受到技术的影响，各国政府对互联网时代工作性质的变革和劳动关系的治理尚在探索之中，未来劳动关系的发展和转型值得深入研究。

---

① Russell D. Lansbury, "The Changing World of Work and Employment Relations: A Multi-Level Institutional Perspective of the Future," *Labour & Industry: A Journal of the Social and Economic Relations of Work*, Vol. 28, No. 1, 2018, pp. 5 – 20.

② 埃里克·奥林·赖特：《工人阶级的力量、资产阶级的利益和阶级妥协》，载李友梅、孙立平、沈原主编《当代中国社会分层：理论与实证》，北京：社会科学文献出版社，2006，第118 ~ 119 页。

③ 黛安娜·马尔卡希：《零工经济：推动社会变革的引擎》，陈桂芳译，北京：中信出版集团，2017。

第二章　理论架构阐释

新一轮科技和产业变革导致社会交往和互动的逻辑发生了深刻变化，不断重构包括劳动关系在内的一切生产关系和社会关系，特别是"机器换人"、共享经济、移动支付、平台型企业的兴起，改变了企业、劳动者和政府所嵌入的组织和制度环境，传统劳动关系的经济技术基础已经发生转变，亟须探讨新技术变革对劳动关系的影响。本章在回顾技术进步与劳动关系相关理论文献的基础上，创造性地引入"技术赋权"的理论视角分析技术变革对劳动关系的影响。

一　技术进步对劳动关系的影响

人类历史上的每一次技术进步都会引发关于技术对工人和劳动关系的影响的广泛讨论。当前，随着第四次技术革命①的深入推进，以机器人、工业互联网、人工智能为代表的自动化、智能化技术让关于新技术社会影响的讨论再次呈现。这些观点从性质上看可以概括为乐观论与悲观论，从内容上看主要集中在就业机会、工人技能改变、劳动过程控制权等方面。

（一）技术进步对就业机会的影响

以内生增长理论为代表的新古典经济学认为，技术进步对就业具有创造效应，可以总体上促进就业的增长。一些研究表明，自动化技术倾向于扩大高技能职业的就业②，比如，信息技术的使用提高了对高报酬的经理

---

① 大卫·哈维：《世界的逻辑——如何让我们生活的世界更理性、更可控》，周大昕译，北京：中信出版集团，2017；克劳斯·施瓦布：《第四次工业革命：转型的力量》，李箐译，北京：中信出版集团，2016。

② Fernández-Macías E. and Hurley J. , "Routine-biased Technical Change and Job Polarization in Europe," *Socio-Economic Review*, Vol. 15, No. 3, 2016, pp. 563 –585.

和专业人员的需求①；又如，自动化技术的使用导致中等技能职业的比重下降，就业和收入向技能的高低两端分布②，原因在于高低两端的工作是非程序性的，需要工人去适应环境、解决问题、发挥主观能动性和创造力，因此高低两端的就业比重和收入比重反而上升。③ 但也有学者基于在加拿大的经验研究发现，中等收入和高收入的就业岗位都在增多，而不是直接取代中等收入工作（从事常规任务的工作）。④ 总之，自动化技术的使用并没有导致就业总量的减少，反而使企业的产出提高且提供了更多的工作岗位。⑤ 有学者基于美国近 250 年的就业历史数据进行分析，也未发现技术进步会引发大规模失业的问题。⑥ 自动化技术的应用不会引发大规模失业，原因在于机器与劳动者之间的互补性，人工智能、机器人等自动化技术在替代劳动者所从事的工作时，也带来了需要劳动者发挥比较优势的新工作。⑦

相对保守的观点认为工业机器人对劳动力市场的影响是均衡的。一项基于德国多年数据的研究发现，机器人的使用降低了制造业的就业水平，但服务业就业岗位增加，总体上均衡。⑧ 而悲观的观点认为技术进步对就

① Bresnahan Timothy and Yin Pai-Ling, "Adoption of New Information and Communications Technologies in the Workplace Today," *Innovation Policy and the Economy*, Vol. 17, No. 1, 2017, pp. 95 – 124.

② Autor David H., Levy Frank, and Murnane Richard J., "The Skill Content of Recent Technological Change: An Empirical Exploration," *Quarterly Journal of Economics*, Vol. 118, No. 4, 2013, pp. 1279 – 1333.

③ Goos Maarten, Manning Alan, and Salomons Anna, "Job Polarization in Europe," *American Economic Review*, Vol. 99, No. 2, 2009, pp. 58 – 63.

④ Matthias Oschinski and Rosalie Wyonch, "Future Shock? The Impact of Automation on Canada's Labour Market," *C. D. Howe Institute Commentary*, No. 472, 2017, p. 18.

⑤ D. H. Autor, "Why are there Still so many Jobs? The History and Future of Workplace Automation," *Journal of Economic Perspectives*, Vol. 29, No. 3, 2015, pp. 3 – 30.

⑥ Atkinson Robert D. and Wu J. John, "False Alarmism: Technological Disruption and the U. S. Labor Market, 1850 – 2015," *Information Technology & Innovation Foundation ITIF*, 2017. Available at SSRN: https://ssrn.com/abstract = 3066052, or http://dx.doi.org/10.2139/ssrn.3066052.

⑦ Acemoglu Daron and Restrepo Pascua, "The Race between Man and Machine: Implications of Technology for Growth, Factor Shares, and Employment," *American Economic Review*, Vol. 108, No. 6, 2018, pp. 1488 – 1542.

⑧ Dauth Wolfgang, Findeisen Sebastian, Südekum Jens, and Woessner Nicole, "German Robots-the Impact of Industrial Robots on Workers," *CEPR Discussion Paper*, 2017, No. DP12306. Available at SSRN: https://ssrn.com/abstract = 3039031.

业有"破坏效应"，即技术进步通过加速现有工作价值的磨损直接提高失业率。[1] 如人工智能的新进展可能会扫除制造业和服务业的大量高技能工作[2]，这意味着即便是高技能工作也会面临失业的风险。目前国内关于"机器换人"的研究也多集中在机器人的劳动力替代效应上。[3]

（二）技术进步对劳动者技能的影响

技术进步对劳动者技能的影响同样存在悲观和乐观两派对立的观点。

悲观派认为，技术进步导致工人"去技能化"。马克思最早指出，机器的引入割弃了工人技能，打击了技术工人的力量。[4] 此后，布雷弗曼认为技术创新导致"概念与执行的分离"，即管理层和工程师掌握知识和技术，而工人则被"去技能化"，只需要机械地执行即可。[5] 诺布尔指出，技术创新对机器操作工所掌握的技能形成了毁灭性的破坏，机器操作工在生产中逐渐被边缘化。[6] 布赖特则认为，工人的技能改变情况与自动化的程度有关，当机械化处于一级至四级的时候，工人控制机械工具进行操作，有利于工人技能水平的提升；当机械化处于五级至十七级时，工人的技能水平反而会持续下降，特别是达到最高级别，即十七级时，机械化等同于自动化、智能化，机器便成为真正自动的机器。[7] 这不仅仅引发了劳动力的"去技能化"，甚至直接替代工人工作，如当前人工智能的发展让一些工厂变成"黑灯工厂"和"无人工厂"。[8]

---

① Aghion Philippe and Howitt Peter, "Growth and Unemployment," *The Review of Economic Studies*, Vol. 61, No. 3, 1994, pp. 477 – 494.

② Frey Carl Benedikt and Osborne Michael, *Technology at Work：The Future of Innovation and Employment*（Oxford：Citi GPS Report, 2015）.

③ 程虹、陈文津、李唐：《机器人在中国：现状、未来与影响——来自中国企业–劳动力匹配调查（CEES）的经验证据》，《宏观质量研究》2018 年第 3 期；吕荣杰、郝力晓：《人工智能等技术对劳动力市场的影响效应研究》，《工业技术经济》2018 年第 12 期。

④ 马克思、恩格斯：《马克思恩格斯文集》（第五卷），北京：人民出版社，2009。

⑤ 哈里·布雷弗曼：《劳动与垄断资本：二十世纪中劳动的退化》，方生等译，北京：商务印书馆，1978。

⑥ 诺布尔：《生产力：工业自动化的社会史》，李风华译，北京：中国人民大学出版社，2007。

⑦ J. Bright, *Automation and Management*（Boston：Harvard University Press, 1958）, pp. 186 – 188.

⑧ Carl Benedikt Frey and Michael A. Osborne, "The Future of Employment：How Susceptible are Jobs to Computerisation?" *Technological Forecasting and Social Change*, Vol. 114, No. 1, 2017, pp. 254 – 280.

　　乐观派则认为，"去技能化"的观点并不适用于所有工人，因为技术创新对不同工人的影响是不同的。他们认为，在"去技能化"过程中，机器人主要替代重复性工作岗位，从而导致低技术工人失业和收入水平下降，但高技能工人的收入水平会上升。[①] 因此，技术变革将扩大有技能和非技能工人的工资差异[②]，特别是低技能工作的自动化将加剧收入和社会的不平等。[③]国内一些实证研究也发现，智能化技术的使用显著提高了相应部门工人的收入水平，且智能工具对工人的收入效应会因岗位所需技能水平的上升而提高，即技能水平越高的工人从人工智能中获益越大。[④] 人工智能的发展导致对非程序性的技能的需求增加[⑤]，重点大学的学生由于更容易进入就业替代率低的行业，因此被人工智能替代的风险较小。[⑥] 对于工人而言，拥有更高的技能水平有助于他们进入技术替代率更低的行业以及获得更强的谈判力量。

　　此外，乐观派还认为，即便是一些受到"去技能化"影响的工人也可以通过"再技能化"提高就业技能水平和劳动力素质。[⑦] 有证据表明，企业采用机器人等自动化技术后会增加对员工的技能培训，从而实现"再技能化"。[⑧] 但是，基于新加坡的一项研究表明，在自动化和电脑化导致的失业群体中，相当多的人没有高等教育学历，且往往是老年人、少数族裔等

① Dauth Wolfgang, Findeisen Sebastian, Südekum Jens, and Woessner Nicole. 2017. "German Robots-the Impact of Industrial Robots on Workers," CEPR Discussion Paper No. DP12306. Available at SSRN: https://ssrn. com/abstract = 3039031.

② Pi Jiancai and Zhang Pengqing, "Skill-biased Technological Change and Wage Inequality in Developing Countries," *International Review of Economics and Finance*, Vol. 56, 2018, pp. 347 – 362.

③ Acemoglu D. and P. Restrepo., "Low-Skill and High-Skill Automation," *Journal of Human Capital*, Vol. 12, No. 2, 2018., pp. 204 – 232.

④ 吴清军、陈轩、王非、杨伟国：《人工智能是否会带来大规模失业？——基于电商平台人工智能技术、经济效益与就业的测算》，《山东社会科学》2019 年第 3 期。

⑤ 袁玉芝、杜育红：《人工智能对技能需求的影响及其对教育供给的启示——基于程序性假设的实证研究》，《教育研究》2019 年第 2 期。

⑥ 岳昌君、张沛康、林涵倩：《就读重点大学对人工智能就业替代压力的缓解作用》，《中国人口科学》2019 年第 2 期。

⑦ Lawrence F. Katz and Kevin M. Murphy, "Changes in Relative Wages (1963 – 1987): Supply and Demand Factors," *Quarterly Journal of Economics*, Vol. 107, No. 1, 1992, pp. 35 – 78.

⑧ 余玲铮、魏下海、吴春秀：《机器人对劳动收入份额的影响研究——来自企业调查的微观证据》，《中国人口科学》2019 年第 4 期。

边缘人群，这使他们在失业后不太可能"再技能化"和再就业[1]。可见，对于低技能工人来说，实践中要想在受到新技术冲击后"再技能化"并非易事，但"再技能化"的路径始终在解决工人出路问题中占有重要地位。例如，在我国的市场转型过程中，无论是国有企业改革过程中富余人员安置问题[2]，还是政府机构改革对人员分流的影响[3]，抑或是事业单位转企改制中的人员分流安置政策[4]，都强调通过对分流人员的技能培训来实现再就业。

（三）技术进步对劳动控制的影响

在劳动控制影响方面，悲观派认为，技术进步是一场积累者对劳动力权力的不断加强的过程。[5] 爱德华兹曾明确提出了"技术控制"的概念[6]，他认为机械化、自动化使劳动力变成同质的、无技能或半技能的简单操作工，工人为技术确定的劳动节奏、工作流程和工作模式所左右，从而失去对劳动过程的控制权，甚至特定技术的引入和应用也有资方出于控制劳动力的考虑。进入信息时代，汤普森[7]研究发现，信息技术导致更为精妙复杂的技术控制策略的出现，管理者通过对信息的掌控更有效地强化了对工人的控制，这种基于信息技术的新型控制策略是"电子化的全景

---

[1] Lee King Fuei, "Automation, Computerization and Future Employment in Singapore," *Journal of Southeast Asian Economies*, Vol. 34, No. 2, 2017, pp. 388 – 399; Sugie Naomi F., "Work as Foraging: A Smartphone Study of Job Search and Employment after Prison," *American Journal of Sociology*, Vol. 123, No. 5, 2018, pp. 1453 –1491.

[2] 王汉生、陈智霞：《再就业政策与下岗职工再就业行为》，《社会学研究》1998 年第 4 期；董亚静、闫晓燕：《去产能分流职工心理现状及疏导机制研究——以河北省钢铁行业为例》，《中国劳动关系学院学报》2016 年第 3 期。

[3] 王增祥等：《地方政府机构改革机关工作人员心态透析——甘肃省行政管理学会对全省政府机构改革的问卷调查》，《中国行政管理》1999 年第 3 期；丁希：《论大部制改革过程中人员分流的阻力及其清除》，《湖北社会科学》2008 年第 10 期。

[4] 张晓娟：《转企改制背景下经营性文化事业单位人员分流安置政策探析》，《淮海工学院学报》（人文社会科学版）2014 年第 7 期。

[5] 罗伯特·W. 考克斯：《生产、权力和世界秩序——社会力量在缔造历史中的作用》，林华译，北京：世界知识出版社，2004。

[6] Richard Edwards, *Contested Terrain*: *The Transformation of the Workplace in the Twentieth Century* (NewYork: Basic Books, 1979), pp. 110 – 131.

[7] Paul Thompson, *The Nature of Work*: *An Introduction to Debates on the Labour Process* (London: The Macmillan Press Ltd, 1983).

敞视监狱"①。例如，有学者认为，基于移动互联网技术的平台资本主义提供的只不过是一种更为巧妙的马克思主义理论意义上的剥削，这种剥削并不依赖于一种明确意义上的雇佣或工资②，以 Uber 为代表的基于技术平台构建的超级剥削就业模式则是典型。③

乐观派认为，工人面对资本的技术控制并非毫无还手之力，工人既可以直接反抗，也可以顺从甚至"同意"。一方面，虽然技术进步让资本家的控制手段不断进化，但流水线的工作模式为工人团结起来进行改善劳动条件的斗争提供了便利。④ 工人不仅具有基于自身技能的市场议价能力，还能够通过工会或其他组织形式团结起来获得与资方相抗衡的结社力量⑤，以及国家对于劳动关系立法产生的体制性力量和获得媒体、公众、社会团体等支持的社会力量。⑥ 工人的反抗有结社、集体谈判、罢工以及日常工作的"不当行为"等多种形式。另一方面，布洛维认为，"强制"不能单独解释工人的行动，工人自发的认同也非常重要。在垄断资本主义条件下，资本通过计件工资制、内部劳动力市场、内部国家等机制让工人自愿参与赶工游戏，从而产生对游戏规则的"同意"⑦。此外，资本还通过责任自治、自我管理等方式赋予工人尤其是核心工人一定的灵活性和自主性，从而赢得工人的忠诚。⑧

---

① McKinlay A. and Starkey K. , *Foucault*, *Management and Organization Theory* (London：Sage，1998)；Sewell，G. ，"The Discipline of Teams：The Control of Team-Based Industrial Work through Electronic and Peer Surveillance," *Administrative Science Quarterly*，Vol. 43，No. 2，1998，pp. 397 – 428.

② 斯蒂夫·富勒：《价值在信息世界中的地位：任何 2.0 版马克思的绪论》，《自然辩证法通讯》2016 年第 2 期。

③ Nick Srnicek，"The Challenges of Platform Capitalism：Understanding the Logic of a New Business Model," *Juncture*，Vol. 23，No. 4，2017，pp. 254 – 257.

④ Michel Aglietta，*A Theory of Capitalist Regulation*：*The US Experience* (Englcond：Verso，2015).

⑤ Erik Olin Wright，"Working-Class Power, Capitalist-Class Interests, and Class Compromise," *American Journal of Sociology*，Vol. 105，No. 4，2000，pp. 957 – 1002.

⑥ Stefan Schmalz and Nico Weinmann，"Between Power and Powerlessness：Labor Unrest in Western Europe in Times of Crisis," *Perspectives on Global Development and Technology*，Vol. 15，No. 5，2016，pp. 543 – 566.

⑦ M. Burawoy，*Manufacturing Consent*：*Changes in the Labor Process Under Monopoly Capitalism* (Chicago：The University of Chicago Press，1979).

⑧ A. L. Friedman，*Industry and Labour* (London：The Macmillan Press Ltd，1997).

（四）小结

学界关于技术与劳动关系的研究为我们提供了有益经验和启发，但其关于技术进步对工人和劳动关系影响的结论是矛盾的，如对技术的社会后果总体呈现悲观派与乐观派两种截然对立的观点；缺乏同时考虑工人、企业和国家三方在技术变迁中的力量对比；对新技术如何形塑劳动关系的微观机制并未进行深入探讨。更为重要的是，学者们没有注意到技术变革中技术本身的变化。

近代工业革命以来的很长一段时间，技术变革主要是生产性技术的进步，如作为生产工具的机器的变化，第一次工业革命和第二次工业革命中以蒸汽机、内燃机为标志的现代工业技术具有规范性、挑衅性与控制性等特征，以技术理性的强力形式塑造着组织结构，使科层组织在提升效率的同时成为剥夺个人自由的庞大机器。① 而在当今万物互联的网络时代，技术的变革不仅发生在生产领域，而且发生在媒介资讯等生活和消费领域，如信息通信技术的应用者不仅有雇主和资本家，还有工人和劳动者，他们也是互联网特别是移动互联网的重要使用者。例如，智能手机在当今中国几乎普及，微信用户超过 12 亿人……很多新技术并非资本家独占，技术红利的覆盖范围更加广泛。正如段永朝在布莱恩·阿瑟《技术的本质：技术是什么，它是如何进化的》一书的书评中所指出的，技术有自己的"进化"方向，也有自己的"行事"逻辑，甚至技术自身"正在变为生物"，技术并非割裂人与自然的利刃，而是亲近自然、厚爱生命的新物种。② 当今智能制造和物联网等新技术正在回归亲近自然和生命的技术本质，如 3D 打印技术可以制造人体器官，从而使身体成为技术塑造的材料；物联网技术实现了智能感知。新兴技术的生命化转向，内在地蕴含着一种反物质化和去中心性的生命伦理，为解决组织效率与个人自由之间的现代性悖论提供了一条可能的途径。③ 换

---

① 胡国栋、王天娇：《组织：机器的延伸还是诗意之所——基于庄子技术观的省视》，《学术研究》2018 年第 10 期。
② 布莱恩·阿瑟：《技术的本质：技术是什么，它是如何进化的》，曹东溟、王健译，杭州：浙江人民出版社，2014。
③ 胡国栋、王天娇：《组织：机器的延伸还是诗意之所——基于庄子技术观的省视》，《学术研究》2018 年第 10 期。

言之，资本可以利用技术控制工人和榨取其剩余价值，工人也可以运用技术维护自身的权益和实现个人利益最大化。因此，新时代如果要考察技术对劳动关系的影响，必须超越悲观派与乐观派的二元对立，将新技术嵌入劳动实践中进行综合评价，从技术普惠受益的角度研究互联网时代劳动关系的重构。

二 研究视角：技术赋权

本书通过引入技术赋权作为分析概念，阐明技术变革对劳动关系的作用机制，并超越传统研究范式关于技术对雇主单向赋权的认识，强调技术对劳动关系各相关主体的普遍但不均衡的赋权特点，构建解释互联网时代中国劳动关系新变化的研究框架。

（一）从赋权到技术赋权

赋权（empowerment）又被翻译为充权、增权、激发权能等，最早由美国学者所罗门（Solomon）在《黑人赋权：社会工作与被压迫的社区》一书中提出。① 所罗门认为赋权是一种社会工作的专业活动，其主要目的是协助一些受社会歧视的群体去对抗遭受的不公平待遇，以降低自身的无能感和无权感。② 20 世纪六七十年代以来，赋权理论从社会工作领域逐渐扩展成为整个社会科学领域研究的重要议题，其主要关注的是社会弱势群体、少数族群、能力缺失者等边缘群体，通过为他们争取平等的资源分配机会、激发内在潜能和发挥主观能动性，从而增强个体达成目标的动机和能力。③ "赋权"并非简单地理解为赋予他人某种权力，"赋权"一词中的"权"是指个人或群体通过掌握资源来改善所处环境或控制自己生活的能力。因此，"赋权"不同于"授权"，它同时具有"权力"与"权利"的双重意思。当个体能够对外部资源进行实际控制时，可以将其理解为"权力"；当主体感

---

① 陈树强：《增权：社会工作理论与实践的新视角》，《社会学研究》2003 年第 5 期。

② Soloman, *Black Empowerment: Social Work in Oppressed Communities* (New York: Columbia University Press, 1976).

③ A. Jay Conger and Rabindra N. Kanungo, "The Empowerment Process: Integrating Theory and Practice," *The Academy of Management Review*, Vol. 13, No. 3, 1988, pp. 471–482.

知自身成就与效能时，可以将其理解为"权利"。[1]

具体来说，赋权可以从内在的个体动机和外在的社会互动两个层面加以界定[2]。从个体动机的角度来看，赋权就是"赋能"（Enabling），或是自我效能（self-efficiency），它源于个体的内在需求，是指个人对决策和解决自身问题的能力的感知或信念，是一个让个体感受到自我掌控的过程。[3] 从社会互动的角度来看，赋权是一个社会互动的过程，通过嵌入日常的互动场景之中获得新资源和新机会来实现自我目标。[4]

总之，赋权理论强调在社会资源的稀缺性与分配不公的条件下，那些处于弱势无权的人群迫切需要通过外界支持和个人努力更好地掌握生活所需的资源。[5] 一般而言，赋权包括三个层面：个体层面的赋权、组织层面的赋权和社会层面的赋权。个人层面的赋权主要指无权的个体通过思想解放、意识觉醒、知识学习和技能掌握获得自身发展的机会和能力；组织层面的赋权指在各类组织力量（包括企业组织、社会组织、政府组织）的协助下，无权的个体通过组织资源的汲取和能力拓展等方式进行赋权；社会层面的赋权侧重于通过推动社会结构改变和社会制度创新进行赋权。[6]

近年来，随着互联网和媒介技术的迅猛发展，赋权理论开始关注网络时代的社会互动关系，并提出了"关系赋权"的概念。喻国明、马慧认为，互联网作为一种全新的赋权机制，最大限度地激发了个体潜能及其关系资源网络，改变了权力格局与游戏规则，特别是为少数群体、边缘群体和能

---

[1] 孙奎立：《"赋权"理论及其本土化社会工作实践制约因素分析》，《东岳论丛》2015 年第 8 期。

[2] 何煜雪：《网络与政治赋权：一项基于网络赋权的分类研究》，《东南传播》2018 年第 10 期。

[3] Bharat Mehra, Cecelia Merkel, and Ann Peterson Bishop, "The Internet for Empowerment of Minority and Marginalized Users," *New Media & Society*, Vol. 6, No. 6, 2004, pp. 781 – 802.

[4] E. M. Rogers and A. Singhal, "Empowerment and Communication: Lessons Learned from Organizing for Social Change," *Communication Yearbook*, Vol. 27, No. 1, 2003, pp. 67 – 85; Zimmerman M. A., "Toward a Theory of Learned Hopefulness: A Structural Model Analysis of Participation and Empowerment," *Journal of Research in Personality*, Vol. 24, No. 1, 1990, pp. 71 – 86.

[5] Riger S., "What's Wrong with Empowerment," *American Journal of Community Psychology*, Vol. 21, No. 3, 1993, pp. 279 – 292.

[6] 沈费伟：《赋权理论视角下乡村振兴的机理与治理逻辑——基于英国乡村振兴的实践考察》，《世界农业》2018 年第 11 期。

力丧失者参与社会公共事务创造了条件。① 詹姆斯·卡伦指出了媒介技术的赋权特征，"新媒体会导致新的权力中心的出现，在现存的主导型维权结构内部引发日趋激化的紧张状态；有时候还会绕开已经建立的媒体传输机制，发布禁止或限制的信息，并通过这种方式来破坏控制社会知识的等级制度"。② 尽管互联网和新媒体赋权普惠，但并非完全平等，也存在主体差异。大众媒介技术最大限度地激活了个体及其关系网络资源，形成了新的权力关系，使得关系赋权颇为普遍，但由于不同主体掌握和利用数据的能力不一致，实际的赋权效果并不完全一致。另外，数字鸿沟的存在还导致大数据赋权的不公正问题。③ 比如，有研究表明，处于信息产业链中下游的新工人群体对新旧媒体的使用频率、依赖程度与其对新旧媒体的信任程度并不呈正相关关系，且信息获取方式对工作获取途径以及社会交往方式也都没有显著影响。网络化时代的信息传播方式本应是扁平化的，但不同阶层的人群在接收信息时面临着数字鸿沟。④ 这些研究注意到新技术对包括工人在内的不同社会主体的赋权作用，但并没有明确提出技术赋权的概念和理论。

郑永年首次明确提出了技术赋权的概念。他说，"很大程度上，在研究中国的现有著作中，科学和技术进步对中国政治发展的影响被过度低估了"⑤。他从这个"被过度低估"的现实切入，并从互联网对国家和社会的政治影响这一角度开展研究，发现互联网给中国的社会变革带来了新的动力，即国家与社会之间在互联网公共领域的互动，有时会使双方得到双赢的结局。国家可以借助网络推动型社会运动来推动政治变革，而社会群体也会从这种变化中受益，得到发展与进步的新机会。⑥ 但郑永年主要从政治学的角度进行分析，认为技术赋权重构了互联网时代政府与社会的关系，信息技术的发展促进了民主观念的普及，纠正了信息不对称与政治不平等

① 喻国明、马慧：《关系赋权：社会资本配置的新范式——网络重构社会连接之下的社会治理逻辑变革》，《编辑之友》2016 年第 9 期。

② 王山、奉公：《技术赋权、创造性破坏与以人为本——新媒体时代的政府治理创新》，《东北大学学报》（社会科学版）2016 年第 1 期。

③ 赵丽涛：《大数据时代的关系赋权与社会公正》，《探索与争鸣》2018 年第 10 期。

④ 刘丹、黄基秉：《网络化时代的技术赋权——富士康某厂区工人媒介使用状况的实证研究》，《新闻界》2016 年第 4 期。

⑤ 郑永年：《技术赋权：中国的互联网、国家与社会》，邱道隆译，上海：东方出版社，2014，第 5 页。

⑥ 邱道隆：《技术赋权：构建一种政治学分析》，《中国图书评论》2014 年第 7 期。

的问题，推动了公民意识的养成和公共事务的参与。

此后，"技术赋权"一词开始被一些学者和公众使用，很多新闻传播学的学者研究了互联网时代的新媒体技术对公众的赋权机制，他们认为新媒体技术会导致一种创造性破坏，并推动新媒体时代的政府治理创新。比如，有学者认为，新媒体技术赋权推动着政府的执政理念与领导方式由"官本位"向"人本位"转变，政府治理组织结构由"封闭式"向"开放式"转变，治理行为模式由"领导者"向"服务者"转变。不仅政府逐渐由"全能型政府"转向"有限型政府"，公众也由"无意识公众"转变为"自主公众"。① 刘俊通过考察近年来央视《新闻联播》因应媒介融合时代"技术赋权"与"社会赋权"的形势而进行改变的尝试，认为新媒体普遍性崛起的最大意义是"赋权"，即为传统媒介时代中几乎不具话语权的受众进行普遍性的"赋权"，其中技术赋权使接受者拥有发声与传播的技术，社会赋权使原本不具话语权的接受者可以就社会生活的多元问题发声发言、参与协商。换言之，技术赋权事关"能发声"，社会赋权事关"有影响"。它们共同为实现自由、平等、立体交流的人类发展大跨越提供了宝贵机遇。② 由于互联网时代的"社会赋权"建立在"技术赋权"（受众拥有发声与传播的技术手段）的技术条件上，本书不区分赋权的形式和内容，统一使用"技术赋权"概念。

（二）技术赋权机制

技术赋权机制主要探讨了技术如何对劳动关系的利益相关者赋权，具体包括两个层面：第一个层面是技术进步产生了新经济和新市场需求，从生产、结构和生态层面重塑了劳动者和劳动关系所处的社会环境；第二个层面是产生了新的治理技术和媒介传播技术，从生产、组织、信息等层面重塑了劳动关系的微观运行状态。通过技术赋权，劳动关系出现了新变化和新趋势。

---

① 王山、奉公：《技术赋权、创造性破坏与以人为本——新媒体时代的政府治理创新》，《东北大学学报》（社会科学版）2016 年第 1 期。

② 刘俊：《技术赋权与社会赋权的回响：媒介融合时代的电视时政新闻改革——基于对近年来央视〈新闻联播〉春节期间创新的分析》，《新闻界》2015 年第 9 期。

1. 创造新的就业机会

过往的研究表明,技术进步对于就业来说同时具有就业破坏效应和就业创造效应。① 一方面,自动化导致一些发达经济体和中等收入国家制造业领域工作岗位的流失,特别是那些从事"可被编码的"重复性工作的工人;另一方面,技术进步为创造新的工作岗位、提高劳动生产率及优化公共服务供给提供了机会。② 例如,近年来互联网技术带动了中国共享经济的持续快速发展,创造了许多新的经济部门和新的就业岗位,在解决产能过剩、行业工人的再就业以及贫困地区劳动力就业等方面的作用明显。同时,互联网技术与传统服务业相结合,让普通劳动者也有机会直接参与互联网行业这一原本只属于精英技术劳动者的领域,在一定程度上拓展了普通劳动者的就业选择范围。特别是在 2020 年新冠疫情期间,传统线下就业受到了极大的冲击,互联网平台就业成了许多人的新选择,发挥了就业"蓄水池"和社会"稳定器"的作用。

2. 消除信息不对称和话语权不平等

新技术特别是媒介技术的发展具有消除信息不对称的作用早已被证明。例如,在对时政的敏感度、参与度方面,那些收听广播的家庭优于只能听大喇叭广播的家庭,那些拥有家庭电话的家庭优于仰仗鸿雁传书的家庭。但是,传统媒介主要是"我说你听"的单向传播,仍然存在信息和话语权的垄断,而互联网尤其是移动互联网信息技术的发展,则极大地挑战了传统的信息控制权威,加速了信息扩散的进程,使得国家和政府对信息流动的控制力减弱。③ 互联网的去中心化、平台化特征使得更多的市场主体、社会主体可以通过网络参与公共事务的治理,从而形成一种开放式、扁平化、平等性的系统现象或结构。互联网技术带来的主体关系的改变,为社会力量在更大范围内和更深层次上参与网上协同治理创造了条件。④ 在网络"自媒体"时代,网络媒介为网民赋权,网民成为信息主体,不再需要他人代表自己,

---

① 王东霞等:《技术进步、产业结构变动与劳动就业》,北京:经济科学出版社,2018,第 30 ~ 33 页。

② 世界银行集团:《2019 年世界发展报告:工作性质的变革》,2018,第 2 页。

③ Garrett R. K. , "Protest in an Information Society: A Review of Literature on Social Movements and New ICTs," *Information Communication and Society*, Vol. 9, No. 2, 2006, pp. 202 – 224.

④ 孟凡新、涂圣伟:《技术赋权、平台主导与网上交易市场协同治理新模式》,《经济社会体制比较》2017 年第 5 期。

直接就可以在网上发声。① 因此，网络技术有效消除了不同主体之间信息不对称的现象，改变了话语权力格局。不用说劳动者或成年人，即便是现在的中小学生，也会使用手机搜索信息和解决问题。

3. 降低集体行动成本

互联网平台创造了一个资源共享的共生生态系统，吸纳了越来越多的企业和个人分享其集群效应。② 数据通信、人工智能与互联网技术的深度融合，使得结盟的信息和交流成本降低，个体活动更容易结合形成集体活动，从而使得集体行动的概率增加。③ 互联网时代，政府对传播权力的垄断被解构，传播权逐渐由国家向社会转移，从而导致信息资源和传播权力的社会化。权力"去中心化"的特点提高了民众的批判能力，令民众的质疑增多，线上和线下的互动对政府的治理能力提出了挑战。④ 新媒体对社会权力格局的解构改变了社会原有的运行机制，对社会权力进行了重新分配，打破了传统社会自上而下的科层组织结构。在新媒体时代权力的"去中心化 - 再中心化"这一变换过程中，虚拟网络社会最终可以达到权力帕累托最优状态，即"政府 - 社会"二者的均衡状态。⑤ 具体到人际交往方面，社交网络（包括如 Facebook、开心网之类的熟人社交网络，也包括 Twitter、微信、微博之类的媒体网络，还包括 LinkedIn 之类的商业社交网络）极大地扩展了人们的交际范围。在社交网络中，各种信息、观点、创意随时随地在进行交流、沟通与碰撞。人们不仅可以由此获得更多的信息与知识，还可以通过这一高效、快捷、廉价的信息传播途径获得自己的发言权，形成自媒体，从而进一步提升互联网平等、民主权力的格局。

（三）技术赋权的普惠性与特惠性

劳动关系主要涉及劳资政三方主体。技术与主体是互构互嵌的，技术

① 王爱玲：《媒介技术：赋权与重新赋权》，《文化学刊》2011 年第 3 期。

② 杨文华、何翘楚：《平台经济业态下去集体化劳动关系的生成及治理》，《改革与战略》2018 年第 1 期。

③ Bimber B., "Reconceptualizing Collective Action in the Contemporary Media Environment," *Communication Theory*, Vol. 15, No. 4, 2005, pp. 365 - 388.

④ 张志安、吴涛：《国家治理视角下的互联网治理》，《新疆师范大学学报》（哲学社会科学版）2015 年第 5 期。

⑤ 王山、奉公：《技术赋权、创造性破坏与以人为本——新媒体时代的政府治理创新》《东北大学学报》（社会科学版）2016 年第 1 期。

不仅是外生的工具或手段，还是内生嵌入的，其嵌入政府的技术型治理、企业的数字化管理、劳动者的技术赋能领域。技术对劳资政不同主体所形成的赋权结构，最终推动劳动关系产生新的变化和趋势。

1. 技术赋权的普惠性

从本质上说，技术只是一种工具，任何人都可以通过新技术为自己增权赋能，提高参与实践的能力。从这个意义上来说，技术赋权的普惠性是非常明显的。就劳动关系而言，技术赋权既包括对工人的赋权，也包括对企业的赋权，还包括对政府的赋权。下面做出具体说明。

（1）对工人的赋权

技术在解决信息不对称、组织动员、提升人力资本和社会资本水平、个体权益"问题化"方面赋权。具体表现在以下五个方面。一是市场就业信息收集范围扩大。过往很多研究都注意到工人利用人际关系网络尤其是同乡网络带来的信息优势帮助自己在劳动力市场找工作这一现象[1]，但新技术特别是互联网技术的发展为劳动者找工作提供了一种新的途径。例如，新媒体赋予农民工搜索信息的能力，延伸了他们的社会关系网络，实现了一定程度的信息赋权。[2] 互联网不仅扩大了农民工找工作的途径，而且具有工资溢价效应，这种工资溢价效应在不同受教育程度和流动时长的人群中存在大小差异。[3] 二是工人的组织动员能力增强。数字媒体的引入并未改变集体性行动的核心动因，而是改变了连接性行动的核心动因，这说明数字媒体的引入必将在当代抗争性政治中变得越来越重要。[4] 有研究表明，以互联网为主的信息与通信技术作为动员的中介，对代工工厂内部工人的认知形塑和集体抗争的内外沟通发挥了重要的作用，工人抗争的策略性、团结性和组织化程度得到了提高，抗争信息的向外传播也刺激并影响着更多的

① Montgomery, James D., "Social Networks and Labor-Market Outcomes: Toward an Economic Analysis," *American Economic Review*, Vol. 81, No. 5, 1991, pp. 1408－1418；张春泥、刘林平：《网络的差异性和求职效果——农民工利用关系求职的效果研究》，《社会学研究》2008 年第 4 期。

② 郑欣、王悦：《新媒体赋权：新生代农民工就业信息获取研究》，《当代传播》2014 年第 2 期。

③ 罗楚亮、梁晓慧：《互联网就业搜寻对流动人口就业与工资的影响》，《学术研究》2021 年第 3 期。

④ 兰斯·班尼特、亚力山卓·赛格伯格：《"连接性行动"的逻辑：数字媒体和个人化的抗争性政治》，《传播与社会学刊》2013 年第 26 期。

抗争行动。[①] 三是工人人力资本提升的成本降低和可及性增强。新时代的产业工人有了新兴技术的赋能，相比于老一代农民工能够掌握和处理更多信息。网络资源的丰富性与便捷性使工人不可避免地卷入媒介化的学习与互动之中，以获得对自己有用的资源、机会与平台。[②] 移动在线学习时间自由、空间自主，能够降低教育培训的线下人力成本与交通往返成本，也能够弥补传统培训针对性、有效性、交互性不足等问题。工人能够通过网上学习不断提升自己的人力资本水平，从而提高在劳动力市场的博弈能力。四是劳动权益信息对称性增强。如果劳动权益受到侵害，那么工人可以随时随地上网搜索相关法律法规或者咨询专业人士、工会组织的意见（如传统工会组织大力发展网上工会、智慧工会），以避免资方对信息的垄断，从而促进劳资双方信息的平等。五是权益侵害"问题化"能力提高。互联网让彼此的联系越来越紧密[③]，某个工厂或某个地方的工人权益受到侵害后往往会得到处于利益和价值共同体中的其他工人群体的声援或支持，甚至得到其他中产阶层群体对弱者的同情，从而迅速将权益侵害事件"问题化"，放大为一个公共事件或舆情事件。网络使信息和言论变得更加公开化、透明化、数据化，网络的匿名性和扩散性也容易使信息交流呈现非理性化、情绪化的状态。当然，极端化的舆论也会扰乱社会秩序，甚至危及社会稳定。[④]

（2）对企业的赋权

技术在解决信息不对称、劳动管理、"机器换人"、制造同意等方面赋权。具体表现在以下四个方面。一是市场招聘信息收集范围扩大。大数据技术和社交网络的发展为人才的招募与评价插上了"双翼"，使招聘信息和人才信息的传播与共享更快捷，覆盖面更广。现在，很多企业都通过社交网络发布招聘广告、收集求职者的信息并进行人员甄选，甚至根据大数据分析精准投放招聘广告，既节约成本，又精准直达目标客户。[⑤] 此外，通过

① 汪建华：《互联网动员与代工厂工人集体抗争》，《开放时代》2011 年第 11 期。
② 孙琼如、侯志阳：《新媒体赋权与新生代女性农民工的职业发展》，《东岳论丛》2016 年第 7 期。
③ 喻国明、马慧：《关系赋权：社会资本配置的新范式——网络重构社会连接之下的社会治理逻辑变革》，《编辑之友》2016 年第 9 期。
④ 李金龙、黄峤：《挑战与应对：网络群体性事件下的政府信息管理》，《湖南师范大学社会科学学报》2010 年第 1 期。
⑤ 赵玉、姚涟漪：《"互联网＋"时代企业人力资源管理的变化与转型》，《中国人事科学》2018 年第 4 期。

数据智能匹配筛选求职者还隐性强化了应聘的淘汰制度和人才精准的选拔制度，企业在招聘的过程中更加积极主动，效率也有所提升。[①] 二是劳动过程控制力增强。互联网的致富神话与技术符号秩序非但没有改变传统的简单型控制的劳资关系模式，反而使其得到强化[②]，数字技术实际已经成为劳动过程的控制手段。[③] 如作为零工经济的典型代表，优步公司将技术与不稳定的劳动力结合在一起，凭借其对司机行为（如超速）以及交通流量的精确细节的测量和监控，对员工实施强大且密不透风的控制。[④] 又如，网络作家的劳动过程实际上也面临着类似于工厂式生产过程的控制与管理，存在创造性劳动的体力化和流水线化的现状。[⑤] 因此，平台资本不仅能够实现跨时空、跨阶级的弹性积累和对新业态的垄断控制，还使平台从业人员的劳动身份更加隐蔽，使其劳动异化从生产领域延伸至整个生活世界。三是利用技术替代工人（俗称"机器换人"）。自动化技术无疑会取代人类劳动，对就业产生负面影响，这种效应高度集中在薪资和技能水平较低的工作岗位中。[⑥] 从总体上看，尽管机器在替代一些就业岗位的同时会创造出更多的就业岗位，并且把人类从危险、繁重和枯燥的工作中解放出来，但是随着机器人性能的提高、成本的下降以及人工智能的兴起，人类与机器的赛跑可能已经进入"棋盘的下半场"，即出现就业机会绝对减少的情况。[⑦] 此外，还有学者预言，下一代互联网会令大规模失业成为可能，有工作岗位的人也必须学会如何与机器人或其他形式的智能机器一起工作。[⑧] 四是雇佣关系"模糊化"，增强"制造同意"的可能性。互联网平台改变了人与组织的关

---

① 黄丹：《人工智能时代下企业招聘的人才观》，《中国大学生就业》2019 年第 5 期。
② 佟新、梁萌：《致富神话与技术符号秩序——论我国互联网企业的劳资关系》，《江苏社会科学》2015 年第 1 期。
③ Alessandro Gandini, "Labour Process Theory and the Gig Economy," *Human Relations*, Vol. 72, No. 6, 2018, pp. 1039 – 1056.
④ 文森特·莫斯可：《数字劳工与下一代互联网》，徐偲骕、张岩松译，《全球传媒学刊》2018 年第 4 期。
⑤ 胡慧、任焰：《制造梦想：平台经济下众包生产体制与大众知识劳工的弹性化劳动实践——以网络作家为例》，《开放时代》2018 年第 6 期。
⑥ 张翼燕：《技术变革对就业岗位与收入影响分析》，《科技中国》2019 年第 3 期。
⑦ 埃里克·布莱恩约弗森、安德鲁·麦卡菲：《第二次机器革命：数字化技术将如何改变我们的经济与社会》，蒋永军译，北京：中信出版社，2016。
⑧ 文森特·莫斯可：《数字劳工与下一代互联网》，徐偲骕、张岩松译，《全球传媒学刊》2018 年第 4 期。

系，也改变了人与组织的力量对比。① 从趋势上看，大企业被自由人（专业的或非专业的）的组合取代，工作关系也不再是雇佣合同关系，而是合作协议关系，有些雇主与劳动者甚至根本没有签任何协议。② 人员配置方式和由此产生的新的就业方式使工业时代标准的劳动关系要素变得非标准化。③ 从表面上看，尽管劳动者工作的自主性、灵活性有所增加，但是实际上这是资本扩张逻辑在互联网时代对闲暇时间的圈占。④ 互联网产业构建的霸权为其与数字劳工之间建构的"同意"提供了关键力量。以弹性雇佣制度为基础的数字资本生产与再生产模式，以及以"民主""分享"为代表的权利与道德话语，成功地在差异化与多样化的社会中吸纳了大众的集体智能与剩余生产力，实现了商业律令对人类社会的时间与空间殖民。⑤

（3）对政府的赋权

技术可以提升政府干预劳动力市场、化解劳动关系紧张的能力和水平。具体表现在以下三个方面。一是信息收集处理能力。政府通过采用包括智能化设备、移动网络以及各类综合治理平台、各式各样的 App 软件等信息技术手段，能够不断完善公共政策的民情收集、过程评估、动态调整以及落地实施，从而大幅度提升包括政策制定的科学性、政策执行的精准化、政府回应的有效性等在内的政府治理能力。⑥ 借助大数据和云计算技术，政府能够实现对规模庞大、类型多样的数据的快速处理，做到对社会问题和现象的"全样本"研究，帮助政府更好地把握类似事件的发展规律，并做出预测性优化决策。⑦ 比如，近年来，一些地方根据企业用水、用电、工资发放等情况建立了劳动关系预警系统，有效的预测预防了集体性劳动纠纷

① 赵玉、姚涟漪：《"互联网＋"时代企业人力资源管理的变化与转型》，《中国人事科学》2018 年第 4 期。
② 李晓华：《"新经济"与产业的颠覆性变革》，《财经问题研究》2018 年第 3 期。
③ 邓宝山：《"互联网＋"时代下的企业价值创造方式对就业和劳动关系的影响》，《中国劳动》2017 年第 11 期。
④ 邱林川：《新型网络社会的劳工问题》，《开放时代》2009 年第 12 期。
⑤ 吴鼎铭：《网络"受众"的劳工化：传播政治经济学视角下网络"受众"的产业地位研究》，《国际新闻界》2017 年第 6 期。
⑥ 周盛：《走向智慧政府：信息技术与权力结构的互动机制研究——以浙江省"四张清单一张网"改革为例》，《浙江社会科学》2017 年第 3 期。
⑦ 朱仁显、樊山峰：《信息与通信技术变革政府治理模式机制分析》，《理论探讨》2019 年第 1 期。

的发生。此外，国家积极主动搭建参与平台，把公民的网络参与嵌入党委、政府、人大、政协各职能部门的工作中。把包括工人在内的广大公民的诉求纳入政策过程和政治过程中，能够使政府实现决策的科学化和民主化，避免信息与通信技术的滥用给体制带来的毁灭性冲击。[1] 二是精准处置和化解冲突能力。信息与通信技术赋予公共管理者对某类事物进行深度挖掘与多维分析的能力，从而推动政府治理由传统的粗放型向精细化转变。[2] 政务服务的精细化，表现为政府可以利用诸如大数据、物联网、社交媒体、移动通信等技术手段，获取海量的、类型多样的信息，精确把握公共事务或者问题的实质。[3] 公共部门可以综合运用趋势预测、模式识别、热点探测、关联分析等技术手段分析所掌握的信息资源，对交通拥堵、恐怖袭击、自然灾害等公共问题和危机进行模拟、预测。[4] 在实际应用中，当人工智能应用于市民交流、投诉等响应系统时，就可以通过自动匹配公民个人的政务服务助手，随时随地跟踪个人资讯，并推演出适用于个人的政务服务咨询和协助解决方案。[5] 三是提升信息化治理能力。人工智能平台可以有效地解决政府官员的注意力有限和能力不足的问题，借助大数据、精算超算术、区块链等新一轮技术应用，民众的意愿和诉求可以准确有效地被政府关注到，政府的回应性也能够得到很大程度的增强。[6] 在信息技术的引领下，普通社会公众在网络空间获得了虚拟的社会角色，政府组织不得不通过公开政务信息以回应信息时代社会公众的利益诉求，这既使科层体制信息能够渗入外界，也有助于政府组织建立社会公众获取政府信息的制度性渠道。[7]总之，互联网、人工智能、大数据等技术在政府治理中的应用，有利于打破各级政府和部门保护主义对行政运行流程优化的影响。对分散的公众需求进行智能化的采集、分类和整理，精准记录每项行政运行流程所需的时

---

① 张丙宣：《政府的技术治理逻辑》，《自然辩证法通讯》2018 年第 5 期。
② 张海柱、宋佳龄：《走向智慧治理：大数据时代政府治理模式的变革》，《中共济南市委党校学报》2015 年第 4 期。
③ 刘杰：《大数据时代政府信息的公开与创新应用》，《探求》2015 年第 5 期。
④ 何煜雪：《网络与政治赋权：一项基于网络赋权的分类研究》，《东南传播》2018 年第 10 期。
⑤ 倪东辉、倪佳琪：《基于人工智能视角的政府管理创新》，《安庆师范大学学报》（社会科学版）2017 年第 4 期。
⑥ 陈鹏：《人工智能时代的政府治理：适应与转变》，《电子政务》2019 年第 3 期。
⑦ 陈剩勇、卢志朋：《信息技术革命、公共治理转型与治道变革》，《公共管理与政策评论》2019 年第 1 期。

间，精准识别可能出现的劳资纠纷，既能有效预警预测、防微杜渐，又能精确精准打击、迅速处理。

2. 技术赋权的特惠性

从最终使用的结果来看，技术不是中立的，它虽然会向它的所有开发者和使用者赋权，但是赋权的内容与程度并不完全相同。[1]

（1）数字鸿沟与技术红利差异

互联网技术诞生伊始，曼纽尔·卡斯特（Manuel Castells）就提出了"数字鸿沟"[2]的概念以呈现网络技术在不同群体之间的可及性差异带来的社会不平等现象。邱泽奇等人的研究指出，数字鸿沟主要包括接入鸿沟和互联网红利差异。接入鸿沟曾经是数字鸿沟的基本形态，但互联网基础设施的发展已经使接入鸿沟缩小，从中受益的红利差异则成为主要形态。[3] 虽然网络降低了参与的门槛，但是个体之间仍存在数字鸿沟现象。每个公民的能力，即知识储备、技能和经验是制约网络参与的一个重要因素。[4] 不同的社会群体对移动互联网及其终端有着差异化的选择行为、应用取向和依赖程度，这从多种维度复制和强化了社会分化的形态。数字鸿沟和社会断裂便隐藏在对移动互联网不同程度的应用、体验和依赖中。[5] 也就是说，互联网在打破传统权威的同时也在制造新的不平等现象。同为网民，在技术上占有优势也就是在行为上占有优势。网民的行为自由性既得益于技术，又受控于技术，这是一个问题的两个方面。[6] 技术是独立于个体而存在的，因此"技术的座驾"所包含的一系列制度和文化，在很大程度上已经嵌入人存在的前提，技术和人的存在互为一体。[7] 这些研究将数字鸿沟的讨论从技术的可及性问题转移到结果的不平等问题上。换言之，一方面，社会已有的阶层差异导致网络技术使用方面的差距；另一方面，这种差距会成为

① 张丙宣、卢志朋：《服务、监管与技术性协同治理》，《公共管理与政策评论》2016年第4期。

② 曼纽尔·卡斯特：《网络星河：对互联网、商业和社会的反思》，郑波、武炜译，北京：社会科学文献出版社，2007，第262页。

③ 邱泽奇、张樹沁、刘世定、许英康：《从数字鸿沟到红利差异——互联网资本的视角》，《中国社会科学》2016年第10期。

④ 何煜雪：《网络与政治赋权：一项基于网络赋权的分类研究》，《东南传播》2018年第10期。

⑤ 王迪、王汉生：《移动互联网的崛起与社会变迁》，《中国社会科学》2016年第7期。

⑥ 王爱玲：《媒介技术：赋权与重新赋权》，《文化学刊》2011年第3期。

⑦ 毛章清、胡雍昭：《胡翼青：重新发现传播学——从海德格尔的技术哲学谈起》，《国际新闻界》2016年第2期。

在未来网络社会当中延续和强化社会不平等的基础和根源。① 网络社会不仅复制了社会不平等和阶级差异的现象，而且以一种更加隐蔽的全球化的方式放大了这种不平等和差异性。②

"数字鸿沟"在劳动领域同样存在，甚至表现得更加复杂与微妙。③ 一方面，技术可及性的差异确实有所缩小。精英技术劳动者作为互联网技术及应用的主要建构者，拥有使用互联网技术的天然优势，但是普通劳动者在"山寨"设备与技术的支持下也在创建属于自己的"草根网络社会"，生成以应对生存议题为核心关注的技术创新应用方式。④ 例如，边缘发展中国家的动画产业从业者能够使用相关的软件来从事生产，体力劳动者也能够以"山寨"的方式形成自己的技术应用方式。⑤ 另一方面，技术可及性差异的缩小并不意味着不平等现象的缓解或消除，反而在延续传统不平等的结构之外（核心－边缘的全球产业链）产生了新的风险，即创作个性的抹杀和生产的流水线化。"草根网络社会"并没有促进阶层流动。⑥

从劳资政三方的具体情况来看，政府和企业往往在大数据的使用中占据优势，而工人则难以利用大数据。信息技术形塑的多元化治理主体表现为赋权的不对等。政府组织与市场组织尤其是大型互联网技术公司占据着主导性地位，社会组织及公民个体则处于相对弱势的限制性参与地位。互联网时代的公民参与既要期望于政府的态度，也要依托于部分资本巨头所掌握的技术，在体制性约束和技术性约束的夹缝中生存。一方面，公民参与的方式、作用、回应都基于政府的选择性赋权，政府部门可以利用技术

① 梁萌：《强控制与弱契约：互联网技术影响下的家政业用工模式研究》，《妇女研究论丛》2017 年第 5 期。
② 黄月琴：《新媒介技术视野下的传播与赋权研究》，《湖北大学学报》（哲学社会科学版）2016 年第 6 期。
③ 梁萌：《强控制与弱契约：互联网技术影响下的家政业用工模式研究》，《妇女研究论丛》2017 第 5 期。
④ 邱林川：《信息时代的世界工厂——新工人阶级的网络社会》，桂林：广西师范大学出版社，2013。
⑤ 戴皖文：《创意的商品化：台湾电脑动画劳工的再技术化》，载凯瑟琳·麦克切尔、文森特·莫斯可编《信息社会的知识劳工》，曹晋、罗真、林曦、罗冬妮译，上海：上海译文出版社，2013。
⑥ 梁萌：《强控制与弱契约：互联网技术影响下的家政业用工模式研究》，《妇女研究论丛》2017 年第 5 期。

的程序机制建立公民参与的分流机制，对社会组织进行分类控制。① 因此，网络对国家进行赋权，赋予国家更多的权力。在世界上的任何地方，政府都拥有对互联网管控的绝对优势，方式包括相关法律、法规、政策规范的建立，以及对互联网自身结构的管理。② 而信息公开中的自由裁量权则导致各级政府的信息公开普遍存在信息效用低、获取困难等问题，于是赋予公众知情权的信息公开就很容易沦为对公众知情权的选择性开放。③ 另一方面，网上交易市场与传统线下市场表现出完全不同的市场模式和权力结构。例如，以淘宝为代表的第三方网上交易平台具有的特殊市场权力和技术权力，使其形成了对政府外部规制的局部性替代。④ 除此之外，平台企业往往还会凭借技术的门槛效应和压倒性优势，不断强化自身的资源配置和信息支配的能力，甚至能够利用自身掌握的海量数据以及"流量为王"的营销手段，潜在地引导公民参与。⑤

（2）媒介技术赋权的平等与不平等

传播媒介是人们行使社会权力和政治权力的一种有效手段。媒介技术对受众的不断赋权和重新赋权，制造着新的平等和不平等的信息交往格局。首先，传统媒介覆盖范围较小，为少数人赋权。传统媒介拥有相对稳定的"媒体权力"，这在一定程度上减少了普通民众表达真实意见的机会，而网络环境改变了这一情况，它能够赋予普通民众话语自由，协助他们争取更多的行动资源。⑥ 其次，网络媒介覆盖范围更广泛，容易为多数人赋权。每一种新媒介的出现都能打破某些人原有的垄断权，新媒介为所有人提供了同样赋权的可能。从"权力转移"层面看，网络赋权是一个伴随着权力改造和再分配的过程，它打破了赋权作为一种行为特征的自上而下、由强到弱的阶级性。它不仅是一种由他者被动赋予自我主动获取的能动性力量，

① 刘永谋、兰立山：《大数据技术与技治主义》，《晋阳学刊》2018 年第 2 期。
② 季乃礼、吕文增、李鹏琳：《互联网治理视角下的基层政府技术赋权问题研究》，《中共天津市委党校学报》2018 年第 1 期。
③ 张紧跟：《从行政赋权到法律赋权：参与式治理创新及其调适》，《四川大学学报》（哲学社会科学版）2016 年第 6 期。
④ 孟凡新、涂圣伟：《技术赋权、平台主导与网上交易市场协同治理新模式》，《经济社会体制比较》2017 年第 5 期。
⑤ 刘永谋、兰立山：《大数据技术与技治主义》，《晋阳学刊》2018 年第 2 期。
⑥ 师曾志、胡泳等：《新媒体赋权及意义互联网的兴起》，北京：社会科学文献出版社，2014，第 124 页。

而且能够形成一种把各种微小力量聚合起来的能力。在这种流动的关系结构中，"弱者"不再享有稳定的边界，强和弱的划分也变得模糊。① 网络媒介的出现还使媒介工具不再为媒介组织所左右。网民不再需要别人代表自己，通过网络传播这种形式，他们就可以在网上直接发表自己的想法和见解。同时，传播和反馈也是及时而通畅的，它强化了每个个体的信息主体地位。Web 2.0 技术的运用，更是将网络平台推到了"自媒体"的时代，媒介的自主性和互动性变得更强。再次，媒介平等的幻想。在网络喧哗之中，普通民众作为众多的参与者之一，他们的存在为网络增添了主题与话语，话语自由和个人表达空间的拓展使其能有机会沉浸其中。

尽管普通民众能够借助互联网成为内容生产者，提升自己的权力，但是许多关注在喧嚣之后不了了之，互联网所赋予的改变自身不利处境的权力成了"象征性权力"。② 这种权力只是一种思想和观念上的权力，采用的手段也是象征性形式的生产和传播。③ 因此，网络给予普通民众表达意见的通道和可以展示他们自己的舞台，但他们随着演出的落幕而逐渐退场，未能留下任何痕迹。④ 总之，在使用最广泛的媒介技术领域，尽管"强者恒强"在新媒介赋权时代不能成为定律，但"强者"在权力争取过程中并不软弱。只要"强者"把握好及时对话的原则，便有可能引导舆论，其势能便有可能得到守恒。⑤

三　本书的研究框架

综上所述，已有研究几乎都将技术赋权的关注点集中于社会弱势群体，强调草根阶层借助信息技术对社会的参与及抗争。涉及企业和政府主

① 黄月琴：《"弱者"与新媒介赋权研究——基于关系维度的述评》，《新闻记者》2015 年第 7 期。

② Thompson J. B. , *The Media and Modernity* （Cambridge：Polity Press，Stanford University Press，1995）.

③ 邵培仁、范红霞：《传播民主真的能够实现吗？——媒介象征性权力的转移与话语民主的幻象》，《现代传播》（中国传媒大学学报）2011 年第 3 期。

④ 王全权、陈相雨：《网络赋权与环境抗争》，《江海学刊》2013 年第 4 期。

⑤ 尹金凤、胡文昭：《"增权"抑或"去权"：新媒介赋权视域下舆论引导的角色转换》，《河南师范大学学报》（哲学社会科学版）2018 年第 1 期。

体的内容，也侧重于从管理规制与组织治理的思路展开，以说明技术带来的变革与挑战，但忽视了对工人的赋权和劳动关系变化的深入揭示。这些研究相对割裂了工人、企业与国家三方在技术变迁背景下的互动和力量变化，缺乏系统考虑，对新技术如何形塑劳动关系的机制同样没有进行细致的探讨。此外，沿着马克思主义的分析路径，相关研究描述了"三新"经济领域劳动关系的变迁特征，也针对特定行业剖析了劳工群体的劳动境遇，这些成果对于把握新技术背景下的工作形态、劳动过程意义重大，但是在这些研究中，新技术大多作为背景存在，与"赋权"未进行有机衔接，未能充分揭示技术对劳动关系各相关利益主体的赋权机制及这种技术赋权对劳动关系转型的影响。在研究方法上，已有研究也以理论探讨和定性研究为主，缺乏问卷调查的定量分析，总体上属于介绍性与探索性的研究。

技术通过对不同的社会主体的影响发挥作用。政府、企业和劳动者都可以借助技术赋权增能，从而演变出不同的发展模式和劳动关系类型。在不同的经济类型中（如传统线下的制造业和平台经济新业态），政府、企业和工人之间的互动关系和行动逻辑会呈现不同的特征，从而改变和塑造劳动关系。当前，经典马克思主义作家分析劳动关系的经济技术基础已经出现转变，劳动力市场需要提出新的理论予以回应。鉴于此，本书将在延续马克思主义理论逻辑的基础上，创造性地引入技术赋权的视角，考察政府、企业与工人等不同劳动关系主体运用技术手段为自身赋权增能的行动策略，并基于实证结果，构建系统解释中国劳动关系新变化的研究框架，对既有的劳动关系转型理论进行反思和改进。这既是对技术深刻嵌入组织、制度、市场后劳动关系领域发生新变化的理论回应，也是对既有技术与劳动关系研究中相关主体分析相对独立、割裂状态的一种弥合努力。

本书试图通过实证研究回答以下问题：当代中国发生的技术变化，对生产领域产生了怎样的影响？劳动关系如何回应这样的转变和转型？在劳动关系转型的背后，技术发挥了怎样的作用？其作用机制又是什么？未来中国劳动关系转变甚至转型的趋势和方向是什么？技术赋权对劳动关系的影响分析模型如图 2-1 所示。

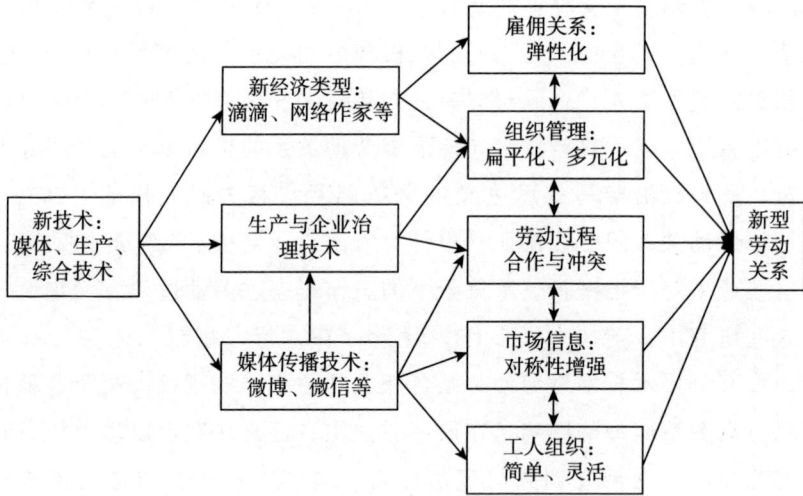

图 2-1　技术赋权对劳动关系的影响分析模型

第三章　技术变革与传统劳动关系的重构

当前，通过自动化、信息化、网络化、智能化等新技术来提升改造传统产业已成为世界潮流和各国的重大战略选择，如"中国制造2025"、德国"工业4.0"、"美国工业互联网"、"日本社会5.0"等。新技术与传统产业的深度融合发展，导致传统企业组织方式和劳动关系发生深刻变革。虽然新技术正广泛应用于包括第一、第二、第三产业在内的几乎所有产业，但是在传统制造业领域以高档数控机床和机器人为代表的智能制造技术的加速普及，对工人和劳动关系的影响更为显著，俗称"机器换人"，或称"机器代人"。为研究新技术对传统劳动关系的影响，课题组以制造企业为研究对象，采取定性研究与定量研究相结合的方法，深入政府部门、企业和工人一线开展大量的调查研究。在定性研究方面，课题组主要采用了专题座谈会、深度访谈和实地调查的方式，对广东省特别是珠三角各地的政府官员、企业管理人员、工会干部、工人等进行访谈或者座谈①；在定量研究方面，课题组采用问卷调查的方式，对制造业从业人员开展问卷调查，共获得有效问卷6514份，调查对象覆盖全国31个省区市。这些资料为传统劳动关系研究奠定了坚实的实证基础。

一　"机器换人"快速推进

传统产业数字化、智能化改造中最具代表性的就是"机器换人"的快

---

① 自2018年6月课题立项以来，课题组深入广东省尤其是珠三角各地30多家制造企业进行实地调研，共召开了10场专题调研座谈会。这些制造企业包括工业机器人制造厂商（智能装备制造企业）、实施了"机器换人"的工厂和没有实施"机器换人"的企业等，调查对象包括当地政府官员、企业管理人员、工会干部、工人等，整理的访谈、座谈资料超过50万字。

速推进。

在我国，21 世纪初以来，随着东南沿海"民工荒"现象的出现和劳动力成本的上升，一些企业和地方开始自发探索替代方案，其中机器人被优先选用。早在 2011 年，富士康等一些企业就开始启动"机器换人"计划；2012 年，浙江省经济工作会议提出，加快推进产业转型升级，全面推进"机器换人"；2014 年东莞市一号文件《关于进一步扶持实体经济发展的若干意见》明确提出"资助企业推行'机器换人'"，后又发布《东莞市"机器换人"专项资金管理办法》。2015 年，国务院印发《中国制造 2025》，智能制造成为全国产业转型升级的主攻方向，"机器换人"被推向高潮，一系列政策密集出台。仅 2016 年，国家层面就有国务院印发的《关于深化制造业与互联网融合发展的指导意见》，工业和信息化部、国家发展改革委、财政部联合印发的《机器人产业发展规划（2016—2020 年）》，工业和信息化部、财政部联合编制的《智能制造发展规划（2016—2020 年）》。地方政府出台的政策更多，如根据《广东省工业转型升级攻坚战三年行动计划（2015—2017 年）》，三年内广东省累计投入 9430 亿元用于工业技术改造，并推动 1950 家规模以上工业企业开展"机器换人"。巨大的市场需求使机器人产业呈现供销两旺的态势，一方面，国产品牌机器人制造企业迅速崛起；另一方面，国内机器人的销量快速上升。新冠疫情导致的人员流动困难进一步加速了企业智能升级和"机器换人"步伐。事实上，自 2013 年起我国成为全球第一大工业机器人应用市场，但与我国世界工厂的地位和庞大的市场需求相比，目前我国制造业机器人密度仍远低于全球平均水平，[①]预计未来我国工业机器人的产销量还将持续增长。

从人类技术进步的历史实践来看，每一次技术革命都会对就业和劳动关系产生冲击。一方面，技术进步会从传统产业中"挤"出一部分劳动力。比如，"机器换人"最直接的结果，就是制造业工人下岗失业或转岗换岗。仅 2014 年 9 月至 2015 年 12 月，东莞市制造业和加工贸易企业就累计申报"机器换人"专项资金项目 1262 个，总投资达到 103.84 亿元，估算可减少

---

① 《工业和信息化部、发展改革委、财政部关于印发〈机器人产业发展规划（2016—2020年）〉的通知》，国家知识产权战略网，http://www.nipso.cn/onews.asp? id = 31682，最后访问日期：2023 年 11 月 6 日。

用工 71253 人。① 全国层面，我国第二产业的就业人数在 2012 年达到
2.3241 亿人的峰值后开始逐年减少，第二产业就业人数和所占比重一直呈
下降趋势。② 另一方面，技术进步影响工人与工人之间、工人与企业之间的
关系。如工业革命的先驱——英国就曾经在 1811 年出现工人反对机器生产
替代手工劳动的"卢德运动"。类似的社会抗争运动虽然在我国较少出现，
但并不意味着我们可以忽视技术变革对传统劳动关系重构产生的深刻影响。

二　"机器换人"与劳动关系的理论争辩

新技术的应用往往会产生正负向作用，从而引发有关"机器换人"对
就业和工人影响的激烈讨论，西方学者主要从理论上探讨了机器对工人正
负两方面的影响，中国学者则对当前国内的"机器换人"现状进行了全面
探讨。

（一）西方学者关于"机器换人"的研究

自近代工业革命以来，随着生产方式从工场手工业向机器大工业的转
变，机器成为独立的生产工具，工场手工业中的手工艺人对技能的全面掌
控和对自己劳动过程的所有控制权，逐步让渡给机器。机器的广泛应用使
得工人劳动从属于机器，工人逐渐变成机器和资本的附属物。在马克思看
来，资本家通过提高资本的有机构成，投资引入替代工人技能的机器，既
割弃了工人技能，又扩大了劳动储备军，从而打击了技术工人的力量，牢
牢控制了劳动过程，实现了榨取剩余价值的最大化。③ 学者们沿着马克思主
义的研究路径，一般认为新技术革命会导致工人的失业、"去技术化"、更
深层次的剩余价值剥削和更严密的劳动过程控制。从马克思主义到新马克
思主义，作为中性词的"技术"，同作为中性词的"劳动"一样，被赋予更
多的阶级含义。由于跟资本主义生产关系和劳动体制结合在一起，技术进
步并没有实现劳动者的自由和解放，也没有实现工人阶级对资产阶级的替

---

① 路平：《"机器换人"换来高质量就业》，《中国劳动保障报》2016 年 3 月 2 日，第 2 版。
② 国家统计局编《中国统计年鉴 2020》，北京：中国统计出版社，2020。
③ 马克思、恩格斯：《马克思恩格斯文集》（第五卷），北京：人民出版社，2009。

代，而是成为资本主义新的控制手段和统治工具。

另一派学者认为，技术进步除了可以提高生产力水平、促进经济发展之外，也会产生外溢效应。比如技术会创造新的产业和行业，增加就业机会；会改善工人的劳动环境，降低劳动强度；会消除劳资双方之间的信息不对称，从而提高工人的自主性和行动力；等等。古典经济学家和新古典经济学家认为，技术进步可以带来总生产成本的下降，总生产成本的下降导致产品价格下降，从而诱发需求增长，同时资本盈余的增加也会激发投资的进一步扩大，需求和投资的增长都会创造更多的就业机会。换言之，虽然使用机器的劳动部门会出现机器排挤工人的现象，但其他部门的就业会增加，因此，就业的绝对数未必会减少。① 从全世界过去 200 多年经济发展的数据来看，技术进步并未造成大规模失业。② 同时，技术进步要求劳动力具有较高的技能水平，企业会倾向于减少低技能劳动力需求，增加高技能劳动力需求，即高技能劳动力的就业份额和收入水平都会上升，理性的劳动者会增加自身教育和培训的投资，以实现劳动力市场达到新的均衡。③

（二）国内学者关于"机器换人"的研究④

对于当前中国的"机器换人"现象，学界主要从"机器换人"的定义、原因、影响、困难及对策建议等方面进行论述。

首先，在"机器换人"的定义方面，有学者认为，"机器换人"是指在信息化、自动化、智能化等现代化技术广泛应用背景下企业资本有机构成提高与产业升级过程中增加使用机器设备的行动，"人工智能机器人"对劳

---

① 技术进步对就业总规模的作用机制非常复杂，技术进步最终对就业产生正向的促进作用还是负向的破坏作用，主要取决于"破坏效应"与"创造效应"的大小对比关系。"破坏效应"大于"创造效应"，则表现为负向作用，会造成失业增加；反之，则表现为促进作用，技术进步会增加全社会就业机会。实际中这两种效应究竟哪种效应更大，学界至今并未达成一致意见。参见战梦霞《技术创新的就业效应》，博士学位论文，中共中央党校，2007。

② David H. Autor, "Why are there still so many Jobs? The History and Future of Workplace Automation," *Journal of Economic Perspectives*, Vol. 29, No. 3, 2015, pp. 3 - 30.

③ Lawrence F. Katz & Kevin M. Murphy, "Changes in Relative Wages 1963 - 1987: Supply and Demand Factors," *Quarterly Journal of Economics*, Vol. 107, No. 1, 1992, pp. 35 - 78.

④ 邓智平：《技术话语与工人的自主性：人机对抗的合法性消解——基于珠三角地区"机器换人"的实证研究》，《学术论坛》2019 年第 5 期。

动力的替代是其中的应有之意。① 许辉也认为，"机器换人"本质上是企业通过自动化、信息化改革来促进生产方式的变革，意味着我国产业发展模式从劳动密集型向资本和技术密集型转变。② 虽然大家一致认为，"机器换人"主要是指企业增加机器的使用从而提升生产设备的自动化程度，实质是通过提高资本有机构成实现对劳动力的替代；但是，这次"机器换人"与以往历次工业革命中机器替代劳动力不同，过去机器只是作为帮助人提高生产效率的工具存在，而当今制造业的"机器换人"指的是直接把机器变成劳动力。③ 因此，机器对劳动力的替代更加直接、更加彻底、更加全面，其对劳动力市场的影响也更加广泛、更加深远。

其次，对于当前企业的"机器换人"，学界普遍认为其原因是国内劳动力的短缺和用工成本的上涨④，但有学者通过实证调研发现，制造企业"机器换人"的原因是多元的，既有招工难、招工贵等被动型原因，也有减少工伤事故、改善劳动条件、优化生产工艺流程、提高劳动生产率和产品优质率等主动型原因。⑤ 对于政府补贴的作用，有学者通过对东莞市"机器换人"的调查发现，企业推动"机器换人"的主要动力在于提高生产效率、降低劳动力成本、改善产品质量、降低职业健康和安全风险，而获得政府针对企业"机器换人"的财政补贴只起到了很小的作用。⑥ 实践中，企业推动"机器换人"的原因是非常复杂的，而且不同企业的主要原因并不相同。处于市场领先地位、营利能力较强的企业主要受到提高生产效率和产品质量等拉力因素的影响，处于市场落后地位、营利能力较弱的企业主要受到降低人工和生产经营成本等推力因素的影响。

---

① 张艳华：《制造业"机器换人"对劳动力就业的影响——基于北京市 6 家企业的案例研究》，《中国人力资源开发》2018 年第 10 期。

② 许辉：《"世界工厂"模式的终结？——对"机器换人"的劳工社会学考察》，《社会发展研究》2019 年第 1 期。

③ 刘晓、徐珍珍：《"机器换人"与职业教育发展：挑战与应对》，《教育发展研究》2015 年第 21 期。

④ 陈昌平、罗琼：《中国制造业基于成本控制的"机器换人"问题研究》，《通化师范学院学报》2016 年第 11 期。

⑤ 张艳华：《制造业"机器换人"对劳动力就业的影响——基于北京市 6 家企业的案例研究》，《中国人力资源开发》2018 年第 10 期。

⑥ Naubahar Sharif and Yu Huang, "Industrial Automation in China's 'Workshop of the World'," *The China Journal*, Vol. 81, 2019, pp. 1 – 22.

再次，对于"机器换人"带来的影响，学界的研究结论出现分化。有利的影响包括：技术进步有利于提升生产效率，拉动经济增长①；降低用工及生产经营成本，提高产品质量，减少生产事故②；带动工作质量、劳动权利、社会保障和劳资对话等社会升级③。不利的影响主要包括：冲击劳动力市场，导致体力劳动工人、低技术工人过剩，制造业出现结构性失业④；产生就业极化⑤；加剧资本与劳动之间以及劳动者内部之间的收入不平等⑥。这些研究较多侧重于"机器换人"对就业规模、就业结构、就业质量以及人力资本投资收益的影响⑦，较少侧重于"机器换人"对劳动关系的影响。

最后，学界提出"机器换人"过程中存在的问题及相关政策建议。技术带来的"创造性破坏"对雇主和雇员都是一种挑战。企业在"机器换人"过程中主要面临机器购买和使用成本过高，运营维护机器的人才不足，机器设备国产化水平低，政策优惠知晓率低和门槛高等问题⑧；工人特别是中低端劳动力则主要面临就业冲击和技能提档升级等问题⑨。为此，学者们提出了许多建议，如政府出台产业扶持政策⑩，分步稳妥推进"机器换人"⑪，出台鼓励雇主提高雇员技能的政策，通过失业援助和扩大公共教育来帮助

① Daron Acemoglu, "Technical Change, Inequality, and the Labor Market," *Journal of Economic Literature*, Vol. 40, No. 1, 2002, pp. 7 - 72.

② 谢晓波、许垚、孟寅敏、金颖斐：《"机器换人"之永康先行经验》，《浙江经济》2013 年第 18 期。

③ 许辉：《"世界工厂"模式的终结？——对"机器换人"的劳工社会学考察》，《社会发展研究》2019 年第 1 期。

④ 于冬梅、朱成喜：《"机器换人"的困境与出路研究》，《苏州市职业大学学报》2016 年第 2 期。

⑤ Goos, M. et al, "Jobs Polarization in Europe," *The Amercican Economic Review*, Vol. 99, No. 2, 2009, pp. 5 - 63.

⑥ Autor D. H., "Why Are There Still So Many Jobs? The History and Future of Workplace Automation," *Journal of Economic Perspectives*, Vol. 29, No. 3, 2015, pp. 3 - 30.

⑦ 吴锦宇、葛乙九：《"机器换人"背景下劳动力就业问题的思考》，《温州大学学报》（社会科学版）2018 年第 5 期。

⑧ 赵建：《珠三角"机器换人"背后的利益博弈》，《决策》2016 年第 4 期。

⑨ 张阳、张力跃：《"机器换人"冲击新生代农民工》，《中国教育报》2017 年 4 月 5 日，第 9 版。

⑩ 林昌华：《中国实施"机器换人"战略促进产业转型研究》，《中国发展》2015 年第 3 期。

⑪ 聂洪辉、朱源：《"机器换人"对新生代农民工就业与社会稳定的影响》，《广西社会科学》2017 年第 4 期。

失业工人找到新工作①。还有学者提出更加系统的建议，如加强对工人的教育培训、实行全民基本收入政策、对机器人征税。②

总体而言，当前关于中国"机器换人"的研究总体上停留在就事论事的层次，缺少理论深度，也过于关注"机器换人"对就业以及与就业有关的收入、技能、劳动条件等方面的影响，缺少劳动关系系统的视角，特别是对政府、企业、工人等劳动主体的互动和博弈关注不足。工人在"机器换人"过程中的主体性和权益较少被考虑，他们成为政府和企业所推动的技术升级的被动适应者。作为劳动关系三方主体之一，工人的参与感不足。

三　"机器换人"过程中劳动关系三方主体的博弈

"机器换人"意味着劳动关系领域的深刻变革，对资本、劳动者和政府都将产生深远的影响。下面我们将从劳动关系的角度考察"机器换人"背后政府、企业、工人三方主体的利益考量和策略。

（一）政府："机器换人"的推动者和支持者

当今世界是一个充满高度竞争的全球化经济体系。改革开放后，我国曾经以低成本比较优势迅速嵌入国际分工体系，成为世界工厂和第一制造业大国。但如今制造业正面临着东南亚后发国家的低成本竞争以及欧美发达国家"再工业化"战略的"双重挤压"。一方面，近年来越南、柬埔寨、印度尼西亚等新兴经济体快速承接新一轮全球中低端制造业转移，成为劳动密集型产业投资的热点国家和地区；另一方面，世界主要的制造业强国均在推行不同程度的产业振兴计划，如美国的"再工业化"与"制造业回归"、日本的"机器人新战略"、德国的"工业4.0"等，力图抢占未来产业竞争制高点。中国要在"双重挤压"中突围，必须推动制造业转型升级，其中最重要且契合实际的发展路径就是推动传统制造业的生产方式由劳动

---

① Matthias Oschinski and Rosalie Wyonch, "Future Shock? The Impact of Automation on Canada's Labour Market," *C. D. Howe Institute Commentary*, No. 472, 2017.
② 曹静、周亚林：《人工智能对经济的影响研究进展》，《经济学动态》2018年第1期。

要素投入为主向智能制造转变。① 这是经济社会发展的大趋势，所以近年来全国上下都在积极推动产业转型升级。

在国家层面，党的十八大以来，我国大力推动工业化与信息化融合、人工智能与实体经济融合，先后出台《关于推进工业机器人产业发展的指导意见》（2013 年）、《中国制造 2025》（2015 年）、《关于深化制造业与互联网融合发展的指导意见》（2016 年）、《智能制造发展规划（2016—2020 年）》（2016 年）、《机器人产业发展规划（2016—2020 年）》（2016 年）、《新一代人工智能发展规划》（2017 年）、《促进新一代人工智能产业发展三年行动计划（2018—2020 年）》（2017 年）、《工业互联网发展行动计划（2018—2020 年）》（2018 年）、《"十四五"智能制造发展规划》（2021 年）、《"十四五"制造业高质量发展规划》（2021 年）等一系列政策文件，昭示着党和政府推进产业转型升级和"机器换人"的决心。这些文件一方面强调要支持关键核心技术攻关和研发，大力提高国产机器人的技术和智能化水平，培育壮大机器人企业，打造智能装备产业集群；另一方面鼓励更多企业使用机器人和智能装备进行生产，提高机器人使用密度和国产化高端产品市场占有率。

在地方层面，各级地方党委政府，特别是东南沿海等制造业发达地区，纷纷出台政策支持企业进行技术改造。例如，广东省 2014 年出台《关于推动新一轮技术改造促进产业转型升级的意见》，并设立专项资金，组织企业开展广东省级企业转型升级专项资金设备更新"机器人应用"项目申报工作；2015 年出台《广东省工业转型升级攻坚战三年行动计划（2015—2017年）》，提出 2015～2017 年累计推动 1950 家规模以上工业企业开展"机器换人"工作，制造业智能化水平明显提升；2021 年出台《广东省制造业数字化转型实施方案（2021—2025 年）》《广东省制造业数字化转型若干政策措施》，根据不同产业、不同企业，采取更加精准的举措来推动制造业企业开展工业互联网应用和数字化转型。广东省内的广州、深圳、东莞、佛山等制造业大市也纷纷出钱、出政策支持企业推进"机器换人"，例如，前面提到东莞市从 2014 年起就设立"机器换人"专项资金，为企业"机器换

---

① 戴伟、许桂华：《工业 4.0 背景下融资租赁的约束机制与模式创新——基于"机器换人"的视角》，《财会月刊》2018 年第 5 期。

人"提供补贴。有关政府对开展"机器换人"工作的考虑，时任广东省委常委、常务副省长 XSH 的讲话比较有代表性，2015 年全国"两会"期间，他接受《中国经济周刊》专访时表示①：

> 广东经历过非常粗放的来料加工年代，靠廉价的劳动力来支撑产业的发展。现在提出产业转型升级，我们不能再把劳动力的低廉作为招商引资的优惠工具，也不宜再将劳动力的低廉作为发展产业的一个招牌。新问题要用新思维去解决。比如用工荒的问题，劳动力不够可以找机器人。所以在广东珠三角，特别是佛山、东莞这些城市，已经开始实施"机器换人"计划，大量智能机器人被运用到很多生产线当中。这样一方面这些企业可以实现转型，另一方面也为发展智能机器人带来一个巨大的商机。我们欢迎全国各地研究智能机器人的研究院都来广东发展，欢迎制造机器人的企业到广东投资，也欢迎更多的企业使用机械手、机器人。

政府不仅以实际行动支持企业开展"机器换人"等技术升级，而且塑造了一种技术进步的话语对其进行宣传。自近代以来，西方发达国家在科学和技术上的发展震惊了中国，从早期的"师夷长技以制夷""中学为体、西学为用"等口号和救国方案中，可以看出国人对学习西方先进科学技术的渴望。新中国成立以来，历代党和国家领导人以及社会公众都希望通过先进的科学技术建设一个强大的现代化国家。从包括科学技术现代化在内的"四个现代化"到"科学技术是第一生产力"，从实施科教兴国战略到建设创新型国家，再到"创新是引领发展的第一动力""实施创新驱动发展战略"，科技进步被视为民族复兴和国家现代化的第一动力和显著标志。尽管有学者通过调查发现，中部地区有个别工业园区的企业因"机器换人"裁员，导致当地返乡的新生代农民工冲击工厂的行为发生，个别人还暗中破坏企业生产②，但我们在对珠三角进行调研时，工人破坏机器的现象鲜有发

---

① 《广东常务副省长：东莞等地开始大规模机器换人计划》，环球网，https://m.huanqiu.com/article/9CaKrnJJ88X，最后访问日期：2023 年 11 月 24 日。
② 聂洪辉、朱源：《"机器换人"对新生代农民工就业与社会稳定的影响》，《广西社会科学》2017 年第 4 期。

生，工人普遍认可官方塑造的转型升级话语体系。

> 我们没有想过去破坏机器，机器是死的，人是活的，破坏机器有什么用，有问题直接找老板。"机器换人"是社会发展的趋势，表明中国越来越强大了。（电子厂工人，19G05）

（二）企业：理性计算与稳步推进策略

在企业看来，工人与机器都是生产要素，"机器换人"是企业在比较工人和机器各自的投入与回报、成本与收益，精确计算生产效率、生产质量、生产风险等因素后理性做出的决策，实践中也会考虑市场接受度和员工接受度以及政府政策要求后稳步推进的结果。

第一，成本考量。对于一个企业来说，将生产的产品卖出去并生存下来是最大的考量，而成本决定了企业能否生存。当前中国制造业劳动力供给不足、用工成本上升是企业开展"机器换人"最直接的原因。早在2004年，我国东南沿海地区就出现了"民工荒"的问题，并迅速波及全国。尽管当时人们对中国是否存在农民工短缺以及"刘易斯转折点"是否到来还有争论，但此后的事实充分证明，中国劳动力低成本优势确实已经不复存在了。根据国家统计局的数据，虽然我国仍然是世界第一人口大国，但从2012年开始，劳动年龄人口的绝对量与相对量呈现下降趋势，每年下降100万~500万人，2019年比2011年总量减少2903万人。[1] 与此同时，农民工的工资逐年上涨。2009~2020年，外出农民工月平均收入从1417元增长到4549元，增长了2.2倍。[2] 当下中国制造业工人工资已经高于东南亚国家。如在2015年，中国制造业工人的平均工资为4216元/月（635美元），大约是美国月平均收入（3099美元）的20%，高于马来西亚（538美元）、泰国（438美元）、越南（206美元）、印度（136美元）。[3] 这些数据表明，劳动

---

① 刘金山：《谁来当新时代的产业工人——产业基础高级化与产业链现代化的人才需求》，《青年探索》2021年第1期。
② 参见相关年份《全国农民工监测调查报告》。
③ CEES研究团队：《中国制造业企业如何应对劳动力成本上升？——中国企业-劳动力匹配调查（CEES）报告（2015—2016）》，《宏观质量研究》2017年第2期。

力无限供给的时代已经结束了，低成本劳动力优势基本丧失。当前"机器换人"主要是因为企业招不到人。调研中，"招工难、招工贵，只好用机器换人"是不少企业主的心声。

> "机器换人"是被逼的，现在用工成本越来越高，每年都在涨，随着中西部经济崛起，越来越多的劳动者在家门口就能找到不错的工作，想招到熟练的操作工越来越不容易，所以我们干脆加大投入力度，自己购买机器，不用再年年为招工发愁。前年购买 5 台自动穿孔机，每台可以代替 10 个穿孔工人。（纺织企业负责人，18Q08）

在当前劳动力短缺的大背景下，企业不仅面临难以招到工人、招工成本高的问题，还面临工人流动性大、管理难度大的问题。"机器换人"的优势就是确保了生产的稳定性。

> "机器换人"最大的好处就是稳定，现在人很难招，而且年轻人不能吃苦，一不顺心就走了，人员流动性很大，人一走生产就要受到影响。（包装企业负责人，18Q03）

总之，随着我国人口红利的消失，企业结构性用工荒加剧，人工成本逐年增加。特别是在生产旺季，工人不足会严重影响订单完成情况，因此，"机器换人"就是这样被"倒逼"出来的。缘于招工难、招工贵的"机器换人"自然不会影响就业，反而由于生产得以延续，可以带动上下游产业正常运营并扩大规模，有利于维持乃至增加就业。如即使在大力推行"机器换人"的东莞，不只是技工，一般普工的用工缺口也依然较大。[1]

第二，发展考量。市场竞争与前景是企业进行自动化生产的重要考量，对于企业来说，引入自动化生产，在市场竞争中赢得主动并占有更大的市场份额，是最重要的驱动力。在实地调查过程中，敢于进行全流程自动化生产的企业，往往是那些发展稳定性较好和发展预期较高的企业。近年来，随着供给侧结构性改革的推进和人民群众生活水平的提高，消费者对产品

---

[1]　乔金亮：《"机器换人"难解农民工荒》，《经济日报》2017 年 3 月 24 日，第 3 版。

的质量要求也越来越高。为应对日益激烈的市场竞争，一些企业开展"机器换人"除了成本最小化的考虑，还有利益最大化的考量，其中包括提高产出效率、提高产品质量、确保生产安全等。

　　　　冲压工作里，人的动作的绝对速度比机器人快，但人的动作不能长时间持续，不够稳定，人性也有不可控的一面，不能干24个小时。实施"机器换人"后，整体生产效率提高30%以上，某些环节可以达到50%。（冲压企业负责人，18Q11）

　　　　由于机器生产更加稳定，我们现在的产品不合格率大幅下降，企业仅用了一年时间便收回了抛光车间"机器换人"所投入的成本。（手机配件生产企业负责人，18Q12）

　　　　过去我们厂工人压断手指的事情时有发生，流动资金就这样赔进去（指赔付工伤事故）了。现在工伤事故基本没有。（汽车抛光车间负责人，19Q10）

　　显然，对于实力雄厚的大企业来说，"机器换人"是出于大规模的自动化生产和质量控制的需要，更是出于提高产品质量、抢占市场份额、增强质量稳定性和安全性的需要。

　　第三，成本－收益的比较权衡。企业招聘工人需要支付人工成本和管理成本，"机器换人"也需要支付购买机器和后期维护保养升级的成本。因此，作为理性的经济组织，企业一般经过仔细核算成本收益后才会做出是否进行技术升级的决策。与人力成本不断上涨的趋势相反，近年国内机器人产业的发展促进了机器人等智能化设备的大幅降价，"一升一降"加速了"机器换人"的推进。

　　　　引入机器人的价钱，相当于可代替工人的月薪乘以12，再乘以1.5～5倍。目前普工的月薪大约为4000元，所以用机器替代工人的价格在5万～25万元。只有认为"机器换人"是划算的，老板才会去购买机器。（冲压企业负责人，18Q11）

　　总的来看，当下有能力投资引入机器替代工人的企业多数是实力雄厚的大中型企业，小企业尽管招工的难度更大，但要想引入机器又面临较大的资金困难。虽然地方政府提供了事后奖励、设备租赁补助、贷款贴息等产业政策，但由于贷款难①、利率高、风险大等因素，自有资金不足、未来前景不乐观的企业一般不敢贸然大幅度推进。

　　第四，稳妥推进策略。新技术应用并非一蹴而就的，是每个企业基于理性考量并渐进实施的结果。不同企业生产自动化的不同步，构成了技术升级的非均质样态，创造了多样化的用人需求与形态。从实地调查的结果来看，当前"机器换人"或者企业智能化生产水平大致可以分为三个层次。第一个层次是"机器换人"对生产制造环节的岗位替代，如在搬运、焊接、喷涂等劳动强度大、工作环境恶劣的特定生产环节或岗位使用工业机器人。第二个层次是使用机器人工作站优化生产线，通过设置机器人生产单元来达到对生产线的自动化控制的目标。第三个层次是智能化生产线的改造升级，通过全流程优化和系统集成，对现有生产线进行智能化改造以实现全流程自动化生产。其中，全流程自动化生产，也即俗称的"无人工厂""黑灯工厂"等。采用高度智能化、自动化的机器生产线，使材料收集、安装、紧固、加工、检测、包装、运输等一系列过程不需要人（或者仅需要极少人）来完成，这种类型的企业较少，主要是行业的头部企业、知名上市公司，等等。生产线的自动化控制，也即生产环节的自动化，通过引入和使用机器人工作站，实现了产品制造过程中部分流程、模块的自动化，从而大大减少了生产线上的劳动力，这在多数具有一定生产实力的企业中得到了应用。特定生产环节或岗位使用机器人，也即机器人在特殊环节或岗位的应用，这种情况广泛存在，比如，使用叉车来搬运物品，减少了对重体力劳动者的需求；机器人电焊代替电焊工，减少了对危险工作岗位员工的需求。总之，生产自动化在不同企业之间并非同步推进和无差别使用的，而是呈现阶段、水平等多元化差异。

　　第五，企业岗位结构重塑与企业应对策略。技术升级重塑了企业的岗位结构，企业自动化升级后，最明显的变化是一线生产工人减少了，技术人员和销售人员增多了。技术升级往往提升了企业的产能，因而所需要的

---

　　① 调研中发现，很多小企业的厂房是租赁的，缺少可以抵押的资产，难以获得银行授信。

业务类人员增多了，且新机器设备的引入需要更多技术人员来操作和维护。例如，东莞 B 企业管理人员谈道："……原来普工占到 70%～80%，现在普工引进减少，技术工增加。另外就是产能提高，同样的工作时间，虽然人员减少了，但是设备带来了更高的生产效率。所以我们也需要接更多的订单，主要需求（是）技术和营销人员，办公室人数增加，普工减少了，总体人数变化不大。"（干燥剂企业管理人员，20Q01）再如，D 企业引入新设备后，在公司员工总体规模扩大的同时，一线生产人员（网变生产人员）从 2018 年末的 257 人减少到 2020 年 6 月的 138 人，研发/技术人员从 2018 年末的 15 人增加到 2020 年 6 月的 73 人（见图 3 - 1）。"我们的一线员工人数减少了很多。设备增加，技术和管理人员必须增加，否则一旦设备出问题，公司损失就很大。"（电子科技企业管理人员，20Q08）

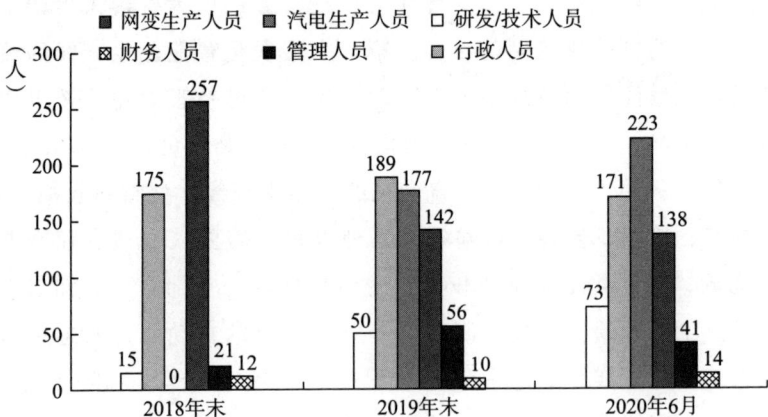

图 3 - 1　2018 年末、2019 年末、2020 年 6 月 D 企业人员岗位结构变化情况

　　企业应对岗位结构变化的策略主要有三个。首先，总体谋划、稳妥分步推进，使企业尽量避免短时间内出现大规模员工岗位流失情况，以时间换空间。其次，对员工进行培训，引进新设备的企业一般都会对存量员工进行培训，使其适应新的技术设备。最后，对培训后达不到要求或确实需要淘汰的工人，企业主要采取内部调岗、自然流失和让员工主动辞职的方式。其中，内部调岗是指调配到企业内部劳动力市场中其他技能要求更低的辅助性岗位；自然流失是指员工过年过节辞职回家或其他自然流失的情况，这些员工离职后企业不再新招聘普工进行补充；员工主动辞职主要是通过减少工人的加班时间来降低工人的收入水平，使工人主动辞职。实践

中，直接解雇员工并给予补偿的企业是极少数的。

（三）工人：参与性不足与多样化选择

调研发现，目前"机器换人"完全是企业单方的生产经营决策，工人和工会的参与度严重不足。虽然在理论上，"机器换人"会对工人的就业存量产生冲击，但是在劳动力短缺的社会结构条件下，目前国内"机器换人"对工人的冲击总体不大，且受冲击的工人并非没有新的就业选择机会。

首先，目前"机器换人"尚未全面铺开，对工人的冲击总体不大。大规模企业调查发现，目前全国只有8%的企业使用了机器人，其中广东为10%，湖北为6%；44%的企业使用了自动化设备，自动化设备价值占设备价值总额的17%。[①] 也就是说，目前"机器换人"并没有全面推广和普及，特别是一些资金不足、订单不稳定的企业并没有急于推进"机器换人"，因此总体上中国"机器换人"行动并未造成大规模的劳动力失业。[②] 特别是机器人技术发展还不够成熟，比如，有企业反映，机械手抓不住"又重又脆弱"的陶瓷，机器人难以处理鼠标滚轮嵌入的动作，自动运输机爬不上角度太大的斜坡，等等。因此，短期内机器人并不可能完全取代工人，许多工业生产程序还需要工人手工操作。工业生产完全自动化是一个比较漫长的过程。课题组的问卷调查结果也显示，当被问及"所在单位是否正在使用高度自动化、机器人、人工智能等技术"时，52.9%的人表示"只部分使用"，32.4%的人表示"尚未使用"，仅14.7%的人表示"已普遍使用"，普遍使用的比重不足1/6。但当被问及"所在单位未来是否有计划引进高度自动化、机器人、人工智能等技术"时，70.0%的人选择了"是"，19.2%的人选择了"否"，10.8%的人选择了"不清楚"（见图3-2）。可见，未来机器人等自动化设备的普及率会继续提高。

当被问及"您觉得您的工作被高度自动化、机器人、人工智能等技术取代的可能性有多大"时，半数人认为被取代的可能性不大，其中25.8%的人认为"非常小"，24.8%的人认为"比较小"，23.2%的人认为"说不准"，

---

① CEES研究团队：《中国制造业企业如何应对劳动力成本上升？——中国企业-劳动力匹配调查（CEES）报告（2015—2016）》，《宏观质量研究》2017年第2期。

② 张艳华：《制造业"机器换人"对劳动力就业的影响——基于北京市6家企业的案例研究》，《中国人力资源开发》2018年第10期。

只部分使用
52.9%

已普遍使用
14.7%

尚未使用
32.4%

否
19.2%

不清楚
10.8%

是
70.0%

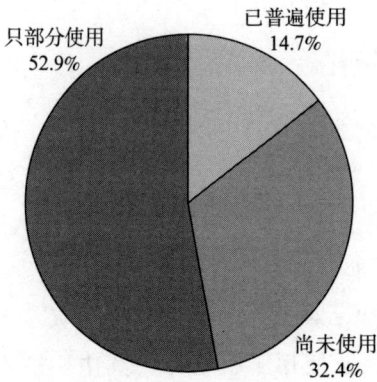

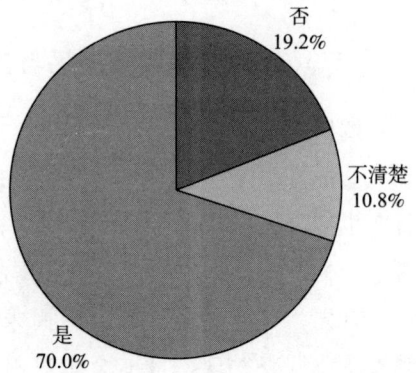

图a：是否正在使用　　　　　　　图b：未来是否计划使用

图3-2　调查对象所在单位使用高度自动化、机器人、人工智能等技术的情况

认为被取代的可能性"比较大"和"非常大"的占比分别为16.3%和9.8%（见图3-3）。可见，较多的工人认为技术进步不会使自身工作被取代，工人对被机器替代的风险感知不明显。

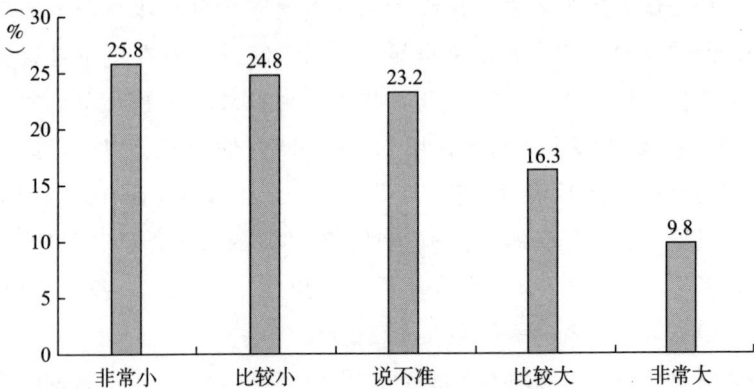

（%）

	25.8	24.8	23.2	16.3	9.8
	非常小	比较小	说不准	比较大	非常大

图3-3　工作被高度自动化、机器人、人工智能等技术取代的可能性感知情况

其次，机器降低了工人体力劳动的强度，做了工人不想干、不愿意干的脏活、苦活、累活。长期以来，制造业工人的劳动条件比较恶劣，工人要么从事脏、苦、累的体力劳动，要么在流水线上从事高强度的重复劳动，甚至是对身体有毒有害的工作①。随着农民工的代际转换②，新生代农民工受教育程度高、职业期望高、对物质和精神的享受要求高、工作耐受力低，越来越不愿意从事单调枯燥的重复劳动，更不愿意从事搬运等繁重的体力劳动和焊接等环境污染强的劳动。目前被机器替代的主要是劳动强度大、工作条件差、风险高、程序化、重复性的工作，特别是高危行业与有毒有害的工种，很多属于年轻人不愿意从事的工作，"机器换人"有利于保障工人人身安全和降低劳动强度。

> 在工厂干太无聊了，每天都是重复同一个动作，也见不到什么人，现在使用机器人来做那些工作挺好的。特别是那些脏活、累活，如搬运、打包、贴商标、码垛等工作，最好全部用机器人代替。（家电企业工人，18G02）

最后，在劳动力短缺的背景下，工人就业机会选择较多，而且在被替代时能获得补偿。"机器换人"导致简单体力劳动人员被替代的同时，也增加了企业对大量专业技术人员的需求。例如，为保障机器的正常运转，企业需要懂与机器人有关的编程、安全、机械、机电等技术的人才。不仅如此，产业的高端化和智能化，特别是高端制造业的发展，会相应地带动生产性服务业从业人员的增加。此外，近年来互联网平台经济的兴起，也为工人提供了更多的选择。因此，工人并不担心自己被机器替换掉，反而一些在企业工作时间较长的员工希望老板把自己炒掉，这样就可以获得一笔补偿费。

> 我在这厂工作十多年了，现在厂里搞"机器换人"，我巴不得老板把我炒掉，然后发补偿费给我，这样我拿着几万块钱可以去做别的，回家做点小生意也行，去找别的工作也行……不担心找不到工作，只是

---

① 调研中，有工人笑称："自己就是机器人，在工厂，不管你做的是什么，最终都会变成机器人。"

② 王春光：《新生代农村流动人口的社会认同与城乡融合的关系》，《社会学研究》2001 年第 3 期。

找不到工资高的工作。（电子企业工人，19G09）

对于愿意留下来的人，企业为了让其适应新的生产设备的要求，一般会为其提供新的培训和技能提升的机会。留下来的工人一般也会积极学习新的技能，以适应新的工作岗位。课题组在进行问卷调查时发现，从业者普遍认为自动化工作对技能要求高，且他们有学习新技能的打算。当被问及"目前工作对技能的要求高不高"时，按照技能要求从低到高赋值 1～5 分，结果显示，90.7% 的从业者认为自身工作对技能的要求较高，其中赋值 3 分的占 18.6%，赋值 4 分的占 30.9%，赋值 5 分的占 41.2%；赋值 1 分和 2 分的仅占 9.3%（见图 3 - 4）。均值为 3.99 分。当被问及"您是否打算学习新的技能以应对将来社会的变化？"时，94.9% 的人选择了"是"，仅5.1% 的人选择了"否"。

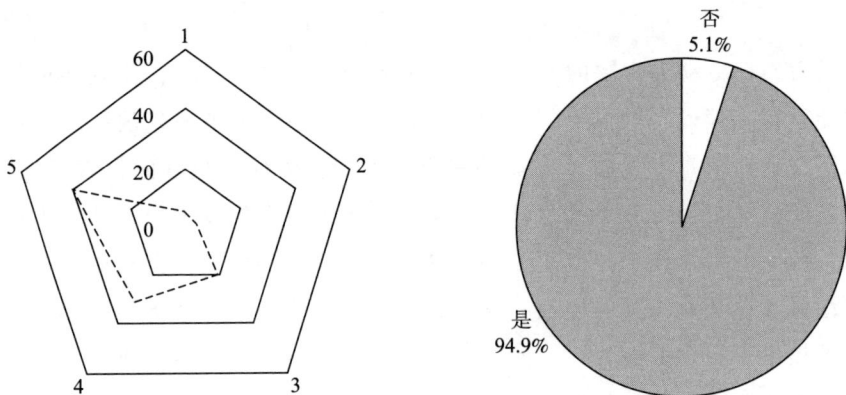

图a：目前工作对技能的要求程度　　　图b：是否打算学习新技能以应对将来社会的变化

图 3 - 4　调查对象对工作技能要求及学习新技能意愿的评价

总之，工人对"机器换人"的适应程度与工人的学习态度、自信心强度、受教育程度、政策的落实度和工资水平等因素密切相关，多数工人有信心应对机器人可能带来的冲击，认为机器人的普及能降低工作强度，并且愿意通过学习和提升技能水平来适应新的生产要求。[①] 总体上，工人对"机器换人"后自己的就业前景是比较乐观的。

---

① 何展鸿、韩宝国：《"机器换人"的适应性研究——基于佛山市传统产业的工人调查》，《广东轻工职业技术学院学报》2019 年第 1 期。

四　"机器换人"后工人的分化与分流

技术升级不仅对经济发展和产业升级产生重要影响，而且对工人和劳动关系产生深远影响。与过往从宏观层面研究"机器换人"对整体就业形势的影响的角度不同，本书分析完政府、企业、工人三方主体的行动策略后，重点关注技术变革对微观主体即工人的影响，也就是这一轮"机器换人"对工人劳动过程、劳动技能、劳动条件、劳动关系乃至个体命运和生活机会的影响。在这方面，许怡、叶欣曾经深入广东省三家工厂研究"机器换人"后工人的劳动过程、劳动条件及企业用工方式的变化，认为技术升级导致工人的劳动降级，这种劳动降级主要表现为不稳定的劳动关系、劳动过程的"执行替代"和强化的技术控制[1]，但是她们只调查了某个时间点三家企业和工人的情况，调查时访问到的工人都是"机器换人"后能够留下来的工人，而那些因为"机器换人"流失的工人则难以被调查到，对工人的影响也主要限制在企业内部劳动力市场，没有考虑工人在企业之间的流动。有鉴于此，课题组采取跟踪研究和对比研究的方法，既追踪"机器换人"前工厂所有工人的流向情况，分析原来流水线上的工人在"机器换人"后发生的岗位变化、工作单位变化等，又比较同一企业内部的工人在"机器换人"前后发生的岗位、技能、收入、劳动条件等各方面的变化，从而能够比较完整、全面地展示"机器换人"这个技术升级变量如何冲击工厂存量工人，给他们的命运和生活机会造成了什么影响？"机器换人"对哪些工人是好事，对哪些工人是坏事？

课题组研究发现，劳动降级不是技术升级对工人影响的全部，以"机器换人"为代表的技术升级对既有工人的影响是多元立体的。"机器换人"导致企业既有工人出现内部的劳动分化和外部的劳动分流。所谓内部的劳动分化，是指被替代劳动力在企业内部岗位之间的变动，也即原有岗位工人被替代后，进入企业内部其他类型岗位工作。因此，劳动分化是指劳动者个体的分层或等级化，是劳动者在企业内部劳动力市场中不同岗位之间

---

[1]　许怡、叶欣：《技术升级劳动降级？——基于三家"机器换人"工厂的社会学考察》，《社会学研究》2020年第3期。

的工作变动，其主要实现形式包括：劳动力通过技术晋升为自动化生产的技能型劳动者；劳动力被集团总部转移到欠发达地区分公司继续就业；劳动力在企业内部转移到辅助型、非技能型岗位继续工作；劳动力主动或被动退出企业内部劳动力市场。所谓外部的劳动分流，是指被替代劳动力在企业之间的流动，也即原有岗位劳动力被替代后，进入行业内部同类型企业再就业。因此，劳动分流是指跨企业之间的流动，是劳动力在行业内部劳动力市场中不同企业之间的职业变动，其实现形式主要包括：降低企业层级成为技术总监或主管；降低企业层级从事同类型工作；进入同一层级企业继续同类型工作；不再从事原来的行业，而是进入新业态或其他行业。具体如表3-1所示。

表3-1 劳动力分流分化的类型、形式与逻辑

类型	形式	逻辑
企业外部的劳动分流	1. 企业层级下降，岗位晋升 2. 企业层级下降，岗位平移 3. 企业层级不变，岗位平移 4. 跨行业流动	市场分化逻辑：行业内部劳动力市场的技能匹配逻辑
企业内部的劳动分化	1. 劳动升级 2. 劳动平移 3. 劳动降级 4. 退出企业内部劳动力市场	组织管理逻辑：企业内部劳动力市场的劳动使用逻辑

（一）企业外部的劳动分流

自动化等级决定了用工层次。不同企业技术升级的不同步和非均质性，为通用型、技能型劳动力创造了跨企业的流动空间和机会。行业内部自动化设备的通用性，客观上形成了行业内部的通用劳动力和通用劳动力市场，塑造了行业内部等级化的劳动用工体系。

1. 企业层级下降，岗位晋升

所谓企业层级下降和岗位晋升，是指在全流程自动化的大型企业中，被替代的劳动力选择进入同行业内部的中小型企业工作，并成为同类型岗位上的技术总监、主管等。通常来说，自动化越彻底的企业，其存量劳动力留用比例越低，被替代的劳动力需要再就业的概率就越大。在调查的大

型企业 A 企业中，全过程生产自动化后，生产线上有超过 60% 的劳动力被替代，只有不到四成替代劳动力被留用，其中还包括转移到企业设在中西部地区的工厂从事其他岗位的工人，超过六成的替代劳动力需要进入市场再就业。在中型企业 B 企业中，机器人工作站对生产线进行了优化，实现了生产线的自动化，该企业负责人（编号：20Q02）就表示，在引入自动化串环机器前，2018 年全厂串环工人需要 600～700 人，目前只需要 13 人，1 台串环机器实际上可以节约四五十人的成本。可见，大企业的全过程生产自动化和中型企业的生产环节自动化，会导致大量的劳动力被机器替代。

由于行业内部劳动力市场的存在，被替代后的技能型劳动力很快在行业内部的其他企业继续就业。一位从 A 企业流入 B 企业的工人 Z 先生表示：

> 我以前在 A 企业做技工，主要负责操控中控台。生产自动化以后，中控台不需要人工操控了，电子化设备可以自动运行。我的这个工作岗位就没有了。我不但会使用和操控中控台，还会修理一些小毛病，处理一些应急问题，就来到了 B 企业，成为这里的技术主管。操控的机器跟以前在 A 企业的差不多。（移动通信射频单元提供企业工人，20G01）

虽然 B 企业规模较 A 企业小，自动化程度低，但是 Z 先生可以继续从事类似工作，还被晋升为技术主管，工资待遇不降反升。据 Z 先生反映：自己目前是 B 企业的技术主管，主管一条生产线的运行和调试，在原来的知识和技能基础上稍加培训就可上岗。每个月的基本工资增加了 500 元，再加上加班、补贴等收入，每个月的工资增加了 1000 多元。

2. 企业层级下降，岗位平移

所谓企业层级下降和岗位平移，是指在全流程自动化的大型企业中，被替代的劳动力选择进入同行业内部的中小型企业继续就业，从事跟被替代前原企业同类型的工作岗位。通常来说，再就业过程中能够实现岗位晋升的劳动力不多，绝大多数被替代的劳动力只能寻找自动化水平低一些的中小企业平行就业。一位从 A 企业离职、被课题组追踪调查的工人 L 表示：

> 我离开 A 企业后，也尝试去当地其他大企业应聘，没有结果。后

来就降低要求，进入 C 企业，刚好这里需要我们这样的技工，工作岗位跟以前的差不多，上岗两三天就很快适应了。工资待遇和 A 企业的差不多，管理没有 A 企业那么规范。（移动通信射频单元提供企业工人，20G11）

同时，行业内部的中下游企业，也愿意接收和聘请从头部企业流动出来的员工。一家中小型企业 C 企业老板 M 就告诉我们：

我们引入部分生产线自动化改造后，对工人的技能有了新要求，很多老员工难以胜任自动化后的工作，这就需要从外部引入通用型劳动力来配合生产线的自动化改造，从头部企业聘用的离职的员工可以直接上手。（移动通信企业管理人员，20Q03）

3. 企业层级不变，岗位平移

所谓企业层级不变和岗位平移，是指行业内部掌握了自动化生产通用型技术的劳动力，选择在发展水平和技术水平接近的不同企业之间的相同岗位进行流动。笔者在对东莞电子信息产业进行调研时发现，有不少劳动力喜欢流动，在一家工厂工作几个月或一两年后，便换一个地方的类似岗位继续打工，这在年轻劳动力尤其是刚从技校毕业的年轻人中较为普遍。

我觉得在同一家企业待太久没有意思，趁着年轻可以在不同工厂体验一下。我刚从技校毕业，学的也是机械专业，对电子信息产业的通用型自动化设备比较熟悉，很多企业有改造，但上岗实习几天就能很快适应的。（移动通信企业工人，20G07）

可见，技术升级的不同步造成不同企业生产自动化程度和水平的差异，客观上制造出分化的技术市场，再加上自动化设备的技术通用性，机器人替代的劳动力能够在分化的技术市场上自由流动和自主择业。就实际情况来看，分化的技术市场塑造出"技能下流化"趋势。通常来说，被机器替代后的劳动力只能选择向下流动，即只能流向自动化生产水平较低的企业，而无法实现向上流动，流向更具实力、技术水平更高的企业，所以一般被替代的技能型劳动力只能通过企业层级下降实现再就业。同时，由于技术分化客观上也形成了技术壁垒和用工分割，通常低技术水平、低素质的劳动力被排斥出自动化生产线，成为"机器换人"的"牺牲品"，这些劳动力几乎没有机会重新进入生产自动化的劳动力市场再就业，彻底被技术化的市场抛弃。

总之，技术升级创造了新的流动空间，为技能型劳动力提供了新的发展机会。由于技术升级的不同步和差异化，中小型企业一般无法实现全流程的自动化，只能使用机器手臂替代部分生产岗位，或部分进行生产线的自动化，这在客观上需要引进具有自动化生产经验和技能的劳动力，而在大型企业实现全流程自动化过程中，被替换的劳动力往往能够进入中小型企业的同类型岗位甚至晋升为总监、主管，成为自动化技术的受益者。

4. 跨行业流动

除了同行业内部流动，还有一些工人主动或被动地进行跨行业流动，理论上跨行业流动有很多选择，实践中较多地转向了外卖送餐、快递收寄等平台经济新就业形态以及其他临时性的工作。

一是进入平台经济新就业形态。近年来，随着移动互联网技术的发展，平台工作具有灵活性、易接入性和自主性，可以为很多劳动力提供新的就业机会。无论是在自动化程度较高的大企业，还是在技术升级缓慢的中小企业，被替代后进入网约工市场就业的工人较多。工厂在业劳动力（编号：20G03）在访谈时表示："我认识的工友中，有送外卖的，也有做网约车的，还有送菜的。不过，做网约工也很累的，也是一份辛苦的职业，要抢时间、抢订单，不是网上所说的工作自由、月薪过万。"对进入新就业形态就业的劳动力来说，技术进步导致他们被机器人替代，同时技术进步为他们提供了新的工作机会，使他们可以继续在城市就业。他们进入新就业形态就业不一定就是坏事，收入水平普遍有所提高。被追踪调查的工人 H（编号：20G05）就表示："MX 科技的生产线引入机器人工作站后，我们这一条线上的大部分工友都被辞退了。我也尝试去找其他的工作，但是觉得不够理想，后来试着去送外卖，刚开始业务不熟、道路不熟，做得不太好，做久了，跟附近的餐馆混熟了，路也熟悉，就感觉比在工厂打工赚得还多。"

二是流入非正式就业领域。通常来说，在小型制造业企业工作的普通劳动力，或者是劳动能力较弱的中老年工人，都是市场上的弱势边缘劳动力。被机器替代后，他们没有可能进入自动化水平较高的企业就业，就连在本行业内部的小企业上岗也比较困难。被笔者追踪访谈的个案 E（编号：20G10）就表示："我在外面打了三十多年工，由于学历低，只能做一些包装、穿环、搬运等简单的工作。进入 DX 后，一直在这里工作，本以为可以一直工作到退休。后来，厂里面使用了自动化生产线，对技能、品控要求很高，我做不了，就被工厂优化了。现在在原来工厂旁边的一家建筑工地看大门，这是一个临时性工作，工地完工就得再找工作。"通常来说，非正式就业不稳定性高、管理不规范，收入水平相对较低，再加上劳动保障较弱，长期在工厂打工的人一般不愿意进入，但在技术升级的冲击下，少数被替代的工人，主要是劳动技能和学习能力较弱的工人不得不选择进入这一领域。

（二）企业内部的劳动分化

随着生产自动化和智能化，传统的流水线生产逐渐被自动化生产部分乃至完全替代。在同一企业内部，"机器换人"后工人主要有四种不同的出路：大多数工人被企业平行调入其他岗位继续从事一线生产，实现劳动平移；少部分工人通过技能培训晋升为技术员，实现劳动升级；不适应新的自动化岗位但服从岗位调配的员工一般都能留下从事辅助性工作；其他不服从岗位调配且不适应新岗位的员工，或主动或被动离职，重新进入劳动力市场再就业或退出劳动力市场。

1. 劳动升级

虽然有研究认为普通操作工通过"再技能化"转型为技术员的机会罕见[①]，但我们在调研中发现，劳动升级在中小型工厂其实是比较多的。劳动升级主要体现在岗位技能升级、收入增加、自主性提高等方面。

（1）岗位技能升级

目前 D 公司共有 16 名技术人员，其中 12 人是以前的机修人员经内部培训后转成技术员的，4 人是从企业外招聘的。特别是技术部主管 Y 先生，虽然只是初中毕业，但是多年来潜心钻研机器，逐步从生产线的一名普工成

---

① 许怡、叶欣：《技术升级劳动降级？——基于三家"机器换人"工厂的社会学考察》，《社会学研究》2020 年第 3 期。

为机修人员进而转变成技术主管。Y 主管认为其成功的经验是：

> 我们调试或维修设备时，因设备不一样，出现的问题也不一样，有的问题供应商在卖机器时有培训过，有的没有培训过。做人做事，我觉得要专一，不管做什么事都要专一，专一会精。不懂的我们就学，直到学会为止；记不住的，我们就做笔记；出现问题，一定要把它弄懂。我觉得这也不算什么成功，要说有点成功的话，那时公司给了好的外学平台，去一些供应商、厂家，看看他们的设备。那时候遇见一些不懂的问题、解决不了的问题，会向一些这方面的人请教，从供应商这边会学到很多东西。以前做事都是亲力亲为。遇到一些问题，经验比较多时，就学得比较快。（干燥剂企业技术部主管，20J01）

普工转型为技术员的关键在于，做普工的时候要对机器感兴趣，愿意去学习，经常去钻研机器，特别是机器坏了，厂里技术员或供应商派人来修理的时候，在旁边认真学习，并从给维修的技术员打下手开始，逐步成长；同时，由于机器的种类比较多，经常轮岗有利于普工熟悉不同的机器或者机械部件，从而为全面熟悉机器打下坚实基础。

不同行业的市场水平会影响到企业工人劳动分流的出路与去向。对于以 D 工厂为代表的封闭市场来说，干燥剂行业市场规模小、生产设备专有化水平高、市场封闭性较高，对于技术升级和生产自动化后所需要的技术工人，更多只能通过企业内部培训得到满足，因此其内部劳动晋升的比例高；对于以 E 工厂为代表的开放市场来说，电子信息行业市场规模庞大、生产设备共有化程度高、市场开放性和流动性高，对于技术升级和生产自动化后所需要的技术工人，企业更加倾向于从外部劳动力市场招募。

> 生产自动化以后，技术工人的来源包括两种途径：一种是社招（社会招聘），另一种是校招（校园招聘）和内部培养。社招是在劳动力市场招聘有工作经验的人；校招是在技校招聘后跟自动化设备厂家联合培训；内部培养是从原有生产线的普通工人中挑选素质较高的工人进行内部培养，经过考核和试用后转为技术工人。总体来看，内部培养比例大概占 25%，技校招聘今年（2020 年）才开始，大部分都是

市场招聘，也即在劳动力市场的外部招聘占比超过75%。（电子科技企业生产部经理，20Q04）

尽管如此，电子信息行业内部也有传统生产线的工人通过公司内部培训晋升为技术工人的案例。对于企业来说，内部培养技术人员的人力成本更低，而且对于普工来说这是一次晋升机会，很多企业普遍建立这种内部劳动力市场制度。

> 我们公司有这个平台，内部不同职位大家都可以报名，然后以一种方式进行考核，如果（申请者）能胜任的话，就可以转岗。比如技术员岗位有空缺，人事部门就会贴出公告，工人看到通知后自己申请转岗。我手下有一个技术员就是从生产线提起来的。他申请后，首先是组长来考察这个人做事能不能胜任这个岗位，然后进行综合评估（主要有现场考核和文字考核两种形式），再通过三个月的学习期、试用期，合格转正正式定岗。我们生产部生技科二组加上我共有10个人，只有1个人是从普工转过来的，其他人都是从外面招的。（电子科技企业生产技术主管，20J03）

可见，由于技术员门槛较高，生产线普工转为技术员的内部培养需要一个过程，这个过程或长或短，企业需要承担培养的成本。因此，企业会综合衡量内部培养成本和外部招聘成本。一般而言，如果工厂所属的行业规模大、劳动力市场竞争充分，企业就更加倾向于从外部劳动力市场招募技术员，而不是内部培养技术员；但如果行业规模较小、劳动力市场竞争不充分，企业从外部招募技术员的难度就比较大，因此只能以内部培养为主。

（2）收入增加

岗位的晋升不仅意味着技能水平的提升，对于劳动者来说，而且意味着收入增加。调查发现，当工人从普工转型为技术员时，收入一般会明显增加。D公司技术员Z先生，1987年出生，初中文化程度、重庆人，以前是一个普工，因为对机械感兴趣，且在厂里做过多个普工工作，对厂内的机器都比较熟悉。以前做普工的时候一个月能拿到5000元左右，包括加班

等所有收入，现在做了技术员，一个月能拿到 7000 多元。（干燥剂企业技术员，20J02）

在对 E 公司的调查中，生技科二组的技术员 W 先生是为数不多的从普工升级为技术员的典型代表。W 先生，30 岁，2017 年进厂，出来打工之前从老家某技工学校毕业，后来从事机修工作，现在是 SMT（表面贴装技术）技术员。

> 从普工到技术员工资水平肯定有所提高，普工大概 5000 元，普通技术员刚开始大概 6000 元①，技术组长、主管的工资更高。（电子科技企业技术员，20J05）

（3）自主性提高

技术员主要就是从事机械设备的维护、维修、调试等工作，属于工业机器人应用型人才。与一线生产普工需要时刻关注机器的生产进度相比，技术员的自由时间相对更多，日常主要是负责机器的维修、维护，如果机器正常运转，那么技术员的劳动时间相对比较自由。DX 公司技术员 Y 先生，1996 年出生，高中文化、广西人，以前是包装线上的一个普工，因为"机器换人"，整条包装线全部被自动化改造了，其经过培训后成为技术员。他认为：

> 做技术员体力没那么累，就是巡逻看一下机器有没有故障，要是机器没有故障，自己就可以干些其他的事情，当然主要也是学习研究机器，工作时候不能玩手机。（干燥剂企业技术员，20J06）

2. 劳动平移：就地转岗与异地转岗

"机器换人"给企业带来的最大变化就是生产效率提高了，产能扩张了，需要的一线生产工人减少了，但需要的销售、管理、技术人员增加了，从而导致公司人力资源结构发生变化。在劳动力短缺的大背景下，尽管

---

① W 先生作为内部培养的技术员，刚开始其工资不如外部招聘的技术员工资高。

"机器换人"的直接减员效果比较明显①，但是大部分企业依然存在普遍性缺工的问题，因此现阶段"机器换人"基本不会导致大规模技术性失业，大部分普工的工作变化主要是岗位的平移。

> 老板提出引进智能化设备来换人，减少人员。最近几年引进人员，引进人员后总数变化不大，每年 100 多人，但结构变化大。原来普工占到 70% ~ 80%，现在普工引进减少，技术工增加。另外就是产能提高，同样的工作时间，人员减少，但是设备带来了更高的生产效率。所以我们也需要接更多的订单，主要需求是技术和营销人员，办公室人数增加，普工减少了，总体人数变化不大。（干燥剂企业人事部主管，20Q06）

（1）技能平移

一般来说，在劳动力短缺、招工难的大背景下，企业即便是采用"机器换人"的方式，一般也不会主动辞退员工，更多的是调岗，即将原来生产线的普工调整为自动化改造之后的生产线普工。如 D 企业的成品包装线经过全自动化改造后，原来一条包装线上有 5 个人，现在只需要 1 个人（主要负责放包装纸箱和看管整条包装线），减少了 4 个人。这 4 个被替代的工人中，1 人升级为技术员（负责维护机器），3 人转去其他的生产线（负责开干燥剂生产的多列机），继续做普工。从岗位所需的技能来看，一线生产人员的工作性质并没有多大变化，工作内容也是从以前的"看简单机器"转变为"看复杂机器"，故所需的技能也没有多大变化，是平移的，既不升级，也不降级。不过，毕竟生产线的设备更新换代了，工人也需要适应新的设备。调研中，工人普遍反映，其实机器越先进，操作就越简单。原来的老工人经过简单培训后即可上岗。

> 我是 1974 年的，初中毕业，两年前来到这个厂，之前一直在这里

---

① "机器换人"真正导致的是一线生产人员的减员（普工），占替代员工的 90% 以上。参见孙中伟、邓韵雪《"世界工厂"的"凤凰涅槃"——中国制造业"机器换人"的经济社会意义》，《学术论坛》2020 年第 3 期。

开单列机（每台机器一次出一袋干燥剂），对包装、检测这些很熟悉，换成多列机学三天就适应了（多列机一次出一整排 12 袋干燥剂）。一般来说，以前开过老机器的，年龄又不大的话，更能适应新机器。但是如果新招岁数大的，那肯定很难适应。新招的工人一般要求年轻的，学东西比较快。（干燥剂企业一线工人，20G08）

可见，对于一线工人来说，从原来开单列机到现在开多列机，他们始终属于一线普工，在工厂内乃至整个社会分层体系中的职业地位并没有发生变化，所以岗位是平移的。而在 E 公司，通过"机器换人"被替换下来的这些人，可以选择转岗或者自愿辞职。员工如果辞职后在外面找不到工作，还可以重新回来适应新岗位，通过学习和培训再上岗，这种重复进厂现象在企业中很普遍；申请换岗的，所有轮换岗位都可以享受新员工待遇。

我是 2019 年 3 月才来的，2019 年来的时候还有手工检测，刚开始的时候也做过手工检测。现在自动化设备过来以后，手工检测基本上取消了。从手工测试到自动测试，我也没有什么不适应，反而现在轻松了很多。现在自动化设备都是傻瓜式操作，对工人的技术要求更低了，实际上也更安全，越复杂的越危险。（电子科技企业一线工人，20G09）

（2）收入不变或略有增加

当前，关于"机器换人"对工人收入的影响存在争议。不同学者基于不同的问卷调查数据得出不同结论，如张桂金、张东基于中国劳动力动态调查（CLDS）数据，认为"机器换人"对高技能工人有利，对中低技能劳动者不利[1]；侯俊军等基于广东省的调查数据，认为低技能劳动者更能从"机器换人"中获得收入增加和工作环境改善两方面益处。[2] 本书认为，这种调查存在两个问题：一是没有区别工人在"机器换人"后岗位的上升、平移、下降等情况；二是调查对象均为"机器换人"后仍然留在工厂内工

---

[1] 张桂金、张东：《"机器换人"对工人工资影响的异质性效应：基于中国的经验》，《学术论坛》2019 年第 5 期。

[2] 侯俊军、张莉、窦钱斌：《"机器换人"对劳动者工作质量的影响——基于广东省制造企业与员工的匹配调查》，《中国人口科学》2020 年第 4 期。

作的工人，没有调查因为"机器换人"离职的员工。我们从考察的岗位平移的工人中发现，岗位平移的一线生产工人普遍收入保持不变甚至有所增加。

> 我以前开单列机一个月工资5000元，有时候加班，有时候不加班。一般加班每天2个小时，也是计时。现在我们改计件工资了，计件后工资肯定提高了，现在一个月工资6000~7000元。（干燥剂企业一线工人，20G11）

为了让工人爱护机器，降低机器出次品的概率，有的公司在"机器换人"后将普工工资由原来的计时工资变成计件工资，即根据每个单品的产值定一个单价，按单价计件，做得越多工资就越高。比如，操作工对机器比较熟悉，设备调整维修的频率减少，产能就会多一点，从而工资也会多一点。至于为什么在"机器换人"后改成计件工资制，更深层次的原因在于：

> "机器换人"后，工人上班的时间主要是加班时间会明显减少，如果还是延续以前的计时工资制，他（工人）没有班可以加，就不开心，领的工资肯定比原来少。我们现在改成计件工资制，在时间比原来更少的情况下收益还更高了，所以积极性提高了。我们老板是不会降员工工资的，员工对工资很敏感。总体来看，普工工资在计时制下每月在4000~4500元，这是扣除保险后拿到手的；改成计件工资制后，平均每月在5000~6000元，这是拿到手的。（干燥剂企业人事部主管，20Q06）

"机器换人"后继续留在工厂工作的工人的收入不降低甚至上升是很容易理解的。最简单的道理是"人往高处走"，降薪不仅会导致工人心里不舒服，而且会导致大面积离职甚至停工事件。理性的工人如果能够在企业外部劳动力市场找到同等收入的工作，肯定不会继续留在该公司，所以企业一般也不会因"机器换人"降低工人收入水平。与D工厂的计件工资制不同，E工厂是计时定额工资制，即要求工人在规定的劳动时间内完成一定的工作额度（最低产量），若超额则算加班，加班就有额外的加班费，即"超额转化成超时"。所以工人的收入水平也普遍得到了提高。

> 公司给每台机器每个人都规定了一定的产量（额度），我们都是一班固定 12 小时①，吃饭时间是要关掉机器的，公司规定吃饭时间有半个小时，但我可能 10 分钟就吃好了，然后就回去开着机器生产。加班是自己用（白天的）休息时间，工厂里程序上没有这么规定的，是我们自己想这么做。机器开着可以算作加班，放了料不停机器就在一直生产。你可以超产一点，超产时间算加班费。在规定的一个班 12 小时内生产更多的产品，超额可以转化为超时，超时就有加班费。（移动通信企业生产部经理，20Q12）

E 工厂采取的计时定额工资制，实际上是定时定岗定量考核工人的工作量。定时是两班倒，从早上 8 点到晚上 8 点；定岗是工作岗位对应的工作时间；定量是根据设备的寿命来设定产量。每天上班时设备都被调试好了，根据上班时间可以计算出每台设备的产能。同时员工和机器的协调度，多少人对应多少台设备，也都是经过计算得出来的。如一个熟练员工正常可以操作 3~5 台设备，新员工来了，老员工带着能操作 1~2 台也算合格。新员工刚开始看的机器少，虽然工时是一样的，但产量不一样，以确保制度对新老员工的公平性。如此一来，公司给每个员工都设置了每天上班时间的标准产量，如果是设备自身发生故障，那么工人做不到标准量也算达标；如果人为导致设备故障，设备不能正常工作，那么就要员工自己加班补齐产量。此外，像个别工人即便在吃饭等休息时间也保持机器不停以增加产量，从而在上班时间内超额完成工作量，则是个人的选择。

（3）劳动强度降低

"机器换人"不仅提高了企业的生产效率和产品质量，而且改善了工人的劳动环境和劳动条件。调查发现，由于机器替代执行了很多原来由工人做的苦活、脏活、累活，工人的劳动强度大幅度降低，劳动的危险性和发生工伤的概率也大幅度降低。

---

① 该公司规定早上 7：50 打卡上班，从早上 8 点到晚上 8 点。中午和晚上吃饭各半个小时，上午和下午中途有 10 分钟休息时间，上厕所随时可以去，不算休息时间。

> 设备越先进越好。设备越先进，对工人来说就越轻松；设备越先进，需要调试的就越不复杂。设备越落后，需要调试的就越麻烦。新设备不需要人工来调试，所以工人普遍比较欢迎新设备，自动化以后体力上肯定没有那么累，工作轻松了，收入还增加了。（汽车配件企业一线工人，20G13）

"机器换人"符合避重就轻的人性和产业工人代际变化的特点。随着新生代农民工成为产业工人的主体，他们越来越不愿意从事单调枯燥特别是体力劳动强度大和身体危害程度高（工作车间的环境污染）的岗位，所以企业往往会优先在有污染和身体危险以及劳动强度大的岗位实施"机器换人"，从而直接改善工人的劳动条件和工作环境。[①] 正因为"机器换人"带来的自动化、智能化设备的使用极大地提高了工人的就业质量，过去出现压断手指、粉尘污染等问题的"血汗工厂"变成安全、轻松、洁净、高效的"智能工厂"，一线员工就业条件得到极大改善。所以工人普遍对"机器换人"持欢迎态度，难以见到工业革命早期工人破坏机器的现象。

> 以前手工就是用手一个个去检测，而且坐在那里就是一整天。现在自动化检测就是把需要检测的产品整管整管地放上去，收一下良品就完了。最大的变化就是之前人工操作误判比较多，产品的不良率比较高。现在这些设备都是傻瓜式操作，上班在旁边看着机器不出故障就行，可以走动，轻松多了。（电子科技企业一线员工，20G16）

访谈中，工人们反复提到"工作轻松多了，觉得没有那么累了"。从技术发展的角度来看，虽然技术进步让机器越来越复杂，但是自动化让操作要求越来越简单，甚至工人戏称这是"傻瓜式操作"。自动化生产以后，工人只需要上料和下料，操作对人的要求越来越简单。机器设备故障有专门的技术员来管。

---

① 孙中伟、邓韵雪：《"世界工厂"的"凤凰涅槃"——中国制造业"机器换人"的经济社会意义》，《学术论坛》2020 年第 3 期。

3. 劳动降级

虽然企业普遍鼓励内部消化，不鼓励现有员工因为"机器换人"离职，但毕竟适应新的自动化设备需要时间。对于不同年龄、技能、学历水平的员工来说，这个适应期或长或短。而公司的承受力是有限的，一般都会规定一个适应时间，如果过了适应期还不能正式上岗，那么工人只能换到技能需求更低的勤杂岗位或者离职，从而导致劳动降级或劳动外流。

（1）新设备适应期

"机器换人"后，少数人晋升为技术员或管理人员，大多数人都是转岗，但如果转岗后还是不能适应就得离职。一般离职之前都会尝试转岗，因为工作性质没有变，只要工资没减少，工人大都同意转岗，而且转岗过程中还享受新员工待遇，转岗前几天也没有产值目标要求。适应期的设置将技术对工人的影响转化为个体性的选择。

> 说实话，岁数太大的人，做起来不方便，是有可能不适应的。有的工人学了五六天、七八天还是掌握不了，到底是不愿意学还是学不会不好说。如果自己愿意学，确实要快很多。新招的年轻人一般更容易适应新机器。（电子科技企业技术主管，20J12）

调研中，几乎所有自动化企业都表示，换新机器的时候，通常都会进行岗位培训，工人自己可以选择企业内部换岗，或者自己退岗。如 MX 企业目前对新招聘员工（普工）的培训期为 3 天，换岗的老员工也享受新员工的待遇，即可以有 3 天的调岗适应期。

> "机器换人"的时候，员工根据意愿选择是否转岗，个人选择申请新岗位或者自愿辞职。其实新的普工岗位要求很低。在行业内部，不同岗位轮换只要 3 天就可以适应。有的人不想适应或者适应不了就直接选择辞职，但如果在外面找不到工作，那么可以重新适应岗位，通过学习和培训再上岗，这种重复进厂的现象在企业很普遍。（电子科技企业生产部经理，20Q12）

需要指出的是，"机器换人"是一个过程，不仅工人要有适应期，而且企业也不可能一次性全部换完，主要是新机器、新工艺生产出来的产品需要经历客户接受的过程。换言之，企业要适应客户（市场），工人要适应企业。

> 单列机、多列机的生产工艺不一样，要尝试客户转换；客户接受新工艺，也需要磨合时间。客户接受了新的产品和工艺，我们才会大规模生产。如果客户不同意，那么我们销售也会很麻烦。生产线要与客户沟通好，新的工艺去满足客户要求的规格、型号、版面，要经过一些调整。整个过程中，我们一直在匹配市场需求，需要与客户磨合。对于定制的产品，要把新的东西跟客户讲清楚。比如这三个样品，新的产品是背封的，原来的是三边封口的，销售要跟客户解释清楚。现在还有些客户不接受，还不太适应，需要时间磨合。单列机还有 20 台左右，以前 100% 的产量都是单列机生产的，现在大概 15% 的产量是单列机生产的。（干燥剂企业市场部主管，20Q13）

（2）不适应的工人的选择

不想或不能适应新设备的普工一般有两个选择，要么降级，从事技能要求更低的岗位，要么辞职。不能适应生产自动化而被动或主动辞职的工人，通常在问卷调查中是难以覆盖的（因为调查的时候他们已经离职），课题组通过在职工人的介绍，联系上 5 个在"机器换人"后离职的员工并对他们进行了深度访谈。最终概括起来，不适应的工人的选择主要有两类：一是劳动降级，接受企业安排的更低技能和收入的岗位安排，如保安、保洁；二是主动或被动辞职，即劳动外流。需要指出的是，劳动外流后工人的选择是多样化的：有的重新进入企业外部的劳动力市场再就业，如送外卖；有的回老家退出劳动力市场，如回家种地或开小店；有的去充电学习；等等。一般来说，年纪大的工人更难适应新设备，年轻员工的选择更多。D 公司在"机器换人"后，就有一个 1970 年出生的工人 C 先生难以适应新的设备，被调去后勤部做保安，收入一下子减少了，从原来的每个月 4000 多元变成 3000 多元。他说，再干两年，小孩大学毕业后，他就准备回老家了，不再出来打工。

公司去年年底换了机器后，我培训了一个星期还是不太熟练。主要是除了要负责上下料，还要对机器开出来的产品质量负责，一不小心就出来了一堆废品，被巡查的品保员发现了。自己还得去清理，把出来的小包干燥剂拆开，把里面的废品倒出来回收重新加工，一包包清理起来就麻烦了。没办法，年纪大了，学习、反应各方面都慢了，只能做保安。（干燥剂企业一线工人，20G19）

4. 退出企业内部劳动力市场

不适应新的自动化设备且不愿意接受调岗而劳动降级的工人，一般只能回老家，从而彻底退出流入地的劳动力市场。从实际情况来看，退出当地劳动力市场的有两种情况：第一种是异地转移就业，第二种是被迫辞职。

（1）异地转移就业

不仅不同企业推进自动化、智能化的进程不一，不同地区也不一样。异地转移是指大中型企业中被机器替换后的工人，企业提供欠发达地区或中西部地区的同类型工作岗位供员工选择。近年来，在政府"腾笼换鸟"政策和人工、土地压力等多种因素作用下，部分大型制造企业都在欠发达地区设立了子公司、分公司或分厂。在珠三角地区的工厂推行全流程自动化的同时，这些大型企业设在中西部地区的工厂仍然保留传统的生产线。因此，企业在推行"机器换人"时一般会鼓励老员工回乡就业，这不仅能提升当地劳动力的总体素质，还能降低安置和炒人的成本。某大型移动通信设备企业的副总经理（编号：19Q15）说："我们东莞工厂愿意转移到江西、湖南的工人并不多。愿意转移的工人要么是湖南人、江西人，觉得离家近；要么是两夫妻，或两兄弟姐妹，因为孩子读书、家庭团聚等；要么是少数技工，没机会在自动化生产后继续待在技术岗位，但回到内地工厂有可能当个小主管。"

在实践中，这种异地转移就业并不受工人的欢迎，大多数工人还是愿意在发达地区工作；愿意接受异地转移就业的主要是一些可以转移到原籍所在地的工人，回乡工作的原因主要是离家近。

（2）被迫辞职

对于不能适应新岗位的员工，理性的企业不会采取一次性大规模裁员的方式来解除劳动关系，因为大规模裁人往往涉及大量的经济补偿，这对于企业来说会增加一大笔支出。同时，在劳动力短缺的背景下，企业也难以招人。因此，企业的解雇策略主要有两种。

一是等待时机让员工主动辞职回家，从而自然流失。有关研究表明，农民工的流动性很大，员工的自然流失率本来就高[1]，特别是按照中国人的习俗，临近春节的时候，很多农民工会因为各种原因主动辞职。

> 我是 2019 年 3 月进来的，年底家里老人生病，又快过年了，就辞职回去照顾。（编号：20G17）

二是调岗后收入减少，员工主动辞职。对于因企业内部调岗而劳动降级的员工来说，如果收入减少，那么他们中的大多数人是难以接受的，一般会主动辞职。

> 我原来是在厂里做电焊工作的，"机器换人"后基本上不用人工来焊接了，厂里让我去生产线做普工，收入减少了 1000 元左右，我就辞职了，现在在其他工厂继续做电焊工。（汽车配件企业焊工，20G18）

五 技术升级的个体性适应

研究表明，技术升级对工人的影响是多方面的，并不是简单意义上的技术升级导致劳动降级[2]，也不是技术升级导致劳动升级[3]。技术升级这个巨浪将原来存量工人冲击得七零八落，导致工人的分化和分流，既有普工转为技术员的劳动升级，更多是劳动平移，也有劳动降级，还有劳动外流到同行业的其他企业，甚至成为网约车司机、外卖小哥等新就业形态从业

---

[1] 刘林平、万向东、王翔：《二元性、半合法性、松散性和农民工问题》，《中山大学学报》（社会科学版）2005 年第 2 期。

[2] 许怡、叶欣：《技术升级劳动降级？——基于三家"机器换人"工厂的社会学考察》，《社会学研究》2020 年第 3 期。

[3] 侯俊军、张莉、窦钱斌：《"机器换人"对劳动者工作质量的影响——基于广东省制造企业与员工的匹配调查》，《中国人口科学》2020 年第 4 期。

人员。换言之，"机器换人"背景下，工人的命运是多样化的，但在中国劳动力短缺的大背景下，冲击整体上是有限的。

第一，劳动力市场存在圈层嵌套。技术升级导致劳动降级，或技术升级改善劳动环境，本质上都是在企业内部劳动力市场讨论技术进步的影响。其实，生产自动化、智能化及其广泛应用，客观上形成企业内部劳动力市场、行业内部劳动力市场和外部劳动力市场的三重嵌套体系（见图 3 - 5）。首先，技术升级导致企业内部劳动力市场的劳动分化。适应技术升级的劳动力实现了劳动晋升；不适应技术升级的劳动力要么就地转岗，要么空间转移；还有部分人主动或被动退出企业内部劳动力市场，形成较为明显的等级化出路。其次，技术升级导致行业内部劳动力市场的劳动分流。行业内部自动化生产技术具有通用性和共享性，这使被机器替换后的劳动力可以降低企业层级成为企业的技术总监、主管或一般性技工，也可以去行业其他企业继续从事技能型工作岗位，形成行业内部的劳动分流。最后，技术升级产生了新业态和新工种，被机器替换的劳动力还可以进入新就业形态，成为快递员、外卖员等，也可以进入非正式行业内就业甚至回老家，从而丰富和发展了外部劳动力市场。

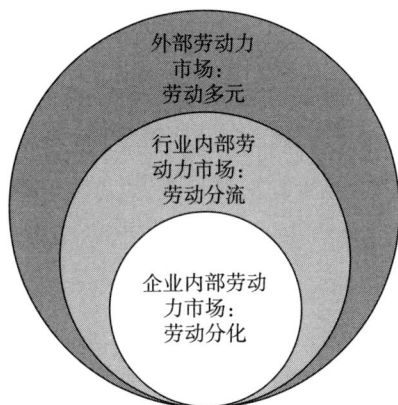

图 3 - 5　技术升级与不同类型劳动力市场的嵌套结构

第二，技术升级对工人有多重影响。在技术进步或者说自动化生产的背景下，劳动力的出路受到的影响，不是简单的劳动升级或降级的概念，而是一个结构性结果。实地调查结果表明，技术升级的非均质化和企业"机器换人"的逐步推进，会形成行业内部等级化的"技术市场"，为通用型、技能型劳动力提供流动的机会和空间，这部分劳动力既可以在企业内部实现技术晋升，也可以通过跨企业流动实现岗位晋升，即便是被替代后也可以降低企业层级再就业。很多大型企业的自动化升级，在推动企业技术升级的同时，也会创造人机合作的新岗位、适应自动化生产的辅助型岗位，这就为劳动力在企业内部再就业创造了机会空间，被替代的劳动力可以通过就地或跨地岗位调整继续就业。从广义的技术升级来看，新技术创造了新市场和新职业，在工厂被替代的劳动力还可以进入新就业形态继续就业，这在一定程度上解释了"机器换人"并未导致工人大规模失业出现的原因。在调查中，我们也发现，只有少数劳动力在技术和市场的双重挤压下退出了劳动力市场，成为技术升级的"牺牲品"。

第三，劳动者个体对技术的认知与运用所形成的综合技能素养成为理解劳动者分化的关键。技术的进步不仅给企业带来生产效率的提升，还改善了劳动者的工作环境和条件，并创造出平台经济等新产业、新业态、新模式，提供了新的就业机会。这对于企业和工人来说是一种技术赋权，也可以说它带来了技术红利。仅从工人方面来看，"机器换人"对每个人造成的影响又是不同的，技术升级带来的一种结构性的、整体性的影响变成了分化性的、个体性的影响。不同工人个体的命运与其对技术的认知水平和适应程度密切相关。能够充分认识到技术变革的趋势，不断进行自我学习和自我提升的工人，往往能在技术变革中实现劳动升级；不居安思危、平凡度日、被动适应的工人，基本不能与技术升级一同实现劳动升级，但由于个体年龄尚小、学习能力尚在，他们经过短暂培训后也能够逐渐适应新的机器和工艺，实现劳动平移；不注重自我学习和提升且随着自身年龄逐渐增大而人力资本水平下降的工人，往往只能遭受劳动降级或者退出劳动力市场。

第四，技术话语、高流动性影响了工人对"机器换人"背景下自身权益的维护。企业、政府和社会共同塑造的技术话语影响了工人对自身权益的认知。在企业管理实践中，企业经营者在面对低技能劳动者被"淘汰"的状况时，往往会策略性地营造出一种"劳动者技术能力跟不上新设备操作标准""失业是因为自身技术水平不够"之类的技术话语，无形中潜在地影响了劳动者个体的判断。在此意义上，传统"机器换人"可能引发的人机对抗和劳资矛盾/反抗（如工人破坏机器的"卢德运动"）在一种极具策略性的技术话语体系下，成功地转化为个体对技术的绝对信仰与臣服。这种政府、企业合谋的管理策略，在很大程度上化解了劳动者由于面临失业可能引发的劳资纠纷与矛盾。对于企业经营者来讲，技术话语成为企业应对工人失业和劳资纠纷的王牌，甚至成为实现日常有效管理的策略和工具。对于劳动者来讲，传统劳资纠纷所蕴含的"人与人的关系"在技术话语下蜕变为"人与技术的关系"。① 此外，工人的个体性归因，导致劳动者即使面临利益受损，也难以形成统一的认识，再加上劳动者社会流动性大，"短工化""流动大"成为当前新生代劳动者的显著特征，即使在同一企业，员工之间的互动频率和熟悉机会已经大大减少，客观上降低了劳动者自发团结抵抗的可能性。

总之，由于技术赋权的普惠性，新时代技术升级对工人的影响已经从群体性排斥转向个体性排斥，技术进步对劳动者造成的分化，在很大程度上受限于个体的技术认知和技术能力。在技术日新月异的今天，无论是主动还是被动，每位劳动者都只有对技术进行重新审视和认知，并不断提升自身对技术的把控能力，才能有效分享技术红利、避免技术赋权的不均衡，从而在劳动力市场中提高自身竞争力和就业能力。即便是一个低技能劳动者因"机器换人"而辞职，转行进入美团外卖、滴滴司机等新兴平台行业，也必须能熟练操作美团 App、地图导航、微信等软件技术。在这个意义上，劳动分化的结果掌握在工人自己手里。

---

① 李超海：《技术赋权如何消解新业态中新生代劳动者的集体性行动》，《学术论坛》2019 年第 5 期。

第四章　平台经济中的新型劳动关系

一　技术变革与平台经济的崛起

近年来，在移动互联网、物联网、大数据和云计算催生的万物互联背景下，平台经济快速崛起，形成了全面整合产业链和提高资源配置效率的新型经济模式，渗透、颠覆和重塑着社会经济环境。[1] 人们的日常生活正被各种平台"包围"，如购物有亚马逊（Amazon）、京东、淘宝、拼多多等，吃饭有美团、饿了么、百度外卖等，住宿有爱彼迎（Airbnb）、小猪短租、途家等，出行有哈啰、滴滴、优步（Uber）等。在2018年的第十三届全国人民代表大会第一次会议上，"平台经济"首次被写入政府工作报告。平台经济是一种基于数字技术，由数据驱动、平台支撑、网络协同的经济活动单元所构成的新经济系统，是基于数字平台的各种经济关系的总称，具有典型的双边市场、争夺注意力、关系链与网络效应、锁定非物质转移成本等特征，并且普遍呈现单寡头竞争性垄断格局。[2]

形态各异的网络平台劳动日渐成为互联网时代就业方式和劳动组织最引人注目的新变化。[3] 以平台为核心的数字经济流通形式成为新的生产力组织方式，对优化资源配置、促进跨界融通发展和大众创业万众创新，推动

---

① Hauser J. R., Liberali G., & Urban G. L., "Website Morphing 2.0: Switching Costs, Partial Exposure, Random Exit, and When to Morph.," *Management Science*, Vol. 60, No. 6, 2014, pp. 1594–1616.

② 傅瑜、隋广军、赵子乐：《单寡头竞争性垄断：新型市场结构理论构建——基于互联网平台企业的考察》，《中国工业经济》2014年第1期。

③ Martin Kenney、John Zysman、贾开：《平台经济的崛起》，《经济导刊》2016年第6期。

产业升级，拓展消费市场尤其是增加就业，都有重要作用①。国家信息中心发布的《中国共享经济发展报告（2020）》显示，2019年我国共享经济市场交易规模约为32828亿元，比上年增长约11.6%。共享经济参与者约为8亿人，其中服务提供者约为7800万人，同比增长约4%；平台员工约为623万人，比上年增长约4.2%。② 数字平台瓦解了经济活动的传统组织方式，改变了价值创造和价值分配的逻辑，重新调整了劳动分工，改变了经济系统的权力结构。③ 平台上的劳动者不仅拥有部分生产资料，还具有较高的自主性，且大多未签订劳动合同，呈现与工业时代传统劳动关系不一样的新特点。

在研究平台经济劳动关系之前，有必要对平台经济和共享经济、分享经济、租赁经济之间的关系进行辨析。共享经济和分享经济的英文都是Share Economy④，其实是一个意思，都是指人们通过共（分）享已有的闲置资源，提高物品的使用效率。这种使用权和消费的分享在互联网出现之前就已存在，如社区的跳蚤市场，只不过互联网以及专门的共（分）享平台出现后让共（分）享行为更加便捷。共（分）享经济的对象主要是存量市场中被闲置的资源，其目的主要不是资本对剩余价值的追求而是提高物品的使用效率，因此，共（分）享经济并不存在劳动与资本的关系。此外，还有一些在共享经济名义下的市场行为，如共享自行车、共享充电宝、共享雨伞等，其本质是租赁经济，是资本提供物品供人们租用并获得租金收入，只是不同平台租用的对象不固定而已。

---

① 《国务院办公厅关于促进平台经济规范健康发展的指导意见》，中国政府网，https://www.gov.cn/zhengce/content/2019-08/08/content_5419761.htm，最后访问日期：2023年9月24日。

② 国家信息中心：《中国共享经济发展报告（2020）》，国家信息中心微信公众号，https://mp.weixin.qq.com/s/D3k8gUJksH3RwqmWXq2zzw?，最后访问日期：2023年9月24日。

③ 黄再胜：《网络平台劳动的合约特征、实践挑战与治理路径》，《外国经济与管理》2019年第7期。

④ "共享经济"这个术语最早由美国得克萨斯州立大学社会学教授马科斯·费尔逊（Marcus Felson）和伊利诺伊大学社会学教授琼·斯潘思（Joe Spaeth）于1978年发表的论文（Community Structure and Collaborative Consumption: A Routine Activity Approach）中提出。共享经济作为广泛的社会现象却是在最近几年流行起来的，其主要特点是，包括一个由第三方创建的、以信息技术为基础的市场平台。这个第三方可以是商业机构、组织或者政府。个体借助这些平台，交换闲置物品，分享自己的知识、经验，或者向企业、某个创新项目筹集资金。

　　而平台经济指的是依托数据平台进行交易的商业模式①，平台背后的资本和企业是要营利的，因此，平台经济也被称为"平台资本主义"。之所以研究平台经济中的劳动关系，是因为平台经济不同于人们常说的共享经济、分享经济甚至租赁经济，平台经济中存在资本与雇佣劳动的交换，只不过这种雇佣劳动的交换方式在互联网时代发生了变化，但劳动为平台资本增值的本质并没有改变。尽管在互联网时代共（分）享经济也将以现代信息技术为基础的平台作为工具，但是只要不是以营利为目的就不存在劳动关系。简言之，真正意义上的共（分）享经济不存在劳动关系，而平台经济中则存在资本对劳动者剩余价值的攫取。

　　数字平台提供的广泛且即时的信息采集、传输与匹配，使按照需求组织劳动的大规模"众包"和"网约"工作成为可能，"互联网平台＋个人"是这种用工方式的主要表现形式。许多过去处于生产过程之外的劳动和资源，现在都可用来进行社会剩余价值的生产，马克思揭示的资本积累的一般规律正通过互联网向全球各个角落渗透。② 那么，我们要问的就是，平台经济中的劳动关系与传统线下的劳动关系有什么不同？这种新型劳动关系的主要特征是什么？劳动关系中劳方、资方、政府这三方主体是如何进行互动和博弈的？他们的博弈将对劳动关系的发展和转型产生什么影响？为了研究平台经济中的新型劳动关系，课题组采取定性与定量相结合的方法深入平台企业，对企业管理人员、工人和相关政府部门进行了大量调查研究。③

二　平台经济中的劳动关系研究综述

　　平台经济中的用工方式和劳动关系与传统工业时代的标准雇佣关系有着巨大的差异，学者们对这一新兴领域的劳动关系研究表现出极大的关注，

---

① 尼克·斯尔尼塞克：《平台资本主义》，程水英译，广州：广东人民出版社，2018，第48页。

② Fabiane Santana Previtali & Cílson César Fagiani, "Deskilling and Degradation of Labour in Contemporary Capitalism: The Continuing Relevance of Braverman," *Work Organisation*, *Labour & Globalisation*, Vol. 9, No. 1, 2015, pp. 76–91.

③ 在定性研究方面，自2018年6月以来，课题组共对广东省内5个平台企业进行了调研、座谈，对58位平台从业人员进行了个案访谈，整理的访谈、座谈资料超过7万字；在定量研究方面，课题组采取线上与线下相结合的方式进行了问卷调查，共获得有效问卷526份。这些资料为平台劳动关系研究奠定了比较坚实的实证基础。

并取得了丰富的理论成果。概括起来，研究成果主要集中在平台经济中的劳动关系认定、劳动过程、劳动者权益保护等领域。

（一）平台经济中的劳动关系认定

传统法律法规对劳动者身份的认定在平台经济条件下面临新的问题。对于互联网平台企业与劳动者是否存在雇佣关系这一问题，不仅学界存在较大争议，各国法院的司法实践[①]也存在很大的差别。学界关于平台与劳动者究竟是否存在雇佣关系[②]存在以下四种观点。

第一种观点认为劳动者是平台企业的雇员，双方存在雇佣关系。Brown通过对优步司机进行研究，从两条标准，即劳动者通过管理技能增加自身的谋生机会、提供的服务也是雇主商业模式的一部分，判定平台与劳动者之间形成劳动关系[③]；Minter认为尽管劳动者享有一定的工作自由，但其在工作过程中必须接受平台的工作指令，因此，互联网平台与劳动者存在雇佣关系[④]。我国部分学者也持同样的观点。例如，有学者认为，"企业＋平台＋个人"的新型灵活雇佣关系，本质上具有以民事关系掩盖雇佣关系、以非标准劳动关系掩盖标准劳动关系的隐蔽性。[⑤] 尽管新型用工形式下劳动者拥有较大的自主性，但其作为雇佣关系的形态并没有改变，其性质仍然是一种从属性的雇佣劳动。[⑥]

---

① 2016 年 4 月 22 日，据《纽约时报》报道，Uber（优步）就美国加利福尼亚州和马萨诸塞州司机集体诉讼案与法庭达成和解协议。司机们在获得补偿的同时，继续保持独立承包商的身份，而不是被雇者身份。中国 2015 年也出现了类似判例。e 代驾与数名代驾司机之间的诉讼，最后就被北京市第一中级人民法院认定代驾司机与代驾公司"不属于劳动关系"。而 2016 年 10 月 28 日，英国劳动法庭将优步司机与优步公司之间的关系判定为劳动关系。

② 雇佣关系和劳动关系大体上是一个意思，本书不细究雇佣关系、劳动关系、劳资关系等概念的区别，根据文献和语境混用这几个概念。具体见第一章劳动关系概念部分。

③ Grant E. Brown, "An Uberdilemma: Employees and Independent Contractors in the Sharing Economy," *Labor and Employment law*, Vol. 75, No. 15, 2016, pp. 15 – 43.

④ Kate Minter, "Negotiating Labour Standards in the Gig Economy: Airtasker and Unions New South Wales," *The Economic & Labour Relations Review*, Vol. 28, No. 3, 2017, pp. 438 – 454.

⑤ 袁文全、徐新鹏：《共享经济视阈下隐蔽雇佣关系的法律规制》，《政法论坛》2018 年第 1 期。

⑥ 张焰：《劳动合同法适用法律问题研究》，北京：中国政法大学出版社，2015，第 133 ~ 140 页；常凯：《雇佣还是合作，共享经济依赖何种用工关系》，《人力资源》2016 年第 11 期。

第二种观点认为平台与劳动者之间形成的是劳务关系或合作关系，即平台劳动者通常被定义成"自雇者"或"独立合同工"，而非传统意义上的雇员。[①] Hall 与 Krueger 研究发现，优步司机有很大的工作灵活性，可以自由决定工作时间、工作地点、休息休假，甚至能够决定劳动供给和薪资水平，平台企业也没有开除、解雇劳动者的权利，因而平台与劳动者之间是业务承揽关系。[②] Aloisi 也基于劳动者在工作时间、工作地点、休息决定上拥有很大自主权认为，互联网平台与劳动者之间为业务承揽关系。[③] 我国也有一些学者认为，互联网时代的员工已经不再是传统意义上的受雇者，大企业被自由人（专业的或非专业的）的组合取代，工作关系不再是雇佣合同而是合作协议，甚至根本没有任何协议[④]，平台与从业者之间只能属于劳务合作关系或居间服务关系[⑤]。

第三种观点试图超越劳动关系与劳务关系的二元对立，主张在雇员和"独立合同工"之外增加一个新的类别。例如，应当摒弃传统劳动法、就业法和税法中的二元分法，创设居于其间的第三类劳动者[⑥]，以更好地进行劳动保护。比如，德国劳动法对于类雇员进行了不完全的倾斜保护。[⑦] 此外，加拿大的"非独立承包人"、意大利的"准从属性"劳动、英国的"b项工人"等都是构建新型劳动关系类别的尝试。[⑧] 我国也有一些学者提出在

① B. Y. Thompson，"Digital Nomads：Employment in the Online Gig Economy，" *Journal of Culture，Politics and Innovation*，No. 1，2018，pp. 1 – 26.

② J. V. Hall & A. B. Krueger， "An Analysis of the Labor Market for Uber's Driver-Partners in the United States，" http：//arks. princeton. edu/ark：/88435/dsp010z708z67d. Working Papers，Princeton University Industrial Relations Section，Jan – 2015.

③ Antonio Aloisi， "Commoditized Workers，Case Study Research on Labor Law Issues Arising from a Set of ' On-Demand/Gig Economy ' Platforms，" *Comparative Labor Law & Policy Journal*，Vol. 37，No. 3，2016，pp. 620 – 653.

④ 李晓华：《"新经济"与产业的颠覆性变革》，《财经问题研究》2018 年第 3 期。

⑤ 高超民：《分享经济模式下半契约型人力资源管理模式研究——基于 6 家企业的多案例研究》，《中国人力资源开发》2015 年第 23 期。

⑥ Todolí-Signes A. ， "The ' Gig Economy '：Employee，Self-Employed or the Need for a Special Employment Regulation？" *Transfer：European Review of Labour and Research*，Vol. 22，No. 2，2017，pp. 1 – 13.

⑦ 王天玉：《互联网平台用工的"类雇员"解释路径及其规范体系》，《环球法律评论》2020 年第 3 期。

⑧ 王茜：《互联网平台经济从业者的权益保护问题》，《云南社会科学》2017 年第 4 期。

劳动法中增设具有经济依赖性的劳务提供者主体[①]，或者是经济依赖型中间主体[②]等类型，以更好地保护劳动者的权益。

第四种观点认为应该具体问题具体分析，针对不同的情形来区别判断是否属于劳动关系。Carlson 指出，传统的劳动法往往采取先确定劳动关系再确定责任的进路，这种进路应当转变为根据不同情形分配责任。[③] Crank和 O'Connor 提出应当在现有法制体系内以具体案例为基础进行个别分析。[④]国内不少学者也对此做出了回应。王天玉基于互联网平台用工实践的类型，区分了不同合同约定下的法律适用性。[⑤] 朱海平以网约车平台与专车司机之间的用工关系为例，认为用工判断应当考虑个案平衡的原则，具体分析相关要素。[⑥] 丁晓东则指出，要根据劳动法规定的不同责任的性质，对不同的平台企业和不同的用工类型进行区别规制。[⑦]

以上四种观点都有一定的道理，传统上以是否签订劳动合同为劳动关系主要判别标准的做法，在互联网平台经济中已经难以适用，而设置新的劳动者类型短期内又难以实施，比较可行的办法是对劳动关系的从属性进行更加具体的分析。

（二）平台经济中的劳动过程

经典的劳动过程理论都是在工业化大生产经验的基础上形成的，而新技术催生的平台经济劳动过程则呈现与过往的劳动过程控制不一样的特点，传统劳动过程理论受到冲击。随着知识劳动的网络化与社会化的发展，学者们的视线从工业社会的车间劳动转向了网络社会的知识劳动以及新的就

---

① 班小辉：《论"分享经济"下我国劳动法保护对象的扩张——以互联网专车为视角》，《四川大学学报》（哲学社会科学版）2017 年第 2 期。

② 谭书卿：《分享经济下用工关系法律界定与制度探索——以外卖配送行业为视角》，《中国劳动关系学院学报》2019 年第 2 期。

③ Richard R. Carlson，"Why the Law Still Can't Tell an Employee：When it Sees one and How it Ought to Stop Trying," *Berkeley Journal of Employment and Labor Law*，Vol. 22，No. 2，2001，pp. 295 – 368.

④ A. L. Crank and O'Connor V.，"Uber Technologies，Inc.：The Dispute Lingers—Are Workers in the On-Demand Economy Employees or Independent Contractors?" *American Journal of Trial Advocacy*，Vol. 39，2016，pp. 609 – 635.

⑤ 王天玉：《互联网平台用工的合同定性及法律适用》，《法学》2019 年第 10 期。

⑥ 朱海平：《"网约车"用工法律关系研究》，《福建法学》2016 年第 3 期。

⑦ 丁晓东：《平台革命、零工经济与劳动法的新思维》，《环球法律评论》2018 年第 4 期。

业和工作给劳动者带来的新变化①。

一方面，学者们普遍注意到劳动者在平台上工作具有不同于工厂模式下的自主性。数字平台超越了传统的工作场所，"雇主－雇员"关系被一种新的灵活结构取代，出现了零工、众包工、网约工等用以描述平台经济用工方式的崭新词汇。在互联网技术的推动下，劳务的供需对接更加便捷，劳动的自我价值和自组织特征使劳动者的工作更加灵活。莫斯可、麦克切尔认为，传统工作的内容发生了从物质生产走向非物质生产的转变，作为创造知识的非物质劳动者具有自主性，知识劳工的"创造性"与新媒体技术下的传播过程削弱了资本的控制。② 这种"自主"的劳动不仅不需要资本的控制，还多以无酬的形式存在，其中以数字编码行业最为集中。③ Zukin和Papadantonakis进一步从文化角度探讨了新工作领域中劳动者主体性的形成。④ 虽然平台经济中劳动者可以自由决定工作时间、工作地点、休息休假，甚至能够决定劳动供给和薪资水平⑤，但是这种自由可能是以减少劳动权益保护为代价的，如工作不稳定、工资收入水平相对较低、集体行动的可能性降低等。⑥

另一方面，很多学者认为，平台经济中的工作自由并不意味着劳动控制的减弱，甚至是加强了劳动控制。互联网平台经济的劳动过程控制与工业时代相比，区别在于：控制主体已经从明确的单一雇主转变为模糊的多雇主，控制手段从主要依靠人工到逐步依靠人工加信息技术，控制规模从各雇主的分散管理到平台的集中化大规模管理，控制空间从固定场所的现场管理到无固定场所的超视距管理，控制方式从限制自主性的从属化管理

---

① Rosalind Gill and Andy Pratt, "In the Social Factory? Immaterial Labour, Precariousness and Cultural Work," *Theory*, *Culture & Society*, Vol. 25, No. 7 - 8, 2008, pp. 1 - 30.

② 文森特·莫斯可、凯瑟琳·麦克切尔：《信息社会的知识劳工》，曹晋等译，上海：上海译文出版社，2013。

③ 转引自胡慧、任焰《制造梦想：平台经济下众包生产体制与大众知识劳工的弹性化劳动实践——以网络作家为例》，《开放时代》2018 年第 6 期。

④ Sharon Zukin & Max Papadantonakis, "Hackathons as Co-optation Ritual: Socializing Workers and Institutionalizing Innovation in the 'New' Economy," *Research in the Sociology of Work*, Vol. 31, 2017, pp. 157 - 181.

⑤ 吴清军、李贞：《分享经济下的劳动控制与工作自主性——关于网约车司机工作的混合研究》，《社会学研究》2018 年第 4 期。

⑥ Jim Stanford, "The Resurgence of Gig Work: Historical and Theoretical Perspectives," *The Economic and Labour Relations Review*, Vol. 28, No. 3, 2017, pp. 382 - 401.

到看似赋予劳动者自主性的平等化合作，控制焦点也由劳动过程的全程管理到仅对劳动结果的审核。[1] 目前平台主要通过大数据算法和消费者评价等方式对劳动者实行严密的控制和监督管理。[2] 一些学者专门针对平台中的特定群体进行了劳动过程控制研究，比如，优步公司应用程序本身产生的信息和权力不对称作为控制劳动者能力的基础，同时还利用数字技术和算法构建了有利于公司的不对称关系[3]；又如，互联网家政行业通过数据驱动的豁免权以及平台对劳动的技术控制力，将劳动力转化为一种专属的收入流，从而确保股东价值[4]，金融资本和互联网技术共同构建了互联网家政行业"强控制－弱契约"的用工模式，通过多元化主体加强对劳动者的管理控制，形成强控制的劳动过程类型，从而在组织内部进一步加强了基层劳动者的结构位置，使数字鸿沟的运用差异结果被固化和隐性化；[5] 网络文学产业平台则通过"梦想"的机会制造和技术控制，重建劳动价值体系，使网络作家积极地参与自我规训、自我剥削的生产过程。[6]

总之，平台对劳动过程的控制和劳动者拥有工作自主权是同时存在的。[7] 平台经济的兴起既展现出通过灵活就业和自主工作迈向更加自由体面就业的未来工作图景[8]，又时刻显露出资本实施"数字奴役"、加剧劳动剥

① 冯向楠、詹婧：《人工智能时代互联网平台劳动过程研究——以平台外卖骑手为例》，《社会发展研究》2019 年第 3 期。

② 常凯：《雇佣还是合作，共享经济依赖何种用工关系》，《人力资源》2016 年第 11 期；吴美娟：《"互联网＋"时代网约工劳动关系认定及权益保护》，《黑龙江省政法管理干部学院学报》2019 年第 1 期。

③ Alex Rosenblat & Luke Stark, "Algorithmic Labor and Information Asymmetries：A Case Study of Uber's Drivers," *International Journal of Communication*, Vol. 10, 2016, pp. 3758 – 3784.

④ Neils Van Doorn, "Platform Labor：On the Gendered and Racialized Exploitation of Low-Income Service Work in the 'On-Demand' Economy," *Information Communication & Society*, Vol. 20, No. 6, 2017, pp. 1 – 17.

⑤ 梁萌：《强控制与弱契约：互联网技术影响下的家政业用工模式研究》，《妇女研究论丛》2017 年第 5 期。

⑥ 胡慧、任焰：《制造梦想：平台经济下众包生产体制与大众知识劳工的弹性化劳动实践——以网络作家为例》，《开放时代》2018 年第 6 期；曹晋、张楠华：《新媒体、知识劳工与弹性的兴趣劳动——以字幕工作组为例》，《新闻与传播研究》2012 年第 5 期。

⑦ 吴清军、杨伟国：《共享经济与平台人力资本管理体系——对劳动力资源与平台工作的再认识》，《中国人力资源开发》2018 年第 6 期。

⑧ Sundararajan, *The Sharing Economy：The End of Employment and the Rise of Crowd-Based Capitalism* (Cambridge and London：MIT Press, 2016).

削乃至劳资对抗的严酷现实①。正如福柯（Michel Foucault）) 在《规训与惩罚》一书中曾详述边沁的环形监狱，即一个全景敞开式建筑，由于其设计的特点，虽然监视是不连续的，但身在其中的犯人会产生时时处处被监控与审查的感觉，创造了一个独立于权力行使者的权力关系的机制。② 现代社会中的个体看似自由实际被控制与监视，在依托信息技术的网络平台中，劳动监控更加容易、细密、严格。

（三）平台经济中的劳动者权益保护

网络平台劳动在不同程度上实现了技术赋权，增强了就业可及性和工作自主性，但也使原本附着于雇员身份的劳动权益不断被稀释。③ 平台从业人员既不为平台企业内部的福利计划所覆盖，也不享有受法律保护的加入工会或集体谈判的权利，他们在获得"自由"的同时，大多陷入了"无劳动合同、无社会保险、无劳动保障"的"三无"状态④，处于既不在劳动法保护范围又不受民法倾斜保护的尴尬境地。⑤ 平台从业人员劳动权益保障缺失的根源不在于法院认定事实、适用法律的不一致，而在于实际情况的差异与法律的滞后性导致的无法调整新出现的社会关系的缺陷。⑥ 学者们虽然对劳动关系性质的判断不同，但是一致同意应该对平台劳动者进行社会保护。从保护路径来看，学者们主要有底线保护、扩大式保护、分类保护等主张。

有的学者认为应当优先实施最基本的底线保护措施，主要包括以下方面。第一，劳动安全健康保护。平台应当保证服务提供者的身体健康和工作安全，通过技术手段避免同一服务提供者长时间持续提供服务而影响身心健康。⑦ 第二，基本收入保护。在劳动关系没有重大逆转的情况下，政府首要的政策回应是向所有人提供有保障的基本收入，这不仅有利于广大民

① Fuchs C. , *Digital Labour and Karl Marx*（London：Routledge, 2014）.

② 米歇尔·福柯：《规训与惩罚》，刘北成、杨远婴译，北京：生活·读书·新知三联书店，2003，第 224～233 页。

③ Juliet B. Schor & William Attwood-Charles, "The 'Sharing' Economy：Labor, Inequality, and Social Connection on For-Profit Platforms," Vol. 11, No. 8, 2017, pp. 1－16.

④ 黄再胜：《网络平台劳动的合约特征、实践挑战与治理路径》，《外国经济与管理》2019 年第 7 期。

⑤ 粟瑜、王全兴：《我国灵活就业中自治性劳动的法律保护》，《东南学术》2016 年第 3 期。

⑥ 唐镳、胡夏枫：《网约工的劳动权益保护》，《社会科学辑刊》2018 年第 2 期。

⑦ 吴勇、刘琦：《平台用工的劳动关系认定及权益保护》，《中国劳动》2019 年第 12 期。

众，也是一项公民权利。① 第三，社会保险。将劳动基准、社会保险等内容与是否签订劳动合同进而建立劳动关系脱钩。②

有的学者认为可以适当扩大劳动者概念的外延。德国、意大利、日本在向后工业社会转型的过程中早已敏锐地察觉到自治性劳动扩大化趋势，他们虽然选择的路径各有不同，但是都没有让这类新型劳动者成为法律保护的"边缘人"。我国也应借鉴发达国家的立法经验，以劳动保护体系的重构为路径，确立工具化自治性劳动的构成要件，并逐步分类配置倾斜保护的措施。③ 我国现行劳动法有必要扩大传统的保护对象范围，在劳动者和劳务提供者之间增设具有经济依赖性的劳务提供者主体，并为其提供适当的类似劳动者的法律保护，从而为平台经济下的劳务提供者提供更为合理的保护路径选择。④ 当然，在扩大劳动权利保护范围的同时，应适度从宽认定劳动关系且谨慎选择保护手段，以防止劳动关系认定的泛化。⑤

还有的学者认为应当提供差别化或类别化的劳动保护，即通过对劳动者和劳动关系的分类确定不同主体的权责和酬资等问题，从而为零工提供便携式福利，以及为失业保险等社会安全网计划提供资格。⑥ 在劳动力市场的弹性化趋势下，我国应根据合意、从属性等因素认定是否存在劳动关系⑦，以实现合理的区别对待，进而在规范与促进、底线保护与市场自治、公平与效率等方面最大限度地实现平衡。

三　平台经济中的劳资政博弈

平台虽然是一种新的业务模式和企业组织形式，但只要是产生利润的

---

① 文森特·莫斯可：《数字劳工与下一代互联网》，徐偲骕、张岩松译，《全球传媒学刊》2018 年第 4 期。
② 王茜：《互联网平台经济从业者的权益保护问题》，《云南社会科学》2017 年第 4 期。
③ 粟瑜、王全兴：《我国灵活就业中自治性劳动的法律保护》，《东南学术》2016 年第 3 期。
④ 班小辉：《论"分享经济"下我国劳动法保护对象的扩张——以互联网专车为视角》，《四川大学学报》（哲学社会科学版）2017 年第 2 期。
⑤ 王全兴、王茜：《我国"网约工"的劳动关系认定及权益保护》，《法学》2018 年第 4 期。
⑥ Sanders D. E. & Pattison P. , "Worker Characterization in a Gig Economy Viewed Through an Uber Centric Lens," *Southern Law Journal*, Vol. 26, No. 2, 2016, pp. 297 – 320.
⑦ 《劳动法学界：专车司机与平台是新型劳动关系，建议专门立法》，澎湃新闻网，https://www.thepaper. cn/newsDetail_ forward_1463211，最后访问日期：2021 年 7 月 20 日。

手段①，就存在劳资双方的博弈，而政府作为规制者和监管者，对平台经济的态度同样非常重要，三者博弈的结果影响着平台经济中劳动关系的发展走向。

（一） 平台企业的管理策略

1. "平台资本主义" 的诞生及其分类

平台经济离不开平台企业②的支撑。以大数据和云计算等新一代信息技术为支撑的平台企业，以及由此衍生出来的平台经济模式，代表了互联网时代商业模式的创新方向。③ 在平台搭建的双边市场系统中，平台企业往往占据着重要地位，它们会设法创造一个循环、迭代、反馈驱动的过程，使商业生态系统的整体价值最大化。④ 近年来不断涌现且快速成长的企业大多属于平台型企业，如优步（Uber）、爱彼迎（Airbnb）、脸书（Facebook）、阿里巴巴、滴滴、美团等。2018 年全球市值排名前十的上市企业中，平台型企业市值比重由 2008 年的 8.2% 上升至 77.0%，规模达到 4.08 万亿美元，较 2008 年规模增长了 22.5 倍。截至 2018 年 12 月，市值或估值超过 100 亿美元的平台型企业已达到 20 家。正是因为平台企业的有力支撑，平台经济这一新的商业模式才会日益发展壮大。

从更大的经济历史背景下看，随着制造业营利能力的弱化，面对生产领域的低迷状况，资本主义已经转向数据，并将它作为维持经济增长和活力的一种方式。⑤ 以数据为中心成为所有平台型企业的根本，平台对数据的渴求也意味着这些企业在不断扩张，⑥ 其最终目的是获得营利、击败对手、赢得竞争优势。平台企业运营的平台并不是免费的数字基础设施，本质上仍然是 "产生利润的手段"⑦。因为平台能让平台企业营利，所以才会有资本对平台企业不断投资。在这个意义上，平台经济也被一些西方学者称为

---

① 尼克·斯尔尼塞克：《平台资本主义》，程水英译，广州：广东人民出版社，2018，第 48 页。
② 平台企业又称平台运营商，是数字基础设施的重要提供者。
③ 李凌：《平台经济发展与政府管制模式变革》，《经济学家》2015 年第 7 期。
④ 陈红玲、张祥建、刘潇：《平台经济前沿研究综述与未来展望》，《云南财经大学学报》2019 年第 5 期。
⑤ 尼克·斯尔尼塞克：《平台资本主义》，程水英译，广州：广东人民出版社，2018，第 7 页。
⑥ 梁超、尼克·斯尼瑟克：《平台资本主义的挑战：理解这种新商业模式的逻辑》，《汕头大学学报》（人文社会科学版）2017 年第 11 期。
⑦ 尼克·斯尔尼塞克：《平台资本主义》，程水英译，广州：广东人民出版社，2018，第 7 页。

"平台资本主义"，并为资本主义提供新的合法性证明。

从目前平台经济发展的情况来看，平台资本主要有两种营利模式①：一种是中介型平台，这种平台本身不生产产品，只为买卖双方提供交易的场所和信息，并从每一单的交易中收取恰当的中介费用来获得收益，如网约车平台；另一种是媒介型平台，这种平台虽然有自己的产品和服务，但更多依靠用户生成内容（user-generated content），即用户在为消费平台提供内容的过程中又生产了新的内容，如各种搜索平台、社交平台，用户成为产消合一者，沦为免费的"玩工"。

中介型平台抛弃了传统企业产品和服务提供者的身份，仅负责与之相关的技术化服务、安全监管等事务，将维系平台运营所需的产品或者供给交由不特定的社会主体来提供，② 从而竭力消弭风险分担和权利保障方面的"雇主责任"。③ 但是，这些网络平台通过服务协议和用户操作界面设计，又不同程度地变相获取调配生产的"雇主权威"，在平台接入、服务定价（价格或价格范围）、劳动过程管理和用工评价等方面发挥着关键作用。④

媒介型平台拓展了信息化劳动的外延，披上了"公众参与"的外衣，不断圈占闲暇时间⑤，将网民的传播行为也纳入互联网产业的运作过程中，内容生产与娱乐社交都被转化成劳动过程，以完成劳动剥削与劳动成果的占有。⑥ 例如，脸书（Facebook）这样的社交网络会利用使用者的社会协作把他们纳入网络中，使他们成为把社会关系变成资本循环的一种工具和无

---

① 也有学者将平台资本的营利模式分成自治型平台和组织型平台，但没有考虑到媒介型平台。参见王天玉《互联网平台用工的合同定性及法律适用》，《法学》2019 年第 10 期。本书中的中介型平台实际包括了自治型平台和组织型平台，自治型平台和组织型平台的区别只是平台对劳动者的控制程度存在强弱差异，它们都是要收取费用的。

② 班小辉：《论"分享经济"下我国劳动法保护对象的扩张——以互联网专车为视角》，《四川大学学报》（哲学社会科学版）2017 年第 2 期。

③ Kennedy E. J., "Employed by an Algorithm: Labor Rights in the On-Demand Economy," *Seattle University Law Review*, Vol. 40, No. 3/4, 2017, pp. 987 – 1048.

④ Berg J., "Income Security in the On-Demand Economy: Findings and Policy Lessons from a Survey of Crowdworkers," *Comparative Labor Law & Policy Journal*, Vol. 37, No. 3, 2015, pp. 543 – 576.

⑤ 邱林川：《新型网络社会的劳工问题》，《开放时代》2009 年第 12 期。

⑥ 吴鼎铭：《网络"受众"的劳工化：传播政治经济学视角下网络"受众"的产业地位研究》，《国际新闻界》2017 年第 6 期。

偿的文化劳动力。① 总的来说，平台资本将劳动者生产商品和服务的劳动力价值和剩余价值，以及消费者生产数据的"劳动力价值"占有为平台组织的垄断利润。②

2. 平台企业否定存在与工人的劳动关系

按照马克思主义的观点，利润必然来自工人创造的剩余价值。但是平台创造了接入机会均等的空间，一方面，重构了劳动力与资本的结合方式；另一方面，对于企业而言，具有共生性的合伙人或类合伙人模式正在被推行。③ 目前平台企业除雇用少量管理人员和信息技术人员从事平台的运营维护之外，大量直接的服务提供者都是在平台注册加盟的社会公众。例如，网约车司机与网约车平台的关系就堪称新型用工模式的典型代表，DD 公司在《专快车服务协议》中明确规定："本协议正文及其附件受《合同法》等民事法律约束。我司与所有提供网约车服务的司机仅存在挂靠合作关系，不存在任何直接或间接的劳动关系。"即平台企业普遍不认为平台注册者或消费者是其员工，并极力否定企业与其之间的劳动关系。

首先，中介型平台普遍认为自己与工人之间是合作关系。目前中介型平台主要是 O2O 商业模式，O2O 是 Online To Offline 的缩写，即从线上到线下。在这类平台中，企业通过线上营销推广揽客，消费者可以线上筛选确定需求，再由供给端的劳动力线下提供服务，"全新的合作关系"大多被用来概括上述新型用工模式产生的关系。这种合作关系的本质特征在于，劳动者不再是"员工"或"雇员"，而是所谓的"自由职业者""独立承包商"。在管理层面，双方不签订劳动合同，不存在社会保险、最低工资、加班、产假、病假、年休假等各种基于劳动法的保障关系。在法律层面，双方建立的不是劳动关系，而是民事/商事合作关系。O2O 用工模式既符合用人单位控制人力成本、降低法律风险、实现灵活用工的需要，也迎合了不少新生代劳动者对独立、自由工作的向往。

其次，媒介型平台中的劳动者普遍被认为是消费者而不是生产者。传

① 福克斯、莫斯可主编《马克思归来》，传播驿站工作坊译、校，上海：华东师范大学出版社，2016，第 186、333 页。
② 王彬彬、李晓燕：《互联网平台组织的源起、本质、缺陷与制度重构》，《马克思主义研究》2018 年第 12 期。
③ 杨文华、何翘楚：《平台经济业态下去集体化劳动关系的生成及治理》，《改革与战略》2018年第 1 期。

统马克思劳动理论只考虑了被支付薪水的雇佣劳动，实际上在平台经济中，还有一种没有报酬的"无酬劳动者"。新闻传播专业的学者对社交平台等各种媒介型平台进行的大量研究表明，用户在使用平台的过程中为平台创造了新的内容，成为数字资本主义新的剩余价值增长点。如用户有意识地上传文字、图片、视频，在网络上搜索相关资料，在微博、微信发表评论，这些都可能被平台企业用来生产新的可以被商品化的内容，或者成为商品化内容（如广告）的载体，从而使生产与消费、工作与闲暇之间的边界变得模糊，完成马克思笔下资本对劳动由"形式吸纳"转化为"实质吸纳"的过程，产生新的资本主义弹性积累模式。① 在这种资本积累模式中，无意识工作的劳工被称为玩工、数字劳工等。② 例如，学者们在对数字游戏产业中的玩家开展研究时发现，游戏玩家花费大量时间与精力在玩网络游戏的同时，不知不觉中为游戏平台吸引了更多用户，甚至直接修改和创作游戏内容，却鲜有得到游戏公司的酬劳，他们作为游戏玩工为游戏平台公司创造了巨额利润，其休闲时间实际成为业余价值创造和剥削的过程。③由于这一类平台中的劳动者同时兼具消费者的身份和功能，劳动者觉得自己是在玩而没有意识到在为平台创造价值，平台也没有直接对这种劳动过程进行控制，两者基本不存在从属性，从劳动关系角度难以深入研究，所以本书接下来的研究重点是第一种平台。

3. 资本通过技术严格控制劳动过程

虽然平台企业极力否认自己与劳动者具有从属性的劳动关系，但是它们对劳动者劳动过程的控制丝毫不逊于标准劳动关系。

首先，互联网平台经济劳动自由灵活的外衣下，存在资本对劳动过程的控制，只不过通过算法的劳动支配，可见的雇佣关系和社会关系正在消失，取而代之的是毫无预测和断续零散的劳动过程和时间分配。④ 课题组通过调研发现，平台中的劳动者虽然可以自主安排工作时间和工作地点，享

---

① 尤里安·库克里奇、姚建华、倪安妮：《不稳定的玩工：游戏模组爱好者和数字游戏产业》，《开放时代》2018 年第 6 期。

② 吴鼎铭：《网络"受众"的劳工化：传播政治经济学视角下网络"受众"的产业地位研究》，《国际新闻界》2017 年第 6 期。

③ 邱林川：《新型网络社会的劳工问题》，《开放时代》2009 年第 12 期。

④ 孙萍：《"算法逻辑"下的数字劳动：一项对平台经济下外卖送餐员的研究》，《思想战线》2019 年第 6 期。

有一定的自主性和灵活性，但只要劳动者上线接单承担工作任务，其订单详情、位置信息、用户评价等内容均会被纳入平台的监督管理体系中。如在网约车平台中，第一，司机不得不接受平台根据距离、服务分数等信息派出的订单，尽管司机有拒绝订单的权利，但是这会影响之后的派单质量甚至被拒绝派单；第二，司机接到乘客后，必须按照平台提供的导航路线行驶；第三，订单完成后，平台会根据乘客对司机的服务评价进行奖励和惩罚。

除了算法管理对劳动过程的"硬控制"，平台企业还有五花八门的"软控制"手段。网络平台劳动的按需服务性质直接造成了工作时间的零碎不定。为了多接订单或防止错失抢单机会，劳动者只能无问昼夜与闲暇而时刻保持在线状态，陷入自我剥削的陷阱。[①] 平台公司还会通过浮动定价、补贴奖励等机制鼓励劳动者工作更长时间。例如，网约车平台一般会要求专车和快车的司机在高峰时段必须上线一定的时间，并完成相应的订单业务。外卖平台根据订单量设置每单薪资，并通过等级划分、周排名等方式变相激励骑手延长时间工作。

> 每天高峰期都要做够3个小时，早高峰7~9点，晚高峰5~7点，夜高峰9~11点，夜高峰是给你补时的。一天必须要占够两个高峰，很狡猾的。(X平台网约车司机W先生)

> 平台有每周排名也有每天排名，单王最牛。我以前也排过第一名，不过很快就不行了。做外卖太累，赚得多的都是时间堆出来的，没有什么技巧，就是要比别人勤快一点。(M平台外卖骑手S先生)

其次，劳动者很难在劳动过程和利益分配上有话语权。虽然平台企业认为其与劳动者是合作关系，但是劳动者在双方的游戏规则上并没有平等的协商权。对于平台提供的合作协议或业务承揽协议，劳动者也没有任何反驳或异议的权利，只能被动接受。例如，在网约车平台以及外卖配送平台上，劳动者对各种计酬规则和奖励政策没有任何民主参与的权利。不仅

---

① Huws U. , "Logged Labour: A New Paradigm of Work Organization?" *Work Organization*, *Labour & Globalization*, Vol. 10, No. 1, 2016, pp. 7 - 26.

如此，平台还经常随意变换奖励规则，劳动者只能被动接受，要么所知有限，要么完全被蒙在鼓里。因此，规则作为劳动关系系统的产出①，已经由各角色共同协商变成平台企业单方决定。

> 我有一次打电话给客服说奖励少算了二三十元，那边回复，公司现在奖励制度就是这样，没办法。潜台词说难听点就是愿意干就干，不愿意干就自己想办法。（D平台司机L先生）

> 现在平台又多了一项等级制度，要求一个礼拜跑超过300单，而且服务能力表现超过75%的人，下个礼拜就能升一级。很少有人能一个礼拜跑超过300单的。（G平台骑手L先生）

由此可见，互联网平台通过规则制定与算法技术在规避雇主责任的同时，也令劳动控制更加严密化、隐蔽化。平台按需服务派单节奏"时冷时热"的特点，必然会造成劳动者陷入时而"无所事事"、时而"忙忙碌碌"的"工作自主悖论"。② 算法管理的大行其道，固化了网络平台劳动过程管理的去人际化，导致"员工声音"的缺场，甚至劳动尊严在新的"技术膜拜""算法膜拜"中也不断被侵蚀。③

（二）政府对平台经济的态度：安全主义、发展主义与保护主义

平台经济的崛起对既有的经济社会秩序提出了挑战，身处一线的地方政府早期基于对安全主义④的社会稳定的考虑，决定套用传统的监管标准进

---

① J. T. Dunlop, *Industrial Relations Systems* (Bostom：Havard Business School Press, 1993), pp. 13 – 18.

② Shapiro A. , "Between Autonomy and Control：Strategies of Arbitrage in the 'On-demand' Economy," *New Media & Society*, Vol. 20, No. 8, 2018, pp. 2954 – 2971.

③ 黄再胜：《网络平台劳动的合约特征、实践挑战与治理路径》，《外国经济与管理》2019年第7期。

④ 安全主义是本书从国际关系研究中的地区安全主义（security regionalism）概念借用过来的，比约恩·赫特纳认为地区安全主义是指国家和其他特定地理区域的行为体或正在形成的地区性行为体试图通过地区内外合作，建立安全共同体，改变因冲突产生的区域间和跨地区的国家安全关系；而本书的安全主义主要是指地方政府为了防止新兴平台经济冲击既有的经济社会秩序和既得利益格局而采取的监管措施。参见 Bjorn Hettne, "Security Regionalism in Theory and Practice," *Globalization and Environmental Challenges*, No. 3, 2008, pp. 403 –412。

行严格控制，但很快就发现了平台经济对经济增长的重要作用，于是转而采取发展主义倾向的包容审慎监管政策。平台经济是一个整体概念，各行业内部差异较大，本部分以网约车行业为例，剖析政府对平台经济的态度。

1. 安全主义下的严格监管

美国经济学家约瑟夫·熊彼特（Joseph Schumpeter）提出了"创造性毁灭"的概念，认为创新的出现必然意味着落后的和陈旧的事物的退出。平台经济领域同样如此。以互联网出行市场为例，科技的进步与出行需求的增长，促成了网约车这一新兴业态的诞生。2010 年 5 月，国内最早的共享出行平台易到用车成立；2010 年 8 月，卡兰尼克及其好友在美国成立了Uber（2014 年初 Uber 进入中国市场）；2012 年，滴滴公司和快的公司先后成立。早期资本并未大规模进入该行业，各家平台企业按部就班地培养用户，各自所占市场份额也较小，对传统巡游出租车的冲击不大，因此并未引起地方政府的监管注意。

从 2014 年开始①，由于战略投资者大量涌入，在 2014 年和 2015 年，各家网约车平台掀起补贴大战并呈现燎原之势，传统的巡游出租车开始受到极大的正面冲击，进而遭遇了出租车行业的集体抵制和抗争威胁，全国各地出现了出租车司机罢工停运事件。这种情况不仅影响了地方政府对出租车特许经营的财政收入，而且影响了社会的稳定。因此，一些地方开始以涉嫌"未取得道路客运经营许可，擅自从事道路客运经营"② 为由严厉查处非法网约车。如 2016 年广州市交通委员会综合行政执法局在全市范围内持续加大对网约车非法营运的打击力度，仅上半年就查处非法网约车419 宗。③

网约车是一种全新的商业模式，地方政府套用传统监管标准严格控制其发展，却难以得到法律的全面支持，政府行政执法面临很多难题。如广州市交通执法部门以非法营运的理由处罚网约车司机，却被当地法院判决撤销。同时，广大市民的刚性出行需求难以得到满足，因此，即便加大行

---

① 2014 年 1 月 1 日，腾讯和中信产业基金以 1 亿美元入股滴滴，这是资本首次以亿美元为单位进入网约车行业，彻底打乱了各方的融资节奏和市场扩张步伐。

② 王晔君：《滴滴在京被约谈：专车快车业务违法》，《北京商报》2015 年 6 月 3 日。

③ 《2 个月被交委执法抓 2 次 广州一专车司机被罚了 8 万》，新浪，http://gd.sina.com.cn/news/b/2016‐07‐14/detail‐ifxuapvw1917829.shtml，最后访问日期：2023 年 9 月 22 日。

政处罚，也难以杜绝网约车的营运。政府左右为难，"堵不如疏"逐渐成为一种主流认识。

    2016 年 4 月 17 日，广州市民蔡某因用滴滴顺风车载客（车辆使用性质为非营运），被广州市交通委员会（以下简称"广州市交委"）认定其未取得道路客运经营许可，擅自从事道路客运经营，决定给予其责令停止经营、处 3 万元罚款的行政处罚。蔡某不服，于同年 5 月 24 日向广州市政府申请复议。广州市政府决定维持广州市交委于 2016 年 5 月 16 日作出的行政处罚决定。蔡某又不服，遂向广州铁路运输第一法院提起行政诉讼，请求依法撤销被告广州市交委和广州市政府分别作出的行政处罚决定和行政复议决定。一审法院认为，广州市交委对原告蔡某作出的行政处罚事实不清，定性错误，适用法律错误，处罚明显不当，应予撤销；被告广州市政府作出维持原行政处罚的行政复议决定错误，应当予以撤销。一审后，广州市交委不服，向广州铁路运输中级法院提起上诉。二审法院判决驳回上诉，维持原判，此为终审。①

此外，地方政府查处网约车的种种乱象引起了中央政府的关注，其陆续出台政策法律予以指导。2016 年 7 月 27 日，交通运输部、工业和信息化部等七部门联合出台了《网络预约出租汽车经营服务管理暂行办法》，网约车的合法地位由此明确，满足条件的私家车也可按程序转为网约车。中国也因此成为世界上第一个将网约车合法化的国家。但是，中央政府对网约车标准和条件的规定比较笼统，给各级地方政府留下了很大的自由空间。总体来看，地方政府出台的具体政策比中央政府更加严苛。有学者通过收集全国近 300 个地级及以上城市的网约车相关政策文本，构建了基于驾驶员和车辆的监管严格指数，发现导致地方政府网约车政策的趋同和殊异的原因在于，地方政府在传统巡游出租车、网约车和乘客之间平衡利益，进行利益博弈和抗争，具有创造就业的动机，并对减少交通拥堵和满足民众的

---

① 《广州网约车司机载客被罚 3 万元 起诉交委胜诉》，中国新闻网，https://www.chinanews.com.cn/sh/2017/07-19/8281912.shtml，最后访问日期：2023 年 9 月 22 日。

出行需求等方面进行考虑等。这可能是导致各地网约车监管政策存在差异的主要因素。[1]

由于一些地方对网约车的车辆、驾驶员、平台的准入条件作出了过于严格的限制，许多网约车企业和司机在明知不符合政策法规要求[2]的情况下为了利益仍然铤而走险，并确实导致一些社会问题的产生，其中最突出的就是乘客的安全问题。这些交通安全事故在社会上引起了很大反响，政府部门也再次加大了对网约车、非法营运车辆的打击力度，网约车被要求装载卫星定位和应急报警等装置，其经营网络平台的数据也必须接入当地交通运输主管部门的行业监管平台。

2. 发展主义下的包容审慎监管

2016 年国家《网络预约出租汽车经营服务管理暂行办法》出台后，尽管政府监管网约车的法律依据更加充分，但随着平台经济等新经济、新业态、新商业模式在国民经济中的比重日益提高，政府[3]更加充分地认识到平台经济对培育经济增长点的重要意义，对平台转而采取了包容审慎的监管态度。

在平台经济、共享经济已经成为生产力新的组织方式和经济发展新动能的大背景下，从 2016 年开始，分享经济、共享经济、平台经济等概念连续六年出现在《国务院政府工作报告》中（见表 4-1）。"支持""发展""促进"等词语反复出现，表明政府充分肯定了平台经济对我国经济社会发展的重要贡献。此外，国家还专门建立了"三新"经济统计制度，国家统计局印发了《新产业新业态新商业模式统计分类（2018）》和《新产业新业态新商业模式增加值核算方法》以明晰新概念、规范新行业、统计新产值。2019 年 8 月 8 日国务院办公厅发布的《关于促进平台经济规范健康发展的指导意见》（以下简称《意见》）是我国首次从国家层面对发展平台经济做

---

① 马亮、李延伟：《政府如何监管共享经济：中国城市网约车政策的实证研究》，《电子政务》2018 年第 4 期。

② 课题组在调研时发现，即便至今，有的平台对司机和车是否有资格证（《网络预约出租汽车驾驶员证》《网络预约出租汽车运输证》）仍然"睁一只眼闭一只眼"。

③ 中央政府较早地觉察到这一点，2016 年 5 月贵州中国大数据产业峰会上，时任总理李克强就指出，"一个新事物诞生的时候，我们确实不能上来就管死了，而要先看一看。这既是给它一个成长的机会，也是为了暴露监管漏洞，让随后出台的监管政策更加公平有效"。后来，随着电商、网约车等新业态的蓬勃发展，地方政府也逐渐意识到这一点。

出的全方位部署。《意见》提出，互联网平台经济作为生产力新的组织方式，是经济发展新动能，对优化资源配置、促进跨界融通发展和大众创业万众创新、推动产业升级、拓展消费市场尤其是增加就业具有重要作用，利用平台经济培育和壮大经济发展新动能的发展主义取向越来越明显。地方政府也高度重视发展平台经济，比如，2019 年初，福建省人民政府在全国率先出台《关于加快平台经济发展的实施意见》（闽政〔2019〕4 号），明确提出"加快全省平台经济发展，推动产业优化升级"；又如，2020 年 3 月 23 日，广州市商务局印发了《广州市直播电商发展行动方案（2020—2022 年)》，计划用三年时间将广州打造成为全国著名的直播电商之都。

表 4 - 1　2016～2021 年《国务院政府工作报告》关于平台经济的相关表述

年份	表述
2016	以体制机制创新促进分享经济发展
2017	支持和引导分享经济发展
2018	发展平台经济、共享经济
2019	促进平台经济、共享经济健康成长
2020	发展平台经济、共享经济
2021	支持平台企业创新发展、增强国际竞争力，同时要依法规范发展，健全数字规则

资料来源：根据相关年份《国务院政府工作报告》整理。

在发展主义取向下，政府的监管范式逐渐从严格监管转向了包容审慎。《2019 年国务院政府工作报告》和国务院办公厅发布的《关于促进平台经济规范健康发展的指导意见》都提出"包容审慎监管"的要求，推动建立健全"适应平台经济发展特点的新型监管机制"。包容审慎监管本质上是一种以不出安全事故为底线的经济发展主义取向的监管范式，即在严守安全底线的前提下为新业态发展留足空间。这样的监管态度虽然能够维护社会稳定和公共安全，但是可能会忽视平台经济从业者的劳动权益。

3. 劳工保护主义的缺失

互联网专车是一种新生事物，相关法律法规、政策调整较为滞后。《网络预约出租汽车经营服务管理暂行办法》的颁布虽然使互联网专车结束了"非法营运"的历史，但是对互联网专车运营中用工问题的规定非常模糊且非常有限，仅规定了一条，即网约车平台公司应"按照有关法律法规规定，根据工作时长、服务频次等特点，与驾驶员签订多种形式的劳动合同或者协议，明确双方的权利和义务。网约车平台公司应当维护和保障驾驶员合法权益，开展有关法律法规、职业道德、服务规范、安全运营等方面的岗前培训和日常教育"。此规定给了平台企业较大的自由选择权，多数网约车平台公司与驾驶员签订的都是服务协议，而不是劳动合同。

国务院办公厅发布的《关于促进平台经济规范健康发展的指导意见》在部署平台经济发展的同时，也强调了对平台从业者的劳动保护，"抓紧研究完善平台企业用工和灵活就业等从业人员社保政策，开展职业伤害保障试点，积极推进全民参保计划，引导更多平台从业人员参保。加强对平台从业人员的职业技能培训，将其纳入职业技能提升行动"。这些内容针对工人权益仅提到了参加社会保障和技能培训，表明了一种不对司机实行标准用工模式下全部保护的立场和倾向，这是当下应对复杂社会转型和多方利益博弈的折中方案。但是，对平台公司与平台从业人员之间的关系究竟应当如何判断，根据我国现有的劳动法律制度仍然很难对其定位，平台从业者的劳动未来依然充满变数。

可喜的是，从 2020 年底中央经济工作会议提出"强化反垄断和防止资本无序扩张"以来，国家对平台企业的监管力度明显加大，"规范发展""健康发展"成为政府监管平台经济的新理念。2021 年 7 月 16 日，人力资源和社会保障部、国家发展和改革委员会等 8 部门联合颁布了《关于维护新就业形态劳动者劳动保障权益的指导意见》，就如何维护好新就业形态劳动者的劳动报酬、合理休息、社会保险、劳动安全等权益作出明确要求；9 月 10 日，人力资源和社会保障部等 4 部门还专门约谈了滴滴、美团、饿了么等 10 家头部平台企业，要求头部平台企业带头落实《关于维护新就业形态劳动者劳动保障权益的指导意见》。虽然这些政策文件转化成实践还需要时间，但新就业形态劳动者的权益保障问题已经日益引起社会的广泛关注，未来能否迈向保护主义的劳动关系范式仍需拭目以待。

（三）工人：自由、控制、分化

技术对工人赋权，在依托网络生产力搭建的信息平台上，交易需求可以即时匹配，平台从业人员可以自由选择工作时间、工作地点以及自己感兴趣和擅长的工作。工人选择在平台就业，看中的主要是在平台工作的自由度和收入，但同时也必须接受平台规则和算法的控制，而平台从业者内部的分化也让工人的团结变得日益困难。

1. 弹性就业，自由度增加

在传统雇佣关系中，劳动者遵循固定的工作时间，在固定工作场所按照雇主的指令从事有报酬的劳动，并接受雇主的监督和激励。[①] 而平台重构了劳动者与资本的结合方式，创造了新的就业方式。对于个体劳动者而言，网络平台上充分涌动的信息流、物资流、资金流以及庞大的用户规模极大地降低了其经营成本，他们付出少量时间、少量资金就可轻易加盟平台。工人在平台上工作可以自由安排工作时间和工作地点、选择工作种类，也能够获得更多的工作机会，扩大收入来源。一个人可以同时在多个平台注册，导致兼职以及多重雇佣关系的出现。劳动者与平台之间的关系呈现简易、松散、短期化的特征，自由度显著提高，人格从属性和组织从属性降低。

当然，平台上专职从业者和兼职从业者的自由度存在差异。以网约车平台以及外卖配送平台为例，劳动者对是否签订劳动合同的态度不尽相同。一些人出于底薪以及社保的考虑，往往会选择专职工作，并将该平台收入作为主要生活来源，但专职工作的时间限制等令他们深感束缚，他们表现出对兼职从业者无须上线打卡或者能够自由抢单弃单的羡慕。而兼职从业者选择平台工作，除了看重兼职收入，更看重时间自由，在人格从属性和组织从属性上都对平台的依附性更低。

> 干专职很累，只要派单就得接，干不够时间会被扣钱，请假也得跟主管报备。不像那些兼职从业者，他们比较自由，不想干就不干了。（C 平台司机 L 先生）

> 我以前做专送，上下班打卡还开早会，也不能拒单。现在做众包就轻松多了，想做就做，时间自由，大厅里的单可以抢也可以不抢，

---

① 吴清军、张艺园：《共享经济与平台用工关系——国外劳动者雇佣身份判定标准与借鉴》，载肖滨主编《中国政治学年度评论（2018）》，北京：商务印书馆，2018，第 66 页。

熟手都有得赚。（F平台骑手S先生）

2. 算法控制与紧密的经济从属

"平台＋个人"的用工模式虽然更加灵活化、碎片化，但是劳动者想要进入平台劳动力市场就必须依附于平台企业，且必须遵守平台制定的规则体系。[①] 知识、创意、文化和情感劳动并不意味着工人阶级的自治或对资本从属的削弱，脑力劳动和体力劳动都可以通过人工智能被"再泰勒化"[②]。平台并不像他们所声称的那样仅仅是"中介"，平台不仅会对劳动者进行算法监管，而且会发动消费者也扮演相应的监管角色。

由于劳动者获得的薪酬和奖励与用户评分密切相关，他们通常还必须付出额外的努力以取得用户的好感从而获得高评分和正面评论。[③] 但这种评分和评论系统往往是单方面的，劳动者通常无法进行反驳和申诉。工作订单、收入的不稳定，以及消费者评价的不确定性等因素，都会使平台劳动者处于严重的自我驱使的紧张压力之下。

> 我都是按照导航路线走，不按导航走的话，一方面乘客会担忧，另一方面平台可能有惩罚。现在车上都有监控，联网的，时不时还有系统抽查让你刷脸，很严格。（D平台司机M先生）

> 一迟到被差评就扣钱，扣得太厉害了。客户投诉我们容易，但我们就没法申诉。客户是上帝，平台把他们的投诉当圣旨，我们申诉没用，太不公平了。很多人做不久就改做众包，或者做不下来就转行。（M平台骑手H先生）

平台通过算法技术与消费者评价系统，以较低的成本强化了资本对劳

---

① 冯向楠、詹婧：《人工智能时代互联网平台劳动过程研究——以平台外卖骑手为例》，《社会发展研究》2019年第3期。

② 崔学东、曹樱凡：《"共享经济"还是"零工经济"？——后工业与金融资本主义下的积累与雇佣劳动关系》，《政治经济学评论》2019年第1期。

③ 吴清军、李贞：《分享经济下的劳动控制与工作自主性——关于网约车司机工作的混合研究》，《社会学研究》2018年第4期。

动者的社会监督。本就处于弱势谈判地位的众多劳动者在工作"优步化"中，以工作收入不稳定为代价，换回的大多是名不副实的"灵活就业"和"工作自主"。① 作为中性词的"技术"同作为中性词的"劳动"一样，被赋予更多的阶级含义，但其并没有实现劳动者的解放，也没有实现工人阶级对资产阶级的替代，而是成为资本主义新的控制手段和统治工具。②

3. 劳动者的分化与分层

平台经济中的从业人员是一个有着高度异质性的群体，既有衣食无忧，仅把在平台劳动作为社交渠道、休闲娱乐的有产者，也有对平台收入高度依赖的无产者；既有人力资本丰富、在平台经济中游刃有余的专业技术人员，也有知识、技能储备不足，仅能在平台上从事简单重复性工作的低端体力劳动者。平台经济中从业人员的复杂性导致劳动者的分层和分殊。

一方面，部分平台从业人员并非马克思笔下的自由得一无所有的劳动者，而是资本的持有者，他们通过平台实现资产的增值和劳务变现。比如，早期的顺风车司机和部分专车、快车司机其实是在从事一种变相的有产者游戏，营利不是他们劳动的主要目的，分担成本和社交需求才是重要考量。③ 又如，那些文学网站上的兼职写手、在网络上打游戏甚至帮助修改完善游戏的"玩工"，一开始也并未想着为自己赚钱和为平台资本服务，仅仅是爱好、休闲或娱乐。但随着数字媒介技术在社会生活中的不断渗透，现实与虚拟、劳动与娱乐的时空边界不断模糊并消弭。"玩乐劳动"就是一种兼具劳动与玩乐性质的经济与文化形态，我国青少年群体对社交媒体的使用就呈现典型的"玩乐劳动"与异化的新特征。④ 还有一些高级专业技术人员和管理人员，高新技术产业和平台企业对他们的争夺非常激烈，这些知识工人尽管仍然依附于平台，但是丰富的人力资本使他们在旺盛的市场需求中具有很强的议价能力，属于米尔斯所说的"白领"或"中产阶级"。

---

① Jan Drahokoupil & Agnieszka Piasna, "Work in the Platform Economy: Beyond Lower Transaction Costs," *Intereconomics*, Vol. 52, No. 6, 2017, pp. 335–340.

② 杨文华、何翘楚:《平台经济业态下去集体化劳动关系的生成及治理》,《改革与战略》2018 年第 1 期。

③ 杜鹃、张锋、刘上、裴逸礼:《从有产者游戏到互联网劳工——一项关于共享经济与劳动形式变迁的定性研究》,《社会学评论》2018 年第 3 期。

④ 胡冰:《分裂、反噬与迷失:"玩乐劳动"视角下青年社交媒介使用异化》,《华侨大学学报》(哲学社会科学版) 2019 年第 2 期。

另一方面，有的平台从业人员则完全依靠在平台的劳动生活甚至生存。他们虽然能够获得劳动时间和劳动空间的自由，但这仅仅是形式上的劳动自主性，他们的人力资本并不足以支撑他们获得更加体面的工作。比如，媒体曾经鼓吹，外卖小哥通过勤劳努力，一个月可能收入上万元，但是外卖小哥同时也被手机牢牢控制在一个固定的轨道上。高收入不仅意味着交通事故的危险，也意味着外卖骑手在事实上彻底成为"送货机器人"。最先进的人工智能与低技能的劳动力结合在一起，导致的结果不是机器越来越像人，而是人越来越像机器。外卖小哥在送外卖的时候，事实上并没有掌握多少技能，他仅仅是一个终端。假如出现一种新技术，比如"无人机＋AI"，如果其能够普及的话，外卖小哥就会像一个旧版本的程序一样，被一键格式化。

智力精英的财富狂欢为互联网企业的发展提供了文化与道德的合法性，金融资本借助智力资本形成了新的压迫方式，但它也使边缘劳动力无比沉默。个体的离职行为成为唯一的反抗手段，传统工业时代的劳工团结被消解在个人致富的梦想中。[①] 低技能全职平台从业人员越来越强的自我剥削，是值得大家格外警惕的社会问题。

四　精准识别平台经济劳动关系类型

在现有民法－劳动法的二分框架下，平台企业与劳动者之间是不是劳动关系是平台经济中最富争议的问题。虽然从长远来说，我们可以超越民法－劳动法的二分法，探索设立类劳动关系的单独类型，但是从短期来看，我们仍然需要在现有法律框架下精准识别平台经济劳动关系类型。课题组以网约车平台为例，对劳动力（人）和生产资料（车）的归属进行交互分类发现，目前网约车平台经济存在公车公营模式、三方外包模式、多方协议模式、象征挂靠模式、租赁加盟模式、自车加盟模式六种不同的经营模式。在不同经营模式下，劳动者的劳动关系和劳动过程有所不同。在现行法律制度框架下，只有公车公营模式能够将劳动者与平台企业的关系判定

---

① 佟新、梁萌：《致富神话与致富神话与技术符号秩序——论我国互联网企业的劳资关系》，《江苏社会科学》2015 年第 1 期。

为劳动关系，其他都是非标准劳动关系，但要分类施策，做好非标准劳动关系中劳动者的劳动权益保护和社会保障工作。

（一）经营模式划分与劳动关系判定

既有研究一般把平台劳动关系看成是同质的模式。实际上，不同行业甚至是同一行业中不同经营模式的平台，其劳动关系和劳动过程也是千差万别的。如网约车平台劳动关系涉及平台、司机、汽车租赁公司、劳务派遣公司等不同主体，这些主体间不同的组合会形成不同的模式。有的平台采取劳动者自带车加盟的运营模式，有的平台采取公司提供车辆雇用劳动者驾驶的运营模式，还有的采取劳务派遣制员工和租赁制汽车的运营模式。学界关于网约车司机与平台企业劳动关系判定的研究比较丰富，特别是一些学者关于互联网平台劳动关系并非铁板一块，应具体问题具体分析的观点为课题组提供了很大的启发。但他们的研究要么没有明确分类，要么分类只考虑一个维度，或劳动力（人）的维度，或生产资料（车）的维度，类型划分（如司机是否全职、专车与租车和顺风车的不同）过于简单。在日常生活中，人们也会从三种不同的角度对网约车经营模式进行分类：第一种，根据交易主体划分为 B2C 模式和 C2C 模式；第二种，根据企业自营程度划分为轻资产模式和重资产模式；第三种，根据业务种类划分为快车、专车、顺风车、代驾等模式。这三种划分模式有一定的辨识度，但并未深入劳动力和生产资料的组合方式，即生产关系本质的学术区分。

课题组认为，劳动关系作为最重要的生产关系，应该回到马克思"生产关系的性质是由劳动者和生产资料的结合方式决定的"这样一个逻辑起点[1]，同时考虑劳动者和生产资料两个维度及其结合方式，进而厘清生产关系的特点。有鉴于此，本书根据劳动力（人）与生产资料（车）的结合方式，基于人车交互的视角对网约车平台的劳动关系进行了分类研究，从而更加精准地识别出不同网约车经营模式下的劳动关系特点和劳动过程差异。

从劳动力（人）的维度来看，目前根据网约车司机劳动协议签署的情况分为平台公司自聘、第三方劳务派遣、自由个人加盟三种；从生产资料

---

① 吴光辉、朱邦宁：《论劳动力与生产资料的社会主义结合方式》，《社会科学研究》1983 年第 3 期。

（车）的维度来看，根据车辆的所有权与使用权情况可以分为平台公司自有、第三方租赁、私家车三种。由此，理论上可以形成九种类型，但并非每种劳动力与生产资料的结合都有现实对照。调研发现，目前市场上可以找到实证支撑的主要有六种模式。司机与车辆都由平台企业拥有与管理的，为公车公营模式；车辆由平台企业提供，司机与第三方劳务派遣机构签约的，为三方外包模式；车辆由司机通过租赁公司租赁，与租赁公司签署租车协议，并与第三方劳务派遣机构签约的，为多方协议模式；车辆源于司机自有私家车，司机挂靠第三方劳务派遣机构的，属于象征挂靠模式；车辆由司机通过租赁公司租赁，与租赁公司签署租车协议，司机本身未签署任何人事劳动协议的，为租赁加盟模式；车辆源于司机自有私家车，司机本身未签署任何人事劳动协议的，为自车加盟模式。结合课题组的实证调查，目前上述六种类型分别对应的网约车平台如表4-2所示。

表4-2　网约车平台企业经营模式划分及其代表性平台

		生产资料（车辆来源）		
		公司	租赁	自有
劳动力（司机来源）	公司	公车公营（神州、有鹏出行、曹操等）	—	—
	派遣	三方外包（如祺出行）	多方协议（易到、首汽、滴滴等）	象征挂靠（滴滴等）
	个人	—	租赁加盟（滴滴、首汽、AA出行、神州U+等）	自车加盟（滴滴、首汽、神州U+等）

（二）网约车平台的不同经营模式

1. 公车公营模式

公车公营模式本质上与传统的劳动关系一样，网约车司机均为签订了劳动合同的全职司机，并使用平台方提供的车辆，双方均需要严格按照劳动合同的约定及法定要求运作。选择这种模式的网约车司机主要出于职业稳定以及管理规范的考虑。

　　我们都是签了正式劳动合同的，有五险一金，司机都是全职。底薪、工作时间都有规定，压力没这么大，很规范，也稳定一些。车子有凯美瑞和帕萨特两款，可以在公司选，维修保养由公司管，平时按载客里程也补贴油费。8 小时工作制，培训很严，要是乘客评分低还会再叫你回去培训，我们上面有车队长和司管，每个月还要轮流去公司开会，有什么问题可以进行交流。（神州专车 P 先生）

这个软件上线还没一个月，目前就广州有，小鹏公司自己的车，也方便他们给车做宣传。我就感觉新平台机会比较多，而且这个跟曹操出行一样可以买社保，有充电补贴，更稳定一点。劳动合同是线下签的，一签就得两年。入职的时候有安全培训，现场操作车辆，通过了才行。薪资按流水积分排名，不同的等级底薪不一样，提成也是按积分算比例。每天 8 小时得占两个高峰时段，平时请假要跟司管报备。（有鹏出行 W 先生）

"一无所有"① 的司机使用平台方提供的生产工具，签订劳动合同，出卖劳动与劳动时间换取劳动报酬。平台对司机在底薪培训、工作时间、休息休假等方面有着严格的规章束缚，对车辆有加油充电补贴，职业设置也有明确的层次架构甚至是晋升路径。无论是在法律层面还是在实际运作层面，该模式下平台与劳动者的关系都是规范典型的劳动关系。

2. 三方外包模式

三方外包模式与公车公营模式基本类似，车辆也由平台企业提供，唯一的区别就在于，平台不直接管理约束司机，而是将人力资源管理全部外包给第三方平台，司机只与第三方平台签订劳动合同。

这个平台 6 月底才开发布会公开业务，我本来就在广汽工作，现在车厂效益也不好，知道这个平台我就过来了。面试通过就签合同了，跟第三方签了三年，五险一金都有。底薪 2000 多元，一周休息一天，每天上班 8 小时，也有车队长、主管，一层一层的。对我们来说，用车

---

① 正如马克思所说的无产阶级不拥有生产资料和生产工具，是单纯靠出卖劳动获取收入的劳动者。

几乎没什么成本，1 万元押金，充电给补贴，维修保险也不用自己管。（如祺出行 C 先生）

在这种情况下，司机依然受到了规章制度的严格约束与威权式层级管理，只不过这种约束并非直接来自平台企业，而是来自第三方劳务机构。人力管理的外包使平台方规避了平台企业对司机方的直接管理责任，因而网约车司机与平台企业之间为劳务关系。

3. 多方协议模式

多方协议模式比三方外包模式更复杂，多了一层车辆租赁关系，司机方使用的车辆由司机自行向平台企业或租赁公司租赁，司机本身不直接隶属于平台，而是接受第三方的相关约束。

我们跟租赁公司签协议，驾驶员、车辆管理承诺书之类的，跟平台没什么协议，与第三方公司也有劳动协议，可以交社保。平时工作时间什么的都没有要求，收入、奖励、评分这些跟着平台走，第三方不管这些。就是每月有个安全学习培训，他们（劳务公司）通知我们到滴滴子公司那里培训，比如，我是天河区的，就每个月到天河区的子公司，主要就是提醒我们一些日常需要注意的问题。（滴滴快车 N 先生）

现在基本都是从公司租车了，签了租车协议。平台跟我们车队有合作，就相当于以承包的形式给出去。车队长不用开车，他主要负责多招人进来开车，拿提成。我们跟车队有协议，归车队管，实际上也很自由，工作时间不管你，计薪都是按平台比例，只不过钱是打到车队那里，车队再按流水算，一个半月才能到，这个月跑了车，下个月15 日才能拿到。（首汽约车 P 先生）

在多方协议模式下，司机既可以向租赁公司租车，也可以向平台企业租车。司机的人身归属虽然与第三方有协议约定，但重形式而轻实质。在司机实际的劳动过程中，第三方劳务机构并未施加严密的监管与束缚，劳动者的接单工作拥有较大的自主性，仅在安全培训或经济报酬方面与之存在一定的关联，计薪依据与评分奖惩则依赖平台的数字技术。如此一来，司机对平台几乎没有人格从属性及组织从属性，只存在一定的经济从属性，无论是从协议形式还是从实际情况来看，都只能判定为劳务关系。

4. 象征挂靠模式

象征挂靠模式由司机自带生产资料，将私家车接入平台以参与接单载客工作，车辆大多挂靠在租赁公司，劳务派遣也只是一种象征性归属。司机实际上工作自由，并无管理约束。

> 我 2016 年加入的滴滴，现在自己创业在做家具，生意不好的时候我就出来跑跑，车放到车库也是废铁，多一份收入总是好的。车得挂靠到租赁公司，跟滴滴之间只有那种网络条款、基本守则。挂靠了劳务派遣的话，身份上有个说法，但都是形式，还是爱干就干、不干也没人管。现在关于私家车的政策严了，查到就要罚款，以后可能要运营证，不见得能继续做了。（滴滴礼橙专车 Q 先生）

> 租车压力大，我一直都用私家车跑，油费、电话费都是自己出。以前也在优步、滴滴做过，2018 年底加入的首汽，现在接了好多绿牌车，私家车不太好接单。我现在没什么激情跑车，但其他工作又不自由。跟首汽之间只有网上条款，有个所谓的派遣协议，没什么用，社保都是自己买，没人管你跑不跑，自己给自己干。（首汽约车 L 先生）

自带生产资料的网约车司机有着更为强烈的"为自己工作"的自我掌控感。[①] 一方面，司机拥有生产资料，操作自在，自我认同感更强；另一方面，平台或第三方显性的监管角色不复存在，工作自由性凸显，压力负担也更小。但实际上，司机也要为此承担高昂的成本费用以及政策风险。司机方与平台方只存在合作条款，劳动过程中仅按系统进行接收单操作，并无实际管理约束。所谓的劳务派遣身份只是一种形式，是平台对司机的身份赋予与平台对风险的规避，也是司机购买社保的象征挂靠。在这种模式下，双方仅为合作关系。

---

① 吴清军、李贞：《分享经济下的劳动控制与工作自主性——关于网约车司机工作的混合研究》，《社会学研究》2018 年第 4 期。

5. 租赁加盟模式

在租赁加盟模式中，司机仅需以租赁的方式获得车辆使用权，除此之外，并不与其他任何主体存在联系，除租金压力外，工作形式同样自由。

> 不同的公司不一样，我这个车是直接交租给租赁公司，有的是交给滴滴，它直接从流水里头扣掉信息管理费、租金，剩下的就可以自己取出来了。租金月结，跟车型有关，很灵活。租赁公司跟平台都有合作，好多司机招聘都是租赁公司在发信息。租车协议里边对你也有约束，都是跟租车公司打交道，他们还会给司机建群，组织培训。（滴滴快车 H 先生）

> 车是从租赁公司租的，不可能签订劳动合同，就签个租车协议，公司也不会管我们，按时给租金就行了，磕磕碰碰都自己承担。现在都是新能源车，也符合规定，哪个软件都可以注册，平台自己也不好做，要推广，就可以多接几个，反正哪个平台有单，我就用哪个平台，免得空跑。（AA 出行 Y 先生）

租赁加盟是在当前政策不断收紧的大环境下，平台方与司机方都更为主流的选择。一方面，租赁车辆均为新能源车，且有本地牌，符合运营资质要求；另一方面，车型档次给足了司机选择空间，短期租赁、不受约束的用车工作方式，非常符合网约车司机流动性大、自主运营的行为心理特征，甚至还能接入多个平台实现增收。然而，不容忽视的是，一些租赁协议包含了对司机日常运营工作的相关规定，租赁公司很可能实际扮演了第三方劳务机构的角色，却以租赁协议的方式掩盖其中的真实关系，以规避平台的用人用工风险。应根据实际情况的从属性程度，将网约车司机与平台之间的关系判定为劳务关系或合作关系。

6. 自车加盟模式

自车加盟模式也是司机自带车辆进入平台，不同的是，司机方只以个人身份加入平台，只要司机素质与车辆规格符合政策规定即可，不存在与其他主体的联系，没有身份上的归属。这一模式接入平台的时间一般较早，仅在新平台入驻新城市的初期较为常见，同样面临较大的政策风险。

车子十多万买的，符合条件，审核通过就行，我接入的早，两三年了。但现在政策严了，查到私家车要罚款，以后估计就不让私家车上路了。只有一个网上条款，没人管，自由嘛，但想赚钱必须得勤快一点儿，或者多接几个平台。有的单子不想跑也能取消，就是影响评分，以后就接不到好单子了。（滴滴快车 Z 先生）

自车加盟的司机与平台之间只存在合作条款，司机同样很看重自由，同样存在一辆车接入多个平台的情况。由于缺乏保底保障，司机普遍以延长工作时间、扩大平台接入面等办法实现增加收入的目标，平台与司机只存在接派单、比例分成、服务评价等信息技术的联系。司机仅以个人身份提供车辆，自负盈亏，这种模式下司机与平台应为合作关系。

（三）精准判别不同经营模式下的劳动关系

课题组以网约车平台为例，对劳动力（人）和生产资料（车）的归属进行交互分类，划分了网约车行业经营模式的九种理想类型。但受市场发展程度、政策环境、平台战略等因素的影响，只有六种理想类型存在现实对照，分别是公车公营模式、三方外包模式、多方协议模式、象征挂靠模式、租赁加盟模式、自车加盟模式。劳动力与生产资料相互组合形成的不同地位关系，令这六种模式呈现大不相同的平台特征与司机生存镜像，比较清晰地描绘了当前网约车平台劳动关系的概况。

结合不同模式下劳动过程展现出来的从属性和劳动控制情况，本书在现行法律制度框架下，分类对劳动者与平台企业是否存在劳动关系这一问题做出了相对精准的判定。公车公营模式完全符合标准劳动关系的要求，能够判定劳动者与平台企业为劳动关系。三方外包模式和多方协议模式下，劳动者属于劳务派遣，在现行法律条件下不能判定其与平台企业形成劳动关系，但劳动过程的从属性和控制程度较高，应该享有与标准劳动关系同等的社会保障待遇。在象征挂靠模式、租赁加盟模式以及自车加盟模式下，劳动者的工作自主性突出，平台对劳动过程的控制相较于其他模式更为隐蔽。但有时候司机也并非必须服从，甚至可以取消订单，只是要付出一定服务分或改派费的代价。同时，司机与生产资料的结合也不是持续的、稳定的，短期内都可以灵活变动。因此，即便网约车司机对平台存在一定的经济从属性，但人格从属性较弱或不存在，组织从属性也较弱，不符合事实劳动关系的认定标准，只能判定为劳务关系或合作关系。至此，在各个模式下劳动者与平台企业的劳动关系判定结果都得到了呈现（见表4-3）。

表4-3 网约车平台经营模式与劳动关系结果判定

经营模式	劳动过程从属性程度	劳动关系判定结果
公车公营模式	严格	与平台企业存在劳动关系
三方外包模式	较严	与平台企业不存在劳动关系，但与第三方劳务机构存在劳动关系，平台也应该承担重要责任
多方协议模式		
象征挂靠模式	较松	与平台企业不存在劳动关系，但与第三方劳务机构存在形式上的劳动关系
租赁加盟模式		存在劳务关系或合作关系
自车加盟模式		存在劳务关系或合作关系

需要指出的是，不同经营模式下的网约车司机主要在权益保障与工作体验方面存在显著差异。不同的经营模式各有利弊。公车公营模式以及三方协议模式下的司机对平台的捆绑依附性更强，工作体面感和不自由感同时存在。其他非标准劳动关系模式下，平台企业都会在协议上排除劳动关系认定，在事实上强化管理[1]，隐去了人力资源监管与硬性规章束缚，赋予劳动者灵活自由之感，实际上劳动者要为这种自由承担诸多风险。但从事这一行业的共性在于，无论何种经营模式，超高的回报都与超额的劳动结合在一起，排名、满额奖励与提成都在诱导司机不断进行超时劳动[2]，共享出行早已失去共享意味。

需要指出的是，随着形势的发展，如今的网约车平台几乎都呈现一种主要经营模式下多种业务模式同时并行的综合性。在这样的行业背景中区分人车归属，从劳动力和生产资料两个维度进行交互分类，能够更清晰地

---

① 陆敬波、史庆：《中国分享经济平台典型劳资争议司法案例研究》，《中国劳动》2018年第11期。

② 杜鹃、张锋、刘上、裴逸礼：《从有产者游戏到互联网劳工——一项关于共享经济与劳动形式变迁的定性研究》，《社会学评论》2018年第3期。

对劳动关系进行分类和梳理，以更加前瞻的视角看待行业发展与战略布局。

目前，我国劳动关系的审定标准强调劳资双方的主体资格①，使众多以灵活方式参与平台经济的平台从业者处于社会保障的真空之中。未来应推动劳动基准的法治建设，将基于劳动关系的法定基准扩展为基于劳动的法定基准，对移动智能终端的劳动标准做出界定，保护在线劳动者的劳动权益。② 在具体策略上，应根据平台经济中不同的用工模式建立差异化的劳动关系治理机制，在明确区分劳动关系、劳务派遣关系、劳务关系等不同情形的基础上进行精准监管，分类施策做好非标准劳动关系中劳动者的劳动权益和社会保障工作。如此，方能保持"大众创业，万众创新"的经济活力，让社会在充分享受互联网红利的同时，也能有效遏制资本的肆意扩张，从而实现平台经济发展与平台劳工社会保护的齐头并进。

五　从对抗迈向共生的平台劳动关系

平台自古有之，如历史上的墟镇、集市、市场等，只不过互联网、大数据、云计算等新一代信息技术的发展突破了时空限制，颠覆了传统的产业生态和商业模式，进而衍生出更加复杂、更加多元的经济形态，彻底重构了传统"平台"的建构和运行规则。政府看重平台经济在培育新的经济增长点和促进传统产业转型升级方面的经济学意义，对这一新的经济形态普遍采取开放包容的态度。既有法律法规的空白使平台企业能够以轻资产和弹性用工的模式进行生产经营。平台企业否认其与平台从业人员之间的劳动关系，多数未承担劳动保护责任，仅认为双方是一种合作关系、劳务关系、众包关系，劳动者的工作稳定性和劳工权益难以得到保障。劳动者表面上自由自主，实则面临平台资本的剥削，且劳动者群体内部分化，难以形成集体力量对抗资本。平台经济改变了中国劳动关系集体化转型的方向，劳动者重新回到原子化状态，劳动关系重新回归到个体化劳动关系。平台经济去集体化劳动关系的内在机理如下。

---

① 战东升：《民法典编纂背景下劳动法与民法的立法关系——以"类似劳动者型劳务提供人"的保护为切入点》，《法学》2018 年第 10 期。
② 杨文华、何翘楚：《平台经济业态下去集体化劳动关系的生成及治理》，《改革与战略》2018 年第 1 期。

一是劳资双方利益一致，失去抗争的动机。劳资对抗的根源在于利益的对立。正如马克思所言，"人们奋斗所争取的一切，都同他们的利益有关"①，"每一既定社会的经济关系首先表现为利益"②。传统劳动关系形成的前提是资本雇佣劳动，劳动对资本的依附使劳资之间的利益空间变得有限，剥削劳方的剩余价值便是资方获利的基本途径。在利益"零和博弈"的过程中，劳资对立现象必然发生，形成的是各为其利的集体利益机制。而平台经济普遍采取的是一种利益共享机制，平台在每笔交易中收取一定的信息服务费（抽成比例），双方从根本上来说是一种共生关系，有了交易，双方才能产生收益，且这种分成规则是透明的，是双方认可的（尽管劳动者是被动接受的）。因此，劳资双方不再围绕如何分配已经做大的蛋糕这一问题进行博弈，认为共同把交易量做大才是双方的理性选择，双方的合作型劳动关系模式将占主导地位。③ 劳动者内部的分化还导致一部分平台从业人员根本不在乎平台收益，而是为了社交、精神享受或休闲。可见，在平台经济业态下，劳资双方的利益动机趋于一致，劳资对立的集体劳动关系已然转变为互利共生的劳动关系。

二是工人身份模糊，找不到斗争的资方。随着标准化雇佣方式被打破，非典型雇佣方式不断涌现，且普遍存在短期工、兼职、自雇、多平台同时就业等情况。一方面，工人自身的身份模糊。在调研中，很多平台从业人员反映，他们自己都分不清他们与平台之间究竟是什么关系，雇员、自雇或者事业合作伙伴，看起来都是，又可能都不是。分散化、个体化、虚拟化的互联网平台劳动者，甚至都无法确定他们是为同一个互联网平台企业工作的劳动者，这使个体劳动者对集体的认同度不高，难以形成平台劳动者集体组织，或者即使形成集体组织，组织者也无法确认谁会真正参与其中。另一方面，算法的管理与控制也令他们找不到对应的斗争对象。互联网平台通过数据算法控制劳动过程，劳动者主要面对的是网络机器与算法规则，平台企业主体则隐于背后。劳资冲突由此被归结到同一个自然人身上，工人的对抗基础日益消解。

---

① 马克思、恩格斯：《马克思恩格斯全集》（第一卷），北京：人民出版社，1956，第82页。
② 马克思、恩格斯：《马克思恩格斯选集》（第三卷），北京：人民出版社，1995，第209页。
③ 陈微波：《共享经济背景下劳动关系模式的发展演变——基于人力资本特征变化的视角》，《现代经济探讨》2016年第9期。

　　三是失去团结条件。平台经济的弹性就业方式令工人不再像过去一样日复一日地重复流水线的集体劳动，每个人劳动的时间、空间都高度分化，更难实现集体聚集。此外，网络平台劳动供给的原子化、碎片化，使劳动者之间基本没有了线下的社会化交往，群体性规范等非正式激励机制也无法形成与发挥功效。① 资本由此可以肆意设置工作规则和利益划分机制，进而在社会范围内控制整个行业的工资水平和劳动权利。劳动者看似是被随机布局在社会工厂中的散点，却无一可以逃出资本的范畴。② 虽然平台从业人员也利用现代信息技术建立了微信群、QQ 群等交流渠道，但彼此较少见面甚至从不见面，单一的、虚拟的线上集聚很难形成共同意识和集体心理，更难以形成集体行动。同时，对劳动者微信群、QQ 群等共同社群的严密监控，也把集体行动消灭在萌芽状态。简言之，平台上个体化的弹性就业方式正在使工人失去团结的条件。

　　总之，平台经济的迅猛发展颠覆了传统的雇佣方式和劳动方式，消解了集体劳动关系赖以形成的利益基础。③ 过去劳资对立的集体化劳动关系正在遭遇全面解构，取而代之的是共生性的新型劳动关系。智能革命使人类正在摆脱从属劳动的束缚，劳动的意义正在发生改变，以从属性为依据的劳动法正在面临巨大的挑战与变革。④ 我国原有的旨在化解劳资冲突的集体化劳动关系协调机制应当进行相应的变革。平台经济的发展必将在未来更加深入地呼唤与之相适应的生产力与生产关系的创新。随着共生性新型劳动关系的普及，如何平衡平台经济发展与劳动保护，在多重主体之中重新找准政府的角色定位这一问题，始终是需要深刻思考的。

---

①　Farrell A. M., Grenier J. H., and Leiby J. "Scoundrels or Stars? Theory and Evidence on the Quality of Workers in Online Labor Markets," *The Accounting Review*, Vol. 92, No. 1, 2017, pp. 93 – 114.

②　刘皓琰、李明：《网络生产力下经济模式的劳动关系变化探析》，《经济学家》2017 年第 12 期。

③　杨文华、何翘楚：《平台经济业态下去集体化劳动关系的生成及治理》，《改革与战略》2018 年第 1 期。

④　田思路：《工业 4.0 时代的从属劳动论》，《法学评论》2019 年第 1 期。

第五章 互联网时代劳动关系面临的困难与挑战

市场化改革以来，虽然中国逐步建立健全了与社会主义市场经济相适应的劳动关系治理体系①，治理能力显著提升，但是随着新技术的发展和改革开放的进一步深入，经济发展进入新常态，新就业形态不断涌现，劳动力市场发生了深刻变化，人口、经济、技术等多方面的变化正重塑劳动关系中各方力量对比，互联网时代我国劳动关系依然面临不少问题与挑战。

一 传统劳动关系存在的问题与挑战

经过近些年的治理，我国传统劳动关系逐步规范和稳定。根据课题组的问卷调查②，在传统劳动关系领域中，劳动者的劳动合同签订比例较高，劳资关系普遍较为和谐。当被问及"是否与公司签订了劳动合同"时，72.0%的调查对象表示签订了书面合同，20.9%的调查对象表示没有签订书面合同但有口头约定，只有7.1%的调查对象既没有签订书面合同也没有口头约定。当被问及"所在公司的劳资关系如何"时，79.5%的调查对象选择了"很和谐"或"比较和谐"，16.3%的调查对象选择了"一般般"，仅4.3%的调查对象认为公司的劳资关系"不太和谐"或"很不和谐"。但不可否认，随着技术升级和经济社会结构的深刻调整，利益主体和诉求日趋多元化，传统劳动关系正处在一个深刻而痛苦的转型时期，面临一系列新的变革。

---

① 刘向兵等：《中国劳动关系研究70年回顾与展望》，《中国劳动关系学院学报》2020年第2期。

② 为了解技术变迁对我国传统经济形态（相对于平台型等新经济新业态而言）中劳动关系转型的影响，课题组采用网络问卷调查的方式，面向全国传统经济从业者开展了本次问卷调查。调查共获得有效问卷6514份，基本覆盖全国各省区市，其中广东省从业人员参与调查占比最高，约占总体的26.2%。

（一）因破坏劳动基准引发的劳动纠纷仍然存在

一是欠薪问题仍没有根治。近年来国家为解决农民工欠薪问题采取了许多措施[①]，但拖欠农民工工资等损害职工法定权益的现象依然没有根除，在建筑等行业还比较突出。二是社保纠纷呈明显上升趋势。由于一些企业过去长期存在不给职工购买社会保险、选择性地购买险种（如只购买工伤保险，不购买养老、医疗等其他险种）、不依法足额缴费等现象，随着第一代农民工开始退休，他们越发关注社保问题，部分职工追讨社保历史旧账，往往容易引发集体停工和群体性事件。同时，一些企业职工参保意识不强，为了多拿现金收入不愿购买社会保险，这也成为企业违规拖欠社保的理由，但随着社会保险转移接续制度的完善，以及职工维权意识的增强，这部分职工的社保问题在日后也容易触发劳资纠纷。三是公积金问题成为新的热点。虽然国务院1999年就出台了《住房公积金管理条例》并明确要求强制执行，但实践中真正的覆盖比例一直不高。随着房价上涨和职工法律意识增强，当前越来越多的职工要求企业为其依法缴存或补缴住房公积金。此外，地方政府出台的公积金政策稍有不慎就可能引发大规模的劳动关系矛盾。四是超时加班引发社会广泛关注。超时加班从传统制造业向互联网行业乃至全社会蔓延，如互联网行业"996"工作制现象[②]引发社会热议，"熊猫眼""身体被掏空""过劳死"成为网络热词，加班成为职场"新常态""新文化"[③]。根据中国劳动力动态调查（CLDS）2018年数据计算可得，我国全职工作者的周平均工作时间为52.2小时，其中超过平均水平的有制造

---

①　如2019年国务院常务会议通过《保障农民工工资支付条例》，自2020年5月1日起施行；2021年8月17日，人社部、住建部等七部门联合印发《工程建设领域农民工工资保证金规定》。

②　所谓"996"工作制，就是指每天从早上9点工作到晚上9点，每周工作6天，平均每周上班最低时长为72小时。2016年9月，58同城推行了所谓的"996"工作制。从概念上看，"996"工作制很明显与《劳动法》中规定的标准工时制相冲突。这意味着在实行"996"工作制的企业，员工除了标准工时制要求的每天工作8小时，还必须有4小时的加班时间。"996"工作制要求每周工作6天，每周的累计加班时间就是24小时，每月的累计加班时间则超过100小时，远远超过《劳动法》中规定的"因特殊原因需要延长工作时间的，在保障劳动者身体健康的条件下延长工作时间每日不得超过3小时，但是每月不得超过36小时"的规定。

③　庄家炽：《从被管理的手到被管理的心——劳动过程视野下的加班研究》，《社会学研究》2018年第3期。

业从业者（54.7 小时），建筑业从业者（56.1 小时），交通运输、仓储及邮电通信业从业者（53.8 小时），批发和零售贸易、餐饮业从业者（61.8 小时）等（见图 5 - 1）。

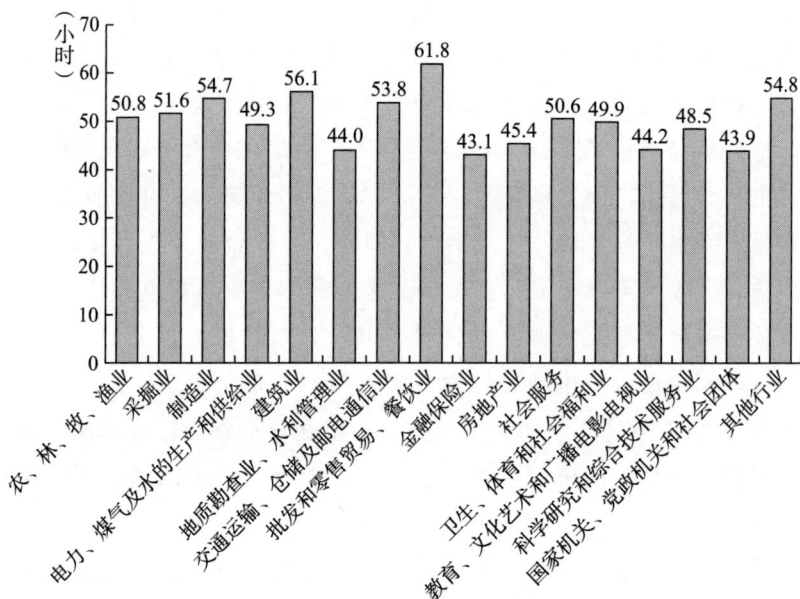

图 5 - 1　2018 年全国各行业周工作时间

资料来源：根据中国劳动力动态调查（CLDS）2018 年全职工作者数据计算。

（二）工人利益诉求升级与企业零活用工增多

信息技术的发展提高了工人维权的可及性和便利性，工人受教育程度的提高也增强了其维权意识和能力，以争取改善福利为主的利益性诉求成为劳资矛盾新焦点。同时，企业为降低用人成本，也越来越多地使用灵活用工模式，两者的差距日益加大。

一方面，工人利益诉求升级。一般来说，职工权益可分成两个大的层次，即法定基准权益和超出法定基准权益之上的权益，也有学者称为"底线型"利益和"增长型"利益①。法定基准权益是法律、法规、政策所规定的劳动者的最基本的权益，是劳动者权益的底线。但随着权利意识的觉醒

---

① 蔡禾：《从"底线型"利益到"增长型"利益——农民工利益诉求的转变与劳动关系秩序》，《开放时代》2010 年第 9 期。

和维权意识的增强，劳动者越来越不满足于最低层次的法定基准权益，提出了一些法律法规没有明文要求但也没有明确禁止的新诉求。尽管当前的劳动争议案件仍然以争取法定劳动报酬和工作条件为主，但更高层次的诉求和纠纷有增长趋势。劳动者从以往单纯地要求享受足额工资报酬、补交社会保险和公积金等法定维权诉求，向争取增加工资、提高福利待遇、改善劳动条件、要求民主管理权利等更高层次的诉求转变。因此，即便企业不违法侵权，如果不能妥善处理职工增加工资、改善福利等"增长型"利益诉求，那么也可能引发新的劳资纠纷，甚至周边或同类企业的调薪等行为都可能引发劳资矛盾。

另一方面，企业灵活用工增加。一些企业为逃避传统用工模式相对较高的成本，逐步扩大和增加灵活用工的规模和比重。目前主要的灵活用工模式有劳务派遣、外包用工、非全日制用工、退休返聘、实习学生工、暑期工、临时工等。我国《劳务派遣暂行规定》（中华人民共和国人力资源和社会保障部令第 22 号）规定，用工单位只能在临时性、辅助性或者替代性的工作岗位①上使用被派遣劳动者，且劳务派遣用工数量不得超过其用工总量的 10%。但在实践中，劳务派遣用工多数不是从事临时性、辅助性、替代性工作岗位，且比例往往超过 10%。此外，技术升级降低了工人操作的难度，很多就是简单的"看机员"（看机器的人），这也让企业可以大量招募学生工、临时工进入工厂，经过简单培训就可以上岗作业。这些不签订正式劳动合同并与用人单位存在服务关系的灵活用工，不利于保障工人的合法权益，容易引发劳动争议。

（三）经济发展方式转变对劳动关系稳定运行形成压力

新时代中国经济已由高速增长阶段转向高质量发展阶段，正处在转变经济发展方式、优化经济结构、转换增长动力的攻关期。经济新常态和高质量发展不仅意味着经济增速从高速转为中高速，而且意味着低技术含量、低附加值的传统产业尤其是劳动密集型产业受到较大冲击，低劳动力成本

---

① 其中，临时性工作岗位是指存续时间不超过 6 个月的岗位；辅助性工作岗位是指为主营业务岗位提供服务的非主营业务岗位；替代性工作岗位是指用工单位的劳动者因脱产学习、休假等原因无法工作的一定期间内，可以由其他劳动者替代工作的岗位。

的比较优势难以为继，企业转型升级与劳动争议如影相随。

一方面，经济结构调整和转型升级不可避免地带来企业搬迁、关闭、兼并重组等问题，加之中美贸易摩擦和新冠疫情带来的不确定性，劳动关系的稳定性将会受到更大冲击。调研发现，近年来，因企业搬迁、转型、关闭、股权变更引发的劳动争议和职工群体性事件时有发生，特别是珠江三角洲地区劳动密集型企业搬迁引发的劳资纠纷成为新的突出问题。一些地方在转型升级中还出现了"僵尸工厂"现象，这类企业为规避裁员产生的经济补偿金等法定要求，不倒闭、不开工，也不遣散、裁减员工，而是只给员工发放基本工资，变相逼迫员工"自愿辞职"，很容易导致职工在自身利益被深切损害、合理诉求得不到有效满足的情况下采取上访、围堵等方式同企业对抗、博弈，甚至发展成群体性事件。

另一方面，工人在企业转型升级过程中缺乏主体性和话语权，往往只能事后知道雇主的决策并被动适应。以职工代表大会制度为核心的民主参与和民主管理制度在非公企业中基本付之阙如或有名无实，雇主在关于生产经营、技术升级特别是与职工利益密切相关的各种重大事项上往往独断专行，职工难以参与决策过程，工会在企业日常运营期间难以代表职工表达诉求并参与企业民主管理。例如，调研中发现，一些企业在做出搬迁或收购的重大决策时，员工往往是事后看到"一纸通知"才知道有这回事，他们对涉及自身的补偿和安排只能被动接受，这容易引发矛盾纠纷。又如，企业在推进以"机器换人"为核心的自动化技术改造时，基本不会征求员工意见，员工对是否采用自动化技术、在多大程度上采用自动化技术完全没有任何发言权。

（四）劳动力市场结构性力量发生变化

尽管目前我国劳动力的总量仍然很大，但人口转变和劳动力供求形势的变化，使我国整体的就业形势已经从以前的农民工千方百计地想进厂打工，向现在企业想方设法招人挖人转变，劳动关系中各相关主体的力量对比正悄然发生改变。

一是人口结构变化带来的劳动者议价能力提高。当前人口结构变化突出表现在劳动年龄人口持续减少和劳动力素质提高。长期以来，在城乡二元经济大背景下，发展中国家的劳动力供给被认为是接近无限供给的，农业部门的剩余劳动力会因为工业化、城镇化源源不断地流向非农部门就业，从而促成发展中国家的经济腾飞，这就是所谓的"人口红利"。但从 2004年开始，我国东南沿海地区开始出现"民工荒"现象，此后迅速蔓延至全国，"招工难""招工贵"成为当下很多制造企业面临的重要问题。一些制造企业不得不从东南沿海转移到中西部或者工资水平更低的东南亚，还有的开始启动"机器换人"。这背后是中国人口和劳动力供给的深刻转变，尽管在 21 世纪初关于"刘易斯转折点"在中国是否已到来、人口红利是否在消失存在很多争论①，但是从 2012 年起我国 16～59 岁的劳动年龄人口数量和比重开始连续下降是客观现实②，为此，国家先后在 2013 年党的十八届三中全会实施"单独二孩"政策、2015 年党的十八届五中实施"全面二孩"政策、2021 年《中共中央 国务院关于优化生育政策促进人口长期均衡发展的决定》实施一对夫妻可以生育三个子女政策，并取消社会抚养费。生育政策调整能否扭转劳动力供给下降的趋势还有待观察，但从近四年中国新生儿数量持续下降的趋势看③，预计未来劳动力尤其是年轻劳动力供给减少的局面还将持续（见表 5－1、图 5－2）。

表 5－1　我国劳动年龄人口（15～64 岁）总量及占比

单位：万人，%

年份	劳动年龄人口	占总人口比重
2010	99938	74.5
2011	100283	74.4
2012	100403	74.1
2013	100582	73.9
2014	100469	73.4
2015	100361	73.0
2016	100260	72.5
2017	99829	71.8
2018	99357	71.2
2019	98910	70.6

资料来源：相关年份《中国统计年鉴》。

---

① 蔡昉：《人口转变、人口红利与刘易斯转折点》，《经济研究》2010 年第 4 期。

② 都阳、贾朋：《劳动供给与经济增长》，《劳动经济研究》2018 年第 3 期。

③ 2017 年全国新出生人口为 1723 万，2018 年为 1523 万，2019 年为 1465 万，2020 年为 1200 万。

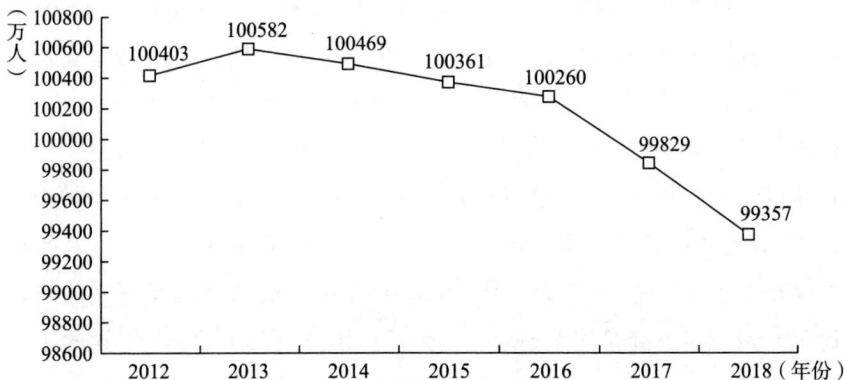

图 5 – 2　2012～2018 年我国劳动年龄人口变化趋势

注：劳动年龄人口是指 15～64 岁人口。

资料来源：相关年份《中国统计年鉴》。

二是劳动力素质和维权意识显著提高和增强。根据国家统计局每年发布的《农民工监测调查报告》，1980 年及以后出生的新生代农民工已占全国农民工总数的一半以上，成为农民工的主要组成部分，也成为我国劳动者的重要组成部分。劳动力呈现年轻化、素质较高、个性鲜明和法律维权意识强等特点，同时，他们的心理获得感需求、自我成就意识更加强烈。不仅如此，新生代农民工成长在网络时代，养成了信息化的生活方式，视野更加开阔，特别是智能手机、微信、微博的普及，降低了信息搜寻成本，让工人们更容易知道哪些工厂可以提供更好的待遇，知道当下的经济环境以及自己在利益分配格局中的地位，更容易产生不公平感和相对剥夺感。根据中国互联网络信息中心发布的《中国互联网络发展状况统计报告》，"80 后""90 后""00 后"是主要的网民群体。他们不仅通过网络学习提升、娱乐放松，而且在网络上获取信息、表达自我、沟通交流，社会动员能力更强。课题组的问卷调查结果显示，当被问及"您觉得在互联网时代，工人是否可以通过互联网发声来更好地保护自己的权益"时，90.7% 的人选择了"是"，9.3% 的人选择了"否"。调查对象处理劳动争议的方式如图 5 – 3 所示。

（五）企业技术升级与工人技能升级不同步

智能制造已成为中国制造业转型升级的主攻方向，并带动了企业自动

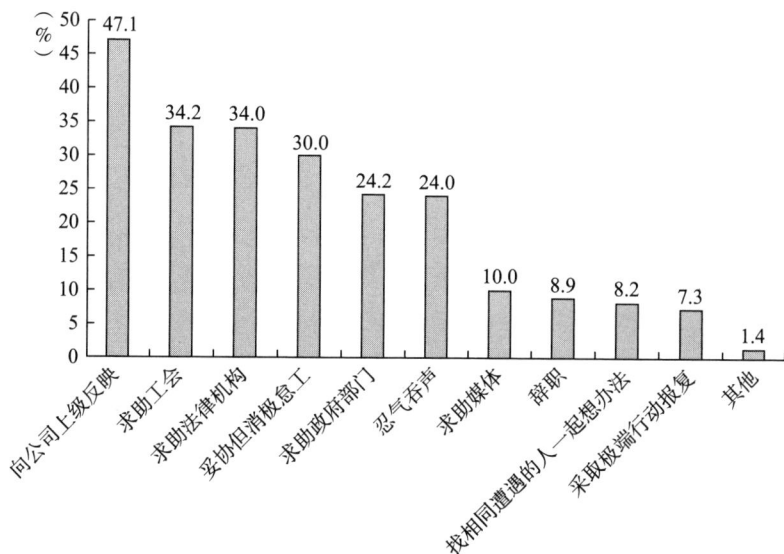

图 5-3 调查对象处理劳动争议的方式

化、智能化改造和装备升级以及对劳动者技能水平提升的需求。然而，就在"机器换人"后需要对劳动者进行技能培训的关键阶段，我国互联网平台经济开始大规模发展，低技能劳动者得以顺利进入新就业形态，这使倒逼劳动者技能升级的路径出现断裂①，不利于中国制造业的长远发展，也不利于工人的劳动升级。

一是传统产业自动化、智能化改造加剧未来工人失业风险和劳资纠纷。当前，社会各界对人工智能的发展会导致工人大规模失业存在担忧。虽然替代的程度尚无定论，但是已有的各种研究都表明，自动化技术确实造成一些国家制造业工作岗位的减少，特别是那些从事"可被编码的"重复性工作的工人②，而且自动化一直在压低劳动力在增加值中的占比，劳动力市场出现的工业机器人越多，制造业普通工人的就业岗位和工资增长速度下降的幅度就越明显。尽管当下我国人工智能等高新技术应用尚未全面普及，但未来应用可期。从趋势来看，未来人要么与机器共同工作，要么被机器替代。课题组的问卷调查结果显示，当被问及"您觉得技术的进步导致将

① 闻效仪：《去技能化陷阱：警惕零工经济对制造业的结构性风险》，《探索与争鸣》2020年第11期。

② 世界银行集团：《2019年世界发展报告：工作性质的变革》，2018，第2页。

来您失业的风险有多大"时，倾向于风险大的从业者占多数。按照从失业风险很小到失业风险很大分别赋值 1～5 分来计算，从业者认为将来技术进步带来的失业风险均值为 3.6 分，其中 31.2% 的人选择了 5 分，27.6% 的人选择了 4 分，22.4% 的人选择了 3 分，占总体 81.2% 的人都倾向于认为技术进步会导致失业风险（见表 5－2）。当被问及"您觉得'机器换人'、人工智能的大量使用是否激化了劳资矛盾"时，55.8% 的人选择了"是"，19.1% 的人选择了"否"，还有 20.6% 的人认为"视情况而定"，4.5% 的人表示"说不清"。

表 5－2　调查对象认为技术进步导致自身失业的风险程度

工作被替代的可能性	占比（%）	导致的失业风险程度	占比（%）
非常小	25.8	1 分（失业风险很小）	9.9
比较小	24.8	2 分	8.9
说不准	23.2	3 分	22.4
比较大	16.3	4 分	27.6
非常大	9.8	5 分（失业风险很大）	31.2

二是技术升级对工人技能的要求越来越高，而工人对此却准备不足。按照技术的发展规律，技术产生于已有技术，新技术总是在既有技术构成的基础上不断往复杂化的方向发展。[①] 从长远来看，无论是传统产业的技术提升（如无人机技术应用于农业喷洒），还是技术含量更高的新兴行业职位（机器程序员），都对工人技能的要求越来越高。对此，工人要有清醒的认识。课题组通过问卷调查发现，从业者普遍认为未来工作对技能要求会更高，且有学习新技能的打算。当被问及"目前工作对技能的要求程度"时，按照技能要求从低到高赋值 1～5 分，结果显示，90.7% 的从业者认为自身工作对技能的要求较高，其中赋值 3 分的占 18.6%，赋值 4 分的占 30.9%，赋值 5 分的占 41.2%，赋值 1 分和 2 分的仅占 9.3%，均值为 3.99 分。当被问及"您是否打算学习新的技能以应对将来社会的变化"时，94.9% 的人选择了"是"，仅 5.1% 的人选择了"否"。虽然看起来工人有良好的技

---

① 布莱恩·阿瑟：《技术的本质：技术是什么，它是如何进化的》，曹东溟、王健译，杭州：浙江人民出版社，2018。

能提升意愿，但是技能提升并非工人一方能够完成的，需要国家、企业等多方的努力。从欧洲的经验来看，目前欧洲民众数字技能水平偏低的现状已经严重阻碍了企业的数字化转型。欧盟委员会 2019 年的统计数据显示，在 16～74 岁的欧洲人群中，1/6 没有数字技能，1/4 仅有低水平的数字技能，远低于东亚地区，这导致很多欧洲企业在启动数字化转型后难以招聘到相关人才。2012～2019 年，欧盟企业通信技术类人才缺口以每年 2% 的速度递增，到 2020 年底，整个欧盟还存在 75.6 万个通信技术类职位空缺。[①]我国技工短缺尤其是大国工匠的严重不足也制约了制造业的高质量发展。

二　平台经济新型劳动关系存在的问题

新就业形态[②]与传统就业模式具有完全不同的特点。当前，新就业形态从业人员的劳动权益保障政策总体上仍处于制度体系的空白地带。正如 2020 年"两会"期间习近平总书记在政协经济界委员联组会上所指出的，新就业形态这个领域也存在法律法规一时跟不上的问题，当前最突出的就是新就业形态劳动者法律保障问题、保护好消费者合法权益问题等[③]。课题组调研发现，新就业形态从业人员主要存在劳动关系认定困难、工作时间长、收入不稳定、缺乏社会保障、社会认同度不高、矛盾纠纷化解难等问题。

（一）劳动合同签订比例不高，用工关系无明确法律规定

我国通过制定《劳动法》《劳动合同法》等法律法规，建立了一套切实保护劳动者合法权益的法律制度，但主要针对的是传统雇佣关系，新就业

[①]　赵琪：《加速推动欧盟企业数字化转型》，《中国社会科学报》2020 年 10 月 30 日，第 2 版。

[②]　新就业形态相对于以往就业方式的核心特征是劳动与互联网平台紧密结合，或者说技术和网络平台已成为生产力发展的主要推动力。在这个意义上，新就业形态与平台用工基本是同一类就业趋势的不同角度表述，前者强调信息化条件催生就业方式更迭，后者侧重于新就业发生的技术条件以及劳动特征。参见王天玉《新就业形态法律制度建构中的十大关系》，载冯喜良主编《中国劳动研究》（第一辑），北京：中国工人出版社，2021，第 29 页。本书把新就业形态等同于平台经济就业。

[③]　《习近平在看望参加政协会议的经济界委员时强调 坚持用全面辩证长远眼光分析经济形势 努力在危机中育新机 于变局中开新局》，《人民日报》2020 年 5 月 24 日，第 1 版。

形态下的用工关系能否被认定为劳动关系，是否适用于现行劳动法律法规，在理论研究和司法实践中都存在争论。目前，法院在处理平台与从业者之间的劳动争议时，一般先要做劳动关系认定，依据从属性的判断标准，采取实质审查的原则，认定双方是否具有劳动关系。由于缺乏法律明文规定，实践中的司法裁判结果并不统一，劳动者维权之路尤为艰难。

课题组的问卷调查结果显示，与传统业态从业者相比，新就业形态从业者的劳动合同签订比例相对较低。平台经济从业者中43.1%的人签订了劳动合同；37.5%的人没有签订劳动合同，但有合作/服务协议、口头约定；19.4%的人既没有签订劳动合同，也没有合作/服务协议、口头约定。而传统业态从业者中有72.0%的人签订了劳动合同，20.9%的人没有签订劳动合同，有合作/服务协议、口头约定；7.1%的人既没有签订劳动合同，也没有合作/服务协议、口头约定（见图5-4）。更可怕的是，一些平台企业及其代理商为了逃避社会保险等用人成本，与多家人力资源服务公司或平台服务公司合作，形成平台联合多家公司对平台从业者进行共同管理的网络状外包模式，甚至把劳动者注册为个体工商户。

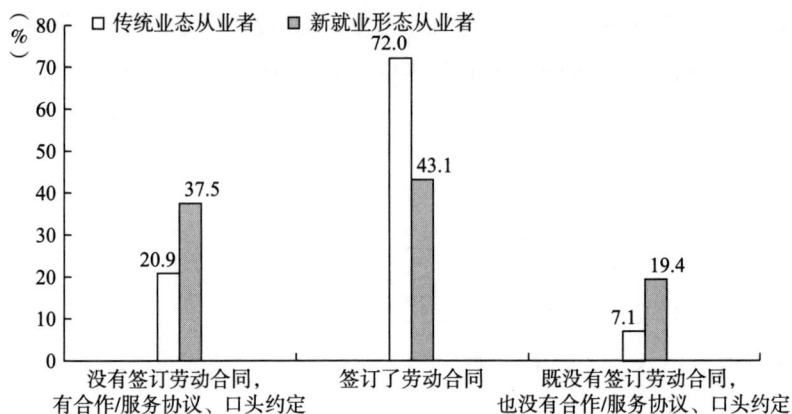

图 5 - 4　不同业态从业者劳动合同签订情况比较

（二）工作时间长，超时工作成为常态

新就业形态下的零工劳动具有高度分散的特点，从业人员没有共同的"单位"和共同的办公地点，工作时间虽然灵活，总劳动时间却可能更长，如货运、快递、网约车、网约送餐行业等，都是"争时间、抢速度"的职

业，"日夜兼程""披星戴月""风雨无阻"是工作常态，超时工作成为职业共性，休息休假制度难以落实。

课题组的问卷调查结果显示，平台经济从业者每周平均工作6.3天，每天平均工作时间10.5小时。其中，网约车司机每周平均工作6.4天，每天平均工作10.7小时；快递员/外卖员每周平均工作6.3天，每天平均工作10.3小时（见图5-5）。这表明，平台经济从业者的工时远远超过"每周工作40小时"这一标准工时。而传统业态从业者中每天工作时间在8小时以内的占69.8%，9小时者占13.4%，10小时及以上者占16.8%；平均每天工作时间为8.3小时（见图5-5）。从时间结构看，一些平台劳动者虽然实际工作时间并不长，但来回路上消耗时间较长。如网约车司机反映，一半以上的时间是在路边"趴活"或在路上空驶，而等待的时间和路上的时间不计薪资。

由于计件/单提成的工资性质，很多从业者是自愿放弃休假的，并且对超时劳动并不十分抗拒。调研结果显示，新就业形态从业者多以计件工资为主，占总体的44.2%，无底薪者占总体的66.8%；而传统业态从业者主要以月薪制为主，计件工资者仅占12.0%（见图5-6）。我们在访谈中了解到，虽然一些企业（如快递企业）一般规定一线快递员每月可休息4~6天，但是由于劳动付出与工资收入直接挂钩，绝大部分快递员除了按时按量完成每天的派送任务外，还会主动延长工作时间，争取多接单以增加提成收入，"5+2""白加黑""四季无休、三餐不定、两腿不停"是他们的工作常态。

（三）劳动报酬内部差异大且不稳定，缺乏最低工资制度保护

课题组经过调研发现，虽然多数职工表示加入互联网平台公司工作后收入增加了，但是收入不稳定是平台就业职工最普遍、最担心的问题。很多职工反映"收入不稳定""客流不稳定""今朝有事做，明天要待业"是常有的事。"底薪+浮动部分"或单纯按"单"结算的工资结构带来的工作和收入的高度不确定性，造成该群体工资收入差异大，部分职工收入偏低。课题组的问卷调查显示，外卖骑手每月的平台收入为500元至13000元不等，平均月工资收入为6009.9元。由于完成了市场扩张，目前很多平台取消了补贴，市场竞争更加激烈，货车司机、快递员、网约车司机和网约送

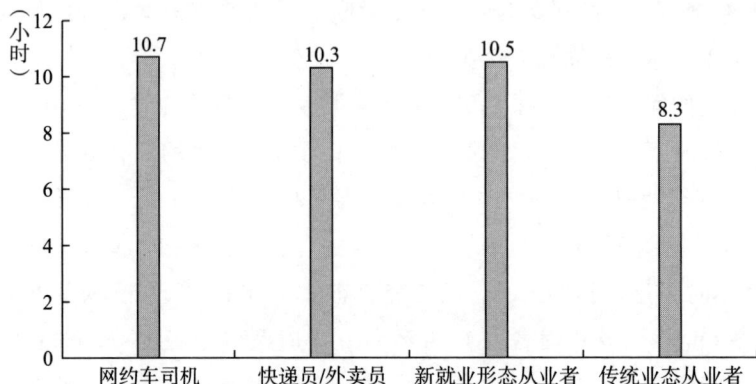

图 5－5　不同业态从业者每天劳动时长情况比较

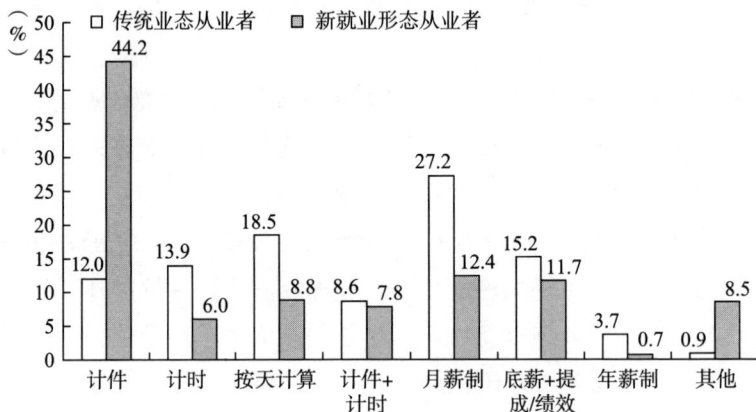

图 5－6　不同业态从业者收入结算方式比较

餐员均反映收入增长基本停滞，甚至收入比前几年有所减少。

　　平台经济从业者的报酬待遇根据工作量计算，但不同平台工资结算方式或抽成比例不一，有些是按单计算报酬，有些只是简单地收取信息（中介）费。而劳动者对平台的收入计算规则并不完全清楚，只能根据事后自己的实际所得倒推平台的抽成比例。当被问及"您的收入中，平台公司抽成比例是多少"时，38.2% 的人表示"不清楚"，14.1% 的人表示"没有抽成"，31.1% 的人表示公司的抽成比例在 10% 及以下，6.0% 的人表示抽成比例为 15%，4.9% 表示抽成比例为 20%，5.7% 的人表示抽成比例在 25% 及以上（见图 5－7）。当被问及"考虑您的付出，您觉得平台公司给予的报酬是否合理"时，59.7% 的人选择了"比较合理"和"非常合理"，其中占样本总量 54.8% 的人认为"比较合理"，4.9% 的人认为"非常合理"。40.3% 的人选择了"非常不合理"和"不太合理"，其中 28.6% 的人认为"不太合理"，11.7% 的人认为"非常不合理"（见图 5 - 8）。虽然近六成平台从业者认为平台报酬较为合理，但平台对抽成比列和信息（中介）费的收取拥有绝对话语权，很多从业者内心希望有协商的空间。

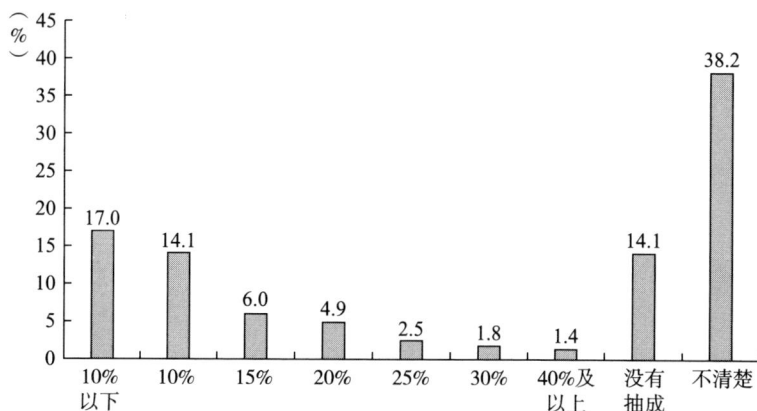

图 5 - 7　平台公司的抽成比例

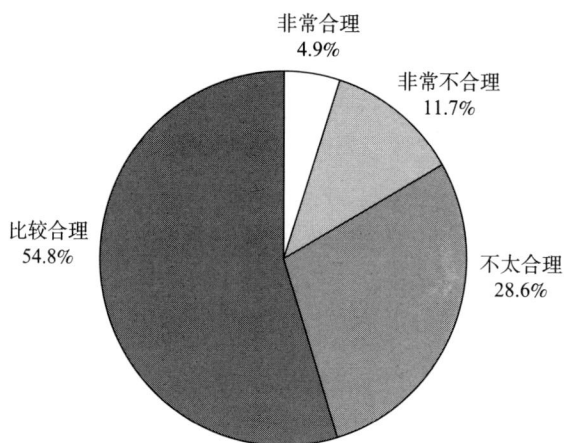

图 5 - 8　对付出回报的评价

（四）职工在技能培训方面缺乏动力，职业上升渠道受阻

货拉拉、58 速运、快狗打车等货运平台，滴滴出行等网约车平台，美团外卖、饿了么等生活服务类平台，多数将自身定位为提供信息服务、居

间服务的中介平台公司，认为平台从业者是合作者而不是自己的员工，再加上从业者流动性很大，因此平台企业在提升该从业者群体的业务技能方面缺乏动力、不愿过多投入，更是无暇顾及他们的职业发展规划。大多平台企业的岗前培训主要是关于交通法规、出行安全意识、平台规则讲解以及手机应用软件的使用，很少涉及业务培训技能提升的内容。

平台经济从业者也缺乏主动要求提升技能、业务培训的内生动力。课题组的问卷调查结果显示，67.1%的受调查者的受教育程度是高中及以下水平（见图5-9）。大多数平台企业对劳动者的技能要求并不高，"吃的是青春，拼的是体力"，"多挣现钱"是平台从业人员的主要追求目标。日常工作就是抢时间、拼速度，参加技能培训的机会成本太高，因此培训晋升的动力不足，从而进一步影响其技能积累和职业晋升渠道，平台从业者普遍认为平台就业"有市场但没前途"，劳动者的职业认同度不高，今后愿意继续从事本行业工作的低于五成，大多把平台就业作为一种过渡状态，对未来的工作计划有些迷茫。

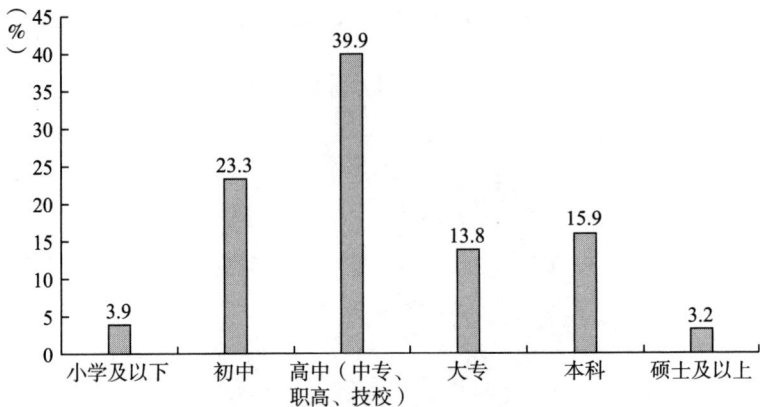

图 5-9 平台型经济从业者的受教育程度

（五）意外事故和人身安全等职业风险大，工伤认定困难

新就业形态下，各种用工方式快速发展，但相应的职业安全和职业卫生保护体系未能及时建立，再加上劳动安全卫生检查没有及时跟进，劳动保护缺失问题更加突出。比如，平台经济中的送餐骑手、快递员、闪送员、网约车司机等，常年在户外工作，且追求效率至上，职业风险大，车辆交

通事故频发，生命安全受到极大威胁。课题组的问卷调查结果显示，快递从业者平均每人每天派单量/接单量为 105.12 件，日常工作节奏非常快，突出表现为分拣货物动作快、抢单截单手速快、路上行车速度快、客户沟通语速快，由此导致 26.8% 的快递从业者送快递或外卖时发生过交通事故。而在平台就业担心的主要问题中，选择"意外事故风险大"的占 41.8%，选择"人身安全问题"的占 24.5%（见图 5 - 10）。如平台从业者在工作过程中发生伤害，按照目前我国工伤认定规则，从业者要求平台承担工伤赔偿责任，须确认双方存在劳动关系，一旦法院认定平台与从业者不存在劳动关系，则工伤维权就陷入了困局，从业者只能主张相应的侵权损害赔偿，或者自己承担风险。

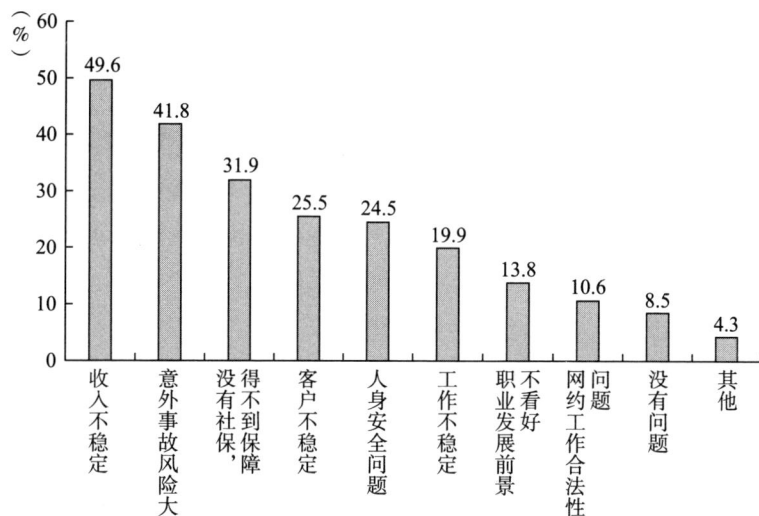

图 5 - 10　在平台就业担心的主要问题

此外，课题组在调研中还了解到，部分平台企业尤其是大的平台企业，为了降低经营风险等，往往会与一些商业保险公司合作，为平台从业人员购买意外险等商业保险，或者统一要求从业人员必须购买商业保险。商业保险一般是按照每单的方式收取保费，且一般是综合险，既包括意外险，对从业人员的人身伤害进行保障，也包括其他保障，尤其是包括第三者责任险，对平台从业人员个人责任造成的第三者损失进行保障（见表 5 - 3）。

表5-3　部分平台企业商业保险内容

平台企业	商业保险内容
美团	意外伤害险、第三者责任险
饿了么	个人意外险、第三者责任险，保险期间为取餐、送餐及订单配送完成后30分钟内
滴滴	"关怀宝""点滴医保"
达达	保费3元/天，保险期限为购买保险后直至当天24点或当天订单配送结束
快狗打车	物损险、人身意外险

注：上述数据为企业调研获得数据，由上述企业提供。

　　虽然商业保险具有灵活、效率高的优势，且能满足平台企业个性化需要，但是从保障能力角度来看，商业保险的保障力度不足。一是目前商业保险尚未覆盖所有职业，不能涵盖全体平台经济从业人员。二是商业保险公司作为市场竞争主体，以营利为目标，由其提供保障也必然存在缴费高、范围窄、保障低、理赔难等问题。尤其是与作为社会保险制度的工伤保险相比，商业保险没有长期待遇，难以真正替代工伤保险。长期待遇是保障伤残人员或遗属的最佳手段，一次性待遇仅能满足一时之需，一旦享受完一次性待遇，伤残人员或遗属的保障仍将成为社会问题。三是商业保险的人身保障水平较低，意外身故/伤残（含猝死）最大保额为60万元，医疗费用封顶5万元，而工伤保险的保障内容非常全面，包括医疗待遇、伤残待遇和工亡待遇，且保障水平很高（见表5-4、表5-5）。

表5-4　某平台众包骑手意外保险保障内容

保障内容	保额
意外身故/伤残（含猝死）	60万元
医疗费用	5万元
第三者人伤（死亡、伤残、医疗）	20万元
第三者误工费	单次最长不超过90天
第三者物损	5万元

表 5 – 5　工伤保险保障内容

保障项目	标准
1. 工伤医疗费用	按目录管理
2. 住院伙食补助费	按统筹地区标准补贴
3. 转外地治疗的交通、食宿费	按统筹地区标准报销
4. 康复性治疗费用	按目录管理
5. 辅助器具配置费用	按目录管理
6. 一次性伤残补助金	按本人工资
7. 伤残津贴	按本人工资
8. 生活护理费	按统筹地区社平工资
9. 一次性医疗补助金	按本人工资
10. 一次性工亡补助金	上一年度全国城镇居民人均可支配收入的 20 倍
11. 丧葬补助金	按统筹地区社平工资
12. 供养亲属抚恤金	按本人工资

注：根据我国工伤保险相关制度整理。

（六）社会保险缺位，抵御风险能力弱

与传统业态从业者相比，平台企业为从业者购买社会保险的情况不够理想。课题组的问卷调查结果显示，32.0% 的新就业形态从业者"没有购买任何保险"，购买"五险一金"的比例均不高。而仅 7.5% 的传统业态从业者"没有购买任何保险"，购买"五险一金"的比例显著高于新就业形态从业者（见图 5 – 11）。平台就业者与平台企业之间大多是劳务/合作关系或自我雇佣形式，与传统的法定劳动关系性质不同，且普遍存在"多平台同时就业"情况，难以满足现行社保制度的参保条件，这成为该群体参加社会保障的制度性障碍。目前，虽然灵活就业人员以个人缴费方式参与养老、医疗等社会保险已经有了制度化通道，但是申报手续复杂、个人缴纳费用高、最低缴费年限长、异地转移接续关系困难等，导致包括新就业形态从业者在内的灵活就业人员普遍参保意愿不足。不参保不仅会导致个人养老、医疗等存在后顾之忧，而且会影响积分入户、子女入学、居住证办理等公共服务的进一步获取。总之，缺乏社会保险安全网保护的平台劳动者，抵御风险能力弱，存在较大的隐忧。

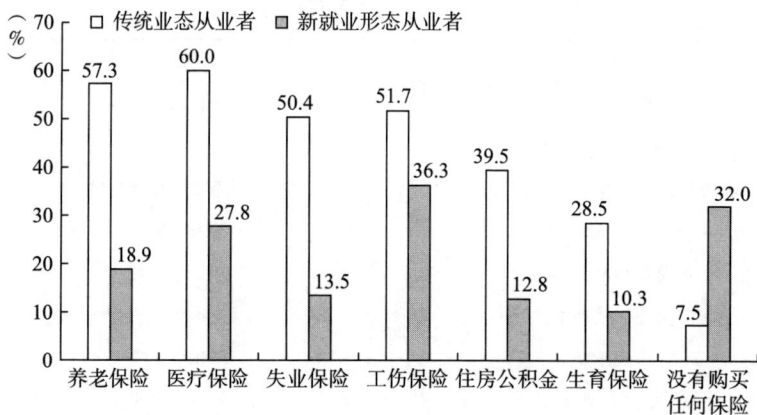

图 5 -11　不同业态从业者社会保险购买情况

（七）从业者与平台劳动纠纷频繁，存在一定的社会稳定隐患

平台从业人员的个体化、自由化、分散化的群体特征和数量众多、高流动性、高度不稳定性的就业特征，可能隐含着影响社会稳定的巨大风险。就网约车司机群体而言，其在就业和生活中可能出现与公司的争议、与乘客的争议、个人和家庭生活困扰以及心理情绪困惑等各种问题。课题组的问卷调查结果显示，25.1%的平台就业者与平台公司发生过纠纷。与平台发生纠纷时的处理办法中选择的前三项分别是"向公司积极反映"（44.3%）、"换一个平台"（32.6%）以及"求助法律机构"（31.6%）。另有21.3%的人选择"向工会求助"，20.9%的人选择"忍气吞声"，15.2%的人选择"求助政府部门"，14.5%的人选择"找相同遭遇的人一起想办法"（见图5-12）。虽然目前关于新就业形态的群体性事件不多，但是这种隐患和影响社会稳定的因素必须时刻引起警惕。

由于平台公司一般追求轻资产，重资产向个体职工转移，生产工具损失等生产成本风险也从企业转移到个体职工身上。调研发现，多数货车司机遭遇过偷油、偷货、"碰瓷"等情况；快递员也常遭遇电动车被扣押情况，因快递件损坏、被盗、丢失等原因遭到公司强制罚款等情况也时有发生；网约车平台企业虽然声称对司机的资质认证严格遵照了相关政策规定，司机必须持有"双证"（个人运营证和车辆运营证）才能上岗，但是在实际操作中，这两个证件获取有一定的难度，所以存在部分网约车司机在"双

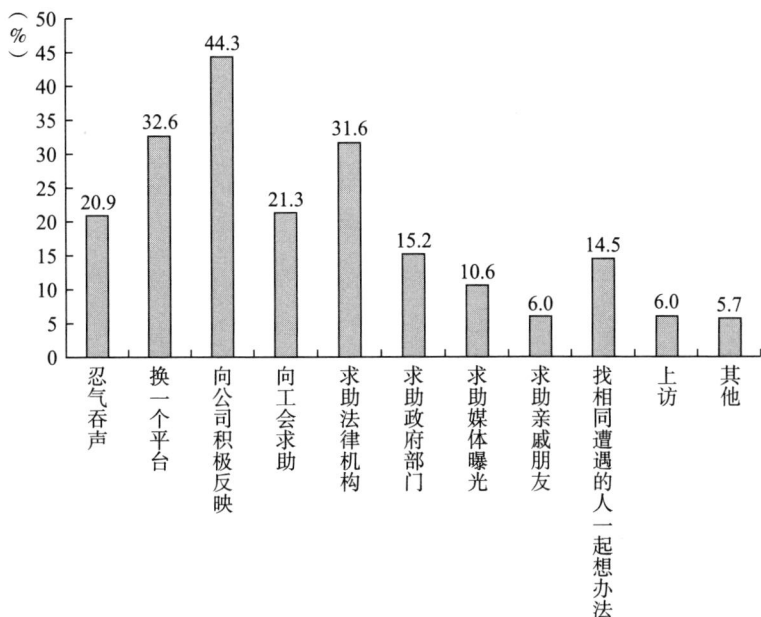

图 5－12 网约车司机与平台公司发生纠纷时可能采取的处理方式

证"不全的情况下上路运营的情形，遇到交警查验时，只能自认倒霉，认栽认罚。如果平台公司与职工之间没有一个合理的风险分担机制，那么发生纠纷将不可避免。

此外，社会公众对平台从业者的职业歧视仍在一定程度上存在，也容易引发社会矛盾。调研发现，社会公众对快递员普遍存在"大多数是外来人员、学历不高、素质较差"等刻板印象，缺乏对他们职业的理解和尊重。一些客户无理取闹，对平台从业者任性投诉、恶意差评。有的快递员反映，"每个快递员都会有这样的经历，但是遇到这种情况我们一般只会低声下气，不会和客户顶嘴，如果和客户顶嘴就是触碰红线，会被公司直接判罚300元"；"有快递员被客户骂哭的，说送得太慢，东西坏掉了之类"；"有的写字楼明明有空的电梯，但硬是不让我们乘坐，让我们去挤一部专用电梯"。职业歧视所带来的负面情绪会在快递员、外卖小哥等平台从业者内部引起强烈共鸣并通过其社会网络以及互联网快速传播，强化这些负面情绪的消极影响，引发社会风险。

总之，平台经济从业人员在其工作和生活中，可能出现与平台公司的争议、与客户的争议、个人和家庭生活困扰以及心理情绪困惑等各种问题，他们应对这些问题时也会寻求亲友支持或采取内部抱团的方式。在手机网络普遍使用、虚拟群体越来越多的时代背景下，他们的困难和问题在意义表达和信息传播中随时都可能会被放大，构成群体性事件的隐患和影响社会稳定的因素。因此，亟须扩大工会组织和工会工作的覆盖面，引导他们诚实认真劳动、遵纪守法，防止被一些不法之徒利用，甚至建立非法组织。

三　小结

随着新一轮技术和产业革命的深入推进，技术正在深刻形塑社会，也在不断重构就业和劳动关系。一方面，自动化、智能化技术可能随时让工人失去工作，工人对雇主的忠诚度明显下降，企业非正式用工和临时用工不断增加；另一方面，平台经济等新就业形态的兴起使古老的零工经济在互联网时代焕发新的生机，新就业形态蓬勃兴起。新技术的发展既给工人带来了高就业可及性等新的机遇，也带来不稳定性和不确定性等新的挑战，打破了工业化时代劳资双方的力量均衡。技术无疑提高了劳动效率，在劳动者与资本两个方面实现了增权赋能，但资本获得的增权赋能明显更大。[①]因此，互联网时代零工经济表面上是双赢，实质上是资本弹性积累模式的最新发展，它在赋予工人自由的同时也把风险和成本转嫁给劳动者，容易出现"不稳定的工作，无保障的工人"的局面。[②]未来只有兼顾包括劳动者在内的多方利益，对零工经济和新就业形态进行规制和引导，才能使技术红利更多更公平地惠及全体人民。

（一）就业可及性增强与收入增加

一是人口转变导致劳动力市场供求形势发展了变化，劳动力的相对短缺有利于改变劳动者在就业市场和劳动关系中的弱势地位。技术进步虽然对就业同时有破坏效应和创造效应，但在当前中国人口和劳动力总体短缺的大背景下，工人找工作越来越容易。曾几何时，普通工人还需要托关系、

---

① 王天玉：《新就业形态法律制度建构中的十大关系》，载冯喜良主编《中国劳动研究》（第一辑），北京：中国工人出版社，2021，第41页。

② 黄再胜：《网络平台劳动的合约特征、实践挑战与治理路径》，《外国经济与管理》2019年第7期。

走后门找人介绍进厂打工；可对于如今的年轻人来说，问题不是能不能找到工作，而是找一份什么样的工作。当下年轻的农民工甚至不愿意从事辛苦的工厂流水线工作，制造业越来越无法吸引年轻人，介绍他人进工厂反而有奖励，这种情况在过去根本是不可想象的。

二是劳动者收入增加的机会明显增多。数字技术和平台经济的发展不仅创造了大量全职就业机会，也给传统就业者提供了很多网络平台兼职增加收入的机会。课题组的问卷调查结果显示，有 56.0% 的标准劳动关系从业者曾经或现在有兼职工作，44.0% 的人没有兼职工作。现如今，一些人白天上班，晚上做网约车司机、代驾、网络作家、网络主播的情况比较普遍。而在他们兼职的主要原因中，选择 "出于兴趣爱好、好奇" 的占 43.9%，选择 "工资少，为了补贴家用" 的占 37.4%，选择 "偶尔为之，增加收入来源" 的占 18.3%（见图 5 – 13）。

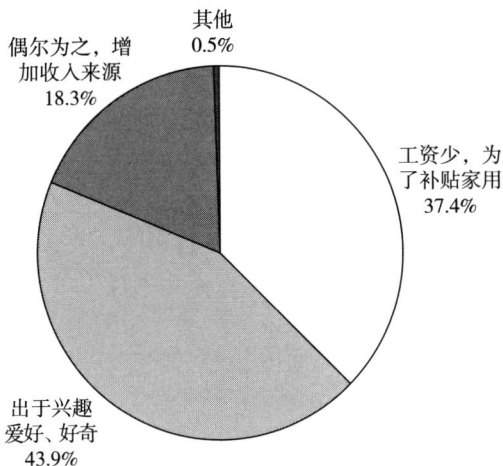

图 5 – 13　标准劳动关系从业者兼职的主要原因

（二）工作稳定性下降与自由度增加

过去，不稳定性和不确定性曾被用来区分正式就业和非正式就业、主要劳动力市场和次要劳动力市场，人们通常认为不稳定的工作主要集中在非正式就业和次要劳动力市场之中。但是，自 20 世纪 70 年代以来，西方发达国家不稳定的工作日益增多，零工经济已经引起学界和社会各界的普遍关注。当今互联网技术、自动化技术、智能化技术的发展进一步加速不稳定的工作向所有经济部门扩散，即便是技工、专业技术工作和管理工作也变得不稳定。新社会风险的影响既有可能超越社会阶级，也已经发生在处于不同社会发展阶段的国家和地区。① 就劳动者与雇主之间的劳动关系而言，越来越多的非标准劳动关系（如兼职工作、自雇工、工作分享和派遣工作等）取代工业社会下传统的长期而稳定的雇佣关系。就具体工作形式而言，弹性工作时间、远程工作以及居家工作等工作形式冲击了传统的"朝九晚五"的时间安排模式。这些来自劳动领域的新变化最终会挑战工业社会建立并沿袭至今的劳动力市场规则和社会政策，即社会政策很难通过统一的劳动力市场规则来覆盖非标准化的、个性化的就业者，这部分劳动者面临失去稳定的生活预期和保障的风险。②

以平台经济为代表的新就业形态的最大优点就是灵活性，最大的弊端就是不稳定性和不可持续性。平台经济中工人在劳动时间、劳动地点、劳动过程等方面确实比传统就业方式拥有更大的自主权，但平台从业人员的高流动性也更为明显，难以形成稳定的预期。课题组调查发现，平台从业者在平台就业的时间普遍不长。近年来，国内共享经济和平台经济等"互联网＋"经济领域已有数个平台经历了资本洗礼和市场优胜劣汰后消失，平台企业发展的风险隐患必然也伴随着劳动关系的建立、变更、解除、终止，在普遍缺乏劳动关系法律保障的现实情况下，平台企业的消失更容易引发劳动争议，从而对劳动关系的稳定性产生消极影响。

（三）职业保障弱化

传统劳动关系中工人的职业保障建立在全职雇佣、持续就业和稳定的工资增长预期的前提下，而不稳定就业、非持续性就业将会导致许多人无法享受完整的职业保障权利或面临贫困风险。特别是在平台经济中，平台从业人员普遍缺乏可供维权的组织化渠道。平台经济就业中工作方式的弹性化助推了劳动用工的分散化，用工形式的多样化降低了劳动关系的稳定性和劳动者的组织化程度，分散于各地的从业人员很难真正组织起来形成

---

① 岳经纶、颜学勇：《走向新社会政策：社会变迁、新社会风险与社会政策转型》，《社会科学研究》2014 年第 2 期。

② 颜学勇、周美多：《社会风险变迁背景下中国社会政策的调整：价值、内容与工具》，《广东社会科学》2018 年第 4 期。

可以与平台谈判的对等力量，平台企业相对于分散的从业人员拥有强势地位，对平台规则具有绝对话语权，而从业人员对平台规则往往只能选择接受或者不接受（"用脚投票"），无法顺畅有效地发出自己的声音。现实中，"无老板"也"无组织"的零工们，更是难以通过工会或其他形式的劳工组织实现与平台企业的集体协商。当下，人们对零工经济的讨论很热烈，但是真正要以做零工为谋生之道，许多人的积极性不会高。一个主要的原因是，它在收入和福利上不如传统就业那样体面，既没有体面的收入，也没有稳定的福利保障。因此，国家亟须介入平台经济劳动关系治理，通过加大制度供给力度，建立健全调整新型劳动关系的法律法规，防止平台经济这种新就业形态沦为非正式就业。

第六章　互联网时代构建和谐劳动关系的对策建议

劳动关系是生产关系的重要组成部分，是最基本、最重要的社会关系之一。劳动是否体面、劳动关系是否和谐，事关广大职工和企业的切身利益，事关经济发展与社会和谐，事关高质量发展与共同富裕的实现。回应互联网时代劳动关系的新变化、新挑战，探讨技术创新、社会变迁和劳动政策之间的互动关系，有助于我们更好地理解并提高劳动者的福利以及实现社会的和谐稳定。中国应当在充分借鉴西方发达国家相关经验的基础上，结合中国实际构建互联网时代的新劳动政策。

一　互联网时代构建和谐劳动关系的总体思路

坚持以马克思列宁主义、毛泽东思想、邓小平理论、"三个代表"重要思想、科学发展观、习近平新时代中国特色社会主义思想为指导，紧紧围绕构建和谐劳动关系的总目标，将劳动关系治理作为推进国家治理体系和治理能力现代化的重要内容，积极适应互联网时代劳动关系变化新趋势，建立健全与技术创新相适应的劳动关系治理体制机制，学习借鉴国内外先进经验，自觉运用法治思维和法治方式协调劳动关系，充分发挥党的领导的政治优势和社会主义的制度优势，坚持以人民为中心，坚持共建共治共享，正确处理灵活与稳定、公平与效率、创新与规制的关系，把促进企业发展与维护职工权益统一起来，将企业打造成一个多元利益主体的命运共同体，凝聚起广大劳动者为建成社会主义现代化强国、实现中华民族伟大复兴中国梦的磅礴力量。

（一）坚持技术升级与技能升级同步

技术创新的步伐持续加快，国家要保持在未来经济中的竞争力，就必须顺应乃至引领技术创新潮流，积极谋划战略性新兴产业和未来产业，大力发展新产业、新业态、新模式。而新技术的就业替代效应和就业创造效应导致技能结构的改变，劳动机会逐步向技能型岗位集聚。如此一来，技术创新、产业升级与工人技能结构之间的差距日益凸显。这种差距不仅影响国家的经济竞争力，也影响个体在技术变革中的生活和命运。为此，国家必须怀着强烈的紧迫感投资自己的人民，特别是投资人力资本的基石——健康和教育，从而有效利用技术的收益并减少技术的破坏性影响。[①]

要重点完善职业教育、技能提升和就业培训体系。适应中国经济由高速增长向高质量发展转换和产业结构调整的形势，加快发展现代职业教育体系，在职业指导、专业设置、培养模式等方面进行深刻变革，培养壮大符合现代化经济体系所需的高素质技能人才队伍。与此同时，要完善技能培训机制。职业技能提升是一个涉及政府、企业以及个人的系统性工程，除了需要政府在政策指引、财政支持、平台搭建等方面给予充分支持以外，还需要企业和员工个人的紧密合作。企业应建立对员工的全方位、全周期培养机制，根据技术升级要求不断提升员工的职业能力。应进一步提高技能培训的针对性，激发员工参加培训的主动性和积极性，使之具备更加专业的知识和技能，提高其就业能力和综合素质，进而提高其人力资本质量。

（二）坚持市场培育与市场规范协调

技术创新驱动劳动力市场创新。当前，网约用工、灵活用工、众包用工、共享员工等用工形式快速发展，在劳动管理上突破了工业化时代通过签订劳动合同建立劳动关系"一统天下"的格局，出现了不完全符合劳动关系情况的平台用工。劳动管理必须向"适应新就业形态，推动建立多种形式、有利于保障劳动者权益的劳动关系"转变。[②]一方面，要积极鼓励技

---

① 世界银行集团：《2019 年世界发展报告：工作性质的变革》，2018。

② 杨志明：《探索劳动发展新趋势》，载冯喜良主编《中国劳动研究》（第一辑），北京：中国工人出版社，2021，第 2 页。

术变革中新就业形态劳动力市场的培育和发展，不能套用传统的劳动管理标准，简单地"一禁了之"；另一方面，也不能放任自由，对劳动力市场创新听之任之。要树立明确的目标，既要推动新技术劳动力市场积极发展，又要保障包括从业者、消费者以及社会公众等各方面的权益。

要根据劳动力市场创新的不同阶段，有针对性地采取相应管理措施。如在新就业形态劳动力市场形成早期，平台企业需要大量的用户积累才能形成较为稳定的用户群体和市场规模，该阶段政府不宜过早介入新就业形态就业市场，对未明确违反劳动法律法规或相关政策的市场行为应予以包容；当新就业形态就业市场逐渐稳固后，政府主管部门应积极参与就业市场规则的制定，且这种规则制定应该细化到具体行业，从而更加贴近劳动者的实际情况。[①] 尽管当前世界大部分国家的政府都在努力将新就业形态纳入治理框架，但如何在促进新经济发展、创造就业岗位与减少新就业形态对传统行业和传统就业的冲击之间取得平衡，非常考验一个国家的治理能力。

（三）坚持公平博弈与合作共赢有机统一

技术的背后是人。劳动关系涉及劳资政等多方主体，虽然彼此目标不同、利益有分歧，但是这种矛盾并不是不可调和的，三者是相互依存的对立统一体、利益共同体和命运共同体。政府作为公共利益的代表，要维护社会公平正义，在劳动关系中既不能偏袒资方，也不能纵容劳方。社会稳定只有建立在职工的基本权利得到确认与保护的基础上，才可能稳固而长久。在这个意义上，维权就是维稳，促进劳资双方的公平博弈和合作共赢将成为未来发展的方向。

一方面，要坚持共建共治共享的社会治理理念，政府要在事前为劳资双方订立规则，建立健全相关劳动法律法规和政策体系，完善调处劳动关系的规则，特别是要畅通劳资双方利益诉求表达渠道，搭建劳资双方公平博弈的平台；企业在技术革新、薪酬福利制度设计过程中要吸纳工人参与，加强集体协商，达成共识。另一方面，要树立命运共同体意识，企业管理

---

① 张成刚：《新就业形态的就业市场培育研究》，载冯喜良主编《中国劳动研究》（第一辑），北京：中国工人出版社，2021，第75页。

者必须主动认识到职工是企业财富创造的源泉，不断革新人力资源管理模式，强化对职工的社会责任，自觉遵守法律法规，关心支持职工发展，实现劳动关系调整模式从外在的制度规则模式向内在的人力资源模式转变；劳动者也应认识到自身的权益与企业的发展壮大休戚相关，没有经济发展、社会稳定和企业成长，个人的成长和发展就会失去依托，与企业合作共生、共同成长壮大是这个命运共同体的最优选择。

（四）坚持传统劳动关系与新型劳动关系系统治理

发展经济学理论认为，非正规部门劳动生产率较低、劳动者技能不足、总是与贫困联系在一起，因此，正规部门的不断扩大、非正规部门的不断缩小才是经济现代化的本质，落后国家要实现经济发展就必须不断扩大正规部门所容纳的就业规模，实现劳动力从非正规部门向正规部门就业的转变。但是，互联网时代的技术革新让灵活就业和零工经济变得越来越普遍，如大多数发达国家每年新增就业机会一半以上是零工经济提供的，中国城镇就业净增岗位中至少有 10% 是零工经济提供的①，预计未来零工经济等非正规就业的规模和占总就业的比重还将提升。因此，必须创新正规部门和非正规部门的划分，改变就业观念，实现传统劳动关系与新型劳动关系的联动发展和系统治理。

虽然正规就业在当前和未来一段时间仍是主流，特别是一个国家的长期繁荣稳定不能脱离实体经济的发展，但是我国制造业越来越无法吸引年轻人，越来越多的年轻人宁愿送外卖也不去工厂，未来谁来当工人引发全社会关注。因此，要从政治上保证、制度上落实、素质上提高、权益上维护等多方面着手，切实提高传统就业质量和优化传统劳动关系治理机制，将全国两亿多技能劳动者转化成中等收入群体。同时，针对新就业形态中存在的社会保障不足、职业风险高等问题，也要精准施策，不断建立健全适应新就业形态的劳动法律法规，提高新就业形态从业者的安全感、幸福感、获得感。只有根据国家整体发展目标，坚持不同就业形态统筹谋划，采取动态平衡的政策，形成竞争有序、促进公平的发展格局，才能引导劳动力在不同行业合理流动，推动实现国家现代化的目标。

---

① 张军：《零工经济对宏观经济学的三大理论挑战》，《探索与争鸣》2020 年第 7 期。

（五）坚持分类解决职工诉求

随着职工权利意识和维权能力的不断提高，要清晰界定职工诉求的内容和类型，分类解决职工的合法权益、合理权益和非法诉求。对于法律明文规定的劳动者权益应该坚决维护、严格执行，但对于劳动者诉求中超出法定基准权益之上的权益，不能笼统地定性为"法外诉求"，应采取合理方式予以疏导。因为"法外诉求"并不等于"非法诉求"。事实上，"法外诉求"可以进一步细分为两类：一类是职工提出的合理诉求，如企业盈利了，工人认为自己做出了重要贡献，要求涨工资与老板分享成果；另一类是职工提出的诉求是为法律所禁止的，如独立工人运动或厂区外集体行动等危害公共安全的行为，可定性为"非法诉求"。对劳动者权益进行合理的类型划分和定性，并采取相应的处理办法，将达到事半功倍的治理效果。

（六）坚持发挥工会维权和服务的主力军作用

群团组织有作为才有地位。技术变革让就业形态更加多样，职工群体更多复杂多元，必须坚持"职工在哪里，工会工作就做到哪里"的原则，加大向新就业形态从业者、灵活就业群体等职工的组织覆盖和工作覆盖力度，切实做好职工服务，有效维护职工合法权益，积极争取合理权益，从而得到职工群众的拥护以及党和政府的认可。第一，工会要明确自己的职责定位，明确维护职工权益是其基本职责和安身立命的根本。工会工作要以职工为本，行动起来，切实维权，通过维权来调整和平衡劳动关系，通过调整和平衡劳动关系来维权，进而创造和谐的劳动关系以促进企业的发展、社会的进步。第二，要根据职工权益的不同层次，有针对性地开展工作。对于法定基准权益，工会要依法维权，寸步不让；对于超出法定基准权益之上的合理权益，作为工人代表的工会要积极争取，同时兼顾劳资双方利益；对于工人的违法行为、侵害公共利益的群体性事件，工会要及时主动介入，教育引导工人理性维权。

二 传统劳动关系有效应对技术变革的政策建议

毋庸置疑，以"机器换人"为主要特征的技术和产业升级在很大程度上缓解了制造业企业多年来"招工难""用工贵"的人力资源困境，也助力许多企业持续提升市场竞争力，在全球价值链中不断向上攀升，成为兼具品质与价格优势的"中国制造"标杆。然而，在享受技术快速发展带给我们的红利之时，我们也需注意到技术作为一把"双刃剑"所引发的负面效应。[①] 例如，资本和技术逐步取代人类劳动的速度可能会远快于新工作的出现[②]，为此需要未雨绸缪，尽早做出应对。

（一）树立人机协同的理念，推动"机器换人"向"机器助人"转变

"机器换人"对工人就业和劳动关系系统的影响，从本质上说是技术的社会后果问题。要在技术革新不断加快的背景下重新思考技术与人的关系、机器与人的关系、技术与劳动的关系，形成新的社会共识。

一要树立技术由人而生、为人服务的技术观。技术的发展归根到底应该服从和服务于人类社会，成为满足人民美好生活需要和实现全人类共同进步的工具，而不是让人成为技术的奴隶。要将技术发展嵌入社会发展，让社会各方对技术的发展路径展开充分讨论并达成新的共识，激发"技术之善"，抑制"技术之恶"，使技术发展的红利惠及每个人。

二要坚持"机器助人"的技术改造和升级方向。纠正把工人看成一种生产要素，而且是可以被机器人这种新的生产要素替代的观念，重新思考和定位人与机器的关系，让机器成为工人在生产过程中的助力和补充，而不是仅仅把工人替换掉变成无人工厂。要把"机器助人"作为技术改造和升级的核心理念，生产组织方式和生产流程均应以人为中心，让机器成为工人的助手，生产与管理全流程均辅以工人小组作业、车间工人编程、工人参与自动化解决方案等做法。为此需要不断健全对劳动者的技能培养体系。只有当工人掌握了全面且不可替代的技能时，才能成为机器的主人。

三要积极推进人机协同乃至人机共创。劳动是人的本质和第一需求，技术与劳动的关系不是简单被动的"替代"，而是主动创造的"互补"。要

---

① 2019 年 5 月，国务院就业工作领导小组成立；2021 年 8 月，国家专门出台《"十四五"就业促进规划》；"六稳""六保"均有就业，这些都表明我国就业形势仍然比较严峻。

② 奈杰尔·卡梅伦：《机器会夺走你的工作吗》，魏倩、王丽陶译，北京：中国工人出版社，2020，第 17 页。

充分尊重人的劳动价值，利用技术丰富而不是减少人类体验，解决而不是加剧社会不平等。"机器换人"不能简单将工人赶出劳动生产过程，而是要积极推进自动化生产和技能工人培育相结合，寻求更高效率和更低成本的人机协同，形成更加紧密的人机配套，使劳动者的生产技能和自动化设备的运行维护能够兼容协同，从而实现"新技术应用＋高质量工作"的协同并进。

（二）加强劳动力市场监测，有序推进"机器换人"

要前瞻性做好劳动力供需趋势分析和预测，系统谋划，制定机器人普及推广的阶段性目标，加强对"机器换人"的战略指引，提高就业服务的针对性和精准性。

一要加强对劳动力市场的分析和评估。在对人口和劳动力变动趋势分析和研究的基础上，加快建立全国统一的劳动力市场大数据监测平台，提高对劳动力流动和转岗情况的短期监测和长期分析能力。研究建立完善人工智能统计指标体系，摸清发展底数，统一口径，明确统计范畴，切实把机器人和人工智能等产业的真实情况统计精准。

二要加快部门间数据资源开放共享。打通人社部门的就业信息平台与工信部门的智能制造信息监测平台，平时加强沟通协调，推动政策步调一致。重点推动数据共享和比对，加强人工智能就业效应的研究，分行业跟踪人工智能技术创新和应用的进程及其对就业的影响趋势，系统精准分析技术升级与就业之间的关系，指引科学决策。

三要提高就业服务的精准性。劳动力市场要顺应自动化、智能化技术影响机制变化，在就业服务、就业监测、职业培训等方面加以应对。积极利用大数据服务，完善智能化趋势下就业精准服务和可持续服务体系，提高劳动力市场流动性和匹配效率，积极引导再就业。重点解决好低技能劳动者群体性失业风险增加的问题，确保就业形势总体稳定。

（三）加强工人技能培训，实现工人技能升级与技术升级同步

新技术的就业替代效应和就业创造效应导致技能结构的改变，劳动机会逐步向技能型岗位集聚。因此，政府应顺应技术发展和技能结构变化趋势，加强全体劳动者的职业技能培训，而不能完全依赖企业培训。

一是统筹规划，强化技能人才储备。按照国家经济社会发展规划和产业发展规划，加大对战略性支柱产业和战略性新兴产业所需技能培训的投入力度，利用就业专项资金对短缺人才进行针对性、系统性的技能培训。鉴于智能化系列职业是新兴职业，要创新培训制度，特别是补贴发放方式，不将考取职业资格证书或技能等级证书作为唯一发放标准，探索引入企业评价，允许经用人单位评价合格的机器人操作专员、人工智能技术专家等人才领取培训补贴，并提高补贴标准。加强职业院校的人工智能和机器人方向的学科建设，加大经费投入和师资培养力度。鼓励企业和学校合作办学，企业发挥设备、技术实践优势，以联合办班、定点招人、课程提前介入、企业技术人员到学校讲课等方式提前培养，学员提前到企业实习，入职后短时间内就可以熟练上岗。

二是精准对接，满足企业职业技能培训需求。加强人社、工信和科技等部门的协同，实施智能制造技改项目配套培训计划，对于获得首套智能化设备补贴和技改补贴的企业，提供配套智能化员工培训，为智能化转岗人员提供新产线配套培训补贴。构建企业培训需求调查和反馈机制，汇总需求后有针对性地制订培训方案，提高职业技能培训质量。积极探索"企业点菜、政府买单"的方式，通过强化政府采购、培训补贴、支持公共平台建设等政策支持，引导企业积极参与在岗工人培训以及技术升级培训。从高校、科研院所、知名企业（自动化技术研发企业和应用企业）中挑选一批理论和实践经验丰富的行家里手，负责编写培训教材或开放培训课程，并根据企业实际需求因材施教，保证学以致用。

三是创新方式，鼓励社会化培训。根据不同的技术类型和培训内容，因地制宜采取不同的培训方式。对于一般性机器人应用技能和智能化操作技能，可以采取市场化的培训方式：培训机构只要提供最先进的自动化设备实践机会，就可以使工人在短期系统学习后胜任普通的机器人操作性岗位；政府则可以依据培训学员的就业成果，对培训机构进行奖励，或者为购买机器人教学设备提供融资贴息。对于技能更复杂、实操性更强的机器人集成工程师、程序员等职业的培养，则不能单靠学校以及培训机构的力量，必须形成培训机构、智能化企业和政府三方力量的合力。政府应制定校企合作、产教融合鼓励政策和操作规范。

（四）强化职工民主参与，促进工人参与技术升级决策

目前在企业技术升级过程中，普遍存在政府鼓励、企业主导、工人被动参与、以机器为中心的"机器换人"和智能升级方式。技术升级是一个对劳动者产生重大影响的生产经营决策，亟须提升工人在这一决策中的参与度。

一是政府应改变激励方式。政府在推动科技发展、制定产业政策时应纳入劳方主体，充分考虑"机器换人"对工人和社会的影响，除继续对企业购买机器人等智能化设备进行直接补贴外，还要将保障就业、提升劳动者技能水平、鼓励劳动者参与技术改造等作为激励准则，要求企业在技改补贴申请、数字化转型、工业互联网示范试点等计划和方案中，专门列明工人转岗安排、技能提升培训、员工参与等方面的内容，而不是仅仅考虑经济效率指标和减人指标。

二是充分发挥工会的作用，使之有效参与工厂智能制造升级决策。工会组织要切实维护职工权益，全方位、全过程参与企业内部"机器换人"重大决策，广泛收集工人意见，就"机器换人"过程中职工普遍关心的热点问题和事关职工切身利益的核心问题，有步骤、有针对性地参与公司"机器换人"方案制订，并监督各项决策的贯彻实施。总结推广深圳、佛山等地民主建会的经验，进一步推进企业民主选举工会主席。做大做强中间层次工会，重点加强县（区、市）、乡镇（街道）、村（社区）、工业园区（开发区）工会建设，建立健全"上代下"维权机制，基层工会维权困难时可请求上一级工会代为维权。做好企业技能升级决策的解释和意见疏导工作，协助公司人力资源管理部门根据生产和工作需要，完善"机器换人"后劳动力余缺调整、补充和平衡职能。畅通工人与企业之间的民主交流渠道，建立工人意见自由表达机制。

三是切实发挥职工代表大会（以下简称"职代会"）的作用，保证工人在职代会中的主体地位。建立健全职代会制度，对于企业机器生产、技术升级等重大改革方案和涉及职工切身利益的决策和措施，必须提交职代会讨论通过后实施，强化职代会代表员工参与决策讨论的职能。在工厂实现智能制造、技术升级前，通过广泛深入的讨论，充分发挥工人代表在决策中的作用，充分反映企业大多数工人对机器生产的意见，切实提升职代会

代表工人行使重大决策参与的民主权利，表达大多数职工的意志，做到充分有效地履行审议企业技术升级重大决策、维护"机器换人"过程中工人合法权益的职责。

（五）创新劳动关系协调机制，规范劳动争议调处

技术升级对工人的劳动报酬、工作环境、劳动福利等方方面面都会产生重大影响，要广泛开展集体协商，特别是对技术升级过程中产生的劳动争议，要多管齐下，妥善解决，维护智能制造升级过程中的大局稳定。

一是建立健全"机器换人"专题集体协商制度。切实加强基层工会能力建设，及时走访调研，了解职工在"机器换人"过程中的工资收入、工作岗位、技能升级以及社会保障等方面的新需求和突出问题，提高企业工会集体协商和谈判能力，促进谈判内容多元化。面对企业智能升级对工人带来的影响，工资固然是谈判的重点，但是集体谈判的内容不应该仅限于工资，劳动报酬、劳动福利、职业安全、技能升级培训以及下岗转岗保护都应该被纳入集体谈判范围，并签订集体合同。加大上级总工会对基层工会组织的指导和支持力度，上级总工会要做好集体协商主体的培育和培训工作，适时开展经验交流，把基层行之有效的智能化改造专题集体协商经验上升为模式和制度进行推广。

二是严格劳动保障监察执法。对于一些企业在"机器换人"过程中采取恶意逼迫工人主动辞职拒不支付赔偿、提高劳动强度变相延长劳动时间等侵害工人权益的行为，要加大处罚力度。健全基层劳动保障监察机构，探索在镇（街）一级设立劳动保障监察中队，作为县（市、区）劳动保障监察支队的派出机构。充实劳动监察人员队伍，增加劳动保障监察的公务员编制，探索建立劳动保障监察协管员队伍。建立企业劳动关系信息员或劳动保障信息员制度，及时掌握企业用工情况，强化监督检查。

三是规范劳动争议调处机制。调解是劳动关系调处的"第一道防线"，具有十分重要的意义。要落实《企业劳动争议协商调解规定》的规定，"大中型企业应当依法设立调解委员会"，搭建沟通平台，对企业"机器换人"所带来的影响和内部矛盾及时进行化解。重点加强工业园区、社区、镇街等基层的劳动争议调解委员会建设，探索地方总工会以购买服务的方式引入第三方调解力量，积极吸纳律师等专业人士进入调解员队伍。加强调解

与劳动仲裁的对接，避免重复调查取证。建立健全劳资纠纷应急处置分队制度，成立省、市、县（区）三级总工会劳资纠纷应急处置分队，劳资纠纷发生后，应急处置分队按照"五个第一时间"① 要求开展工作，用法治思维和法治方式预防和处置劳资纠纷。

（六）加强社会政策托底，妥善安置转岗失业工人

由于种种原因，技术进步终会导致部分工人难以适应新的就业岗位，从而面临转岗、失业、返乡等命运，因此需要强大的社会保障制度为失业人群提供基本的生活保障。

一是强化失业保障和基本生活保障。针对工厂"机器换人"、技术升级带来的部分职工下岗失业等阵痛，要把握好社会政策主基调，加强针对下岗失业职工有效扶持政策的研究，完善社会保障体系，更好地发挥社会保障兜底和稳定器的作用。把重点放在兜底上，增加失业救助、最低生活保障等方面的财政支持，给予下岗失业工人相应临时性、过渡性补贴，保障下岗、转岗工人基本生活。做好行业、区域劳动力调配工作，开展新型智能化企业与传统人力资源需求企业的劳动力供给对接工作，组织构建相应的中介平台，让信息充分互动交流，引导跨地区、跨企业间劳动力的平衡流动。

二是协助下岗失业工人返乡就业创业。智能制造替代的劳动力有很大一部分是农村的转移劳动力，且"机器换人"的就业替代效应在老一代农民工群体中最为明显，新生代农民工学习和接受新事物的能力强，所以影响相对较小。对于被机器人替代的老一代农民工，要充分利用好近年来国家出台的一系列鼓励扶持农民工返乡就业创业政策，企业也应把促进本企业被机器人替代的劳动力再就业作为企业的社会责任。特别是要抓住国家实施乡村振兴战略的机遇，鼓励农民工通过发展特色农业、生态产业、开办特色小店、手工作坊等回乡创业，并加强对其转岗后的动态跟踪，提供相应技能培训。做好传统业态就业与新就业形态的有机衔接，平台经济作为"机器换人"中制造业劳动力转移的主要"蓄水池"，对于分流到新经

---

① "五个第一时间"是指第一时间到达现场，第一时间把工人组织起来，第一时间搭建协商平台，第一时间防范抵御境外敌对势力渗透，第一时间发布矛盾纠纷处理情况信息。

济、新业态、新模式中就业的人员，应逐步分类规范非标准劳动关系，维护从业人员的劳动权益。

三　促进新就业形态高质量发展的对策建议

要坚持创造更多灵活就业机会与保障劳动者权益"两手都要抓，两手都要硬"，既充分认识到新就业形态是经济社会发展的趋势，未来将在总就业规模中占据越来越大的比重，又要及时补齐法律短板，建立健全新就业形态从业者劳动权益保障政策法规，因地制宜、循序渐进，深入推进劳动者权益保护，在创新与规制之间寻求动态平衡，促进新就业形态正规化和主流化，使之像传统雇佣工作一样具有吸引力。

（一）持续推进新产业新业态新模式发展，创造更多灵活就业机会

一方面，要充分认识到新就业形态是经济社会发展的趋势，未来将在总就业规模中占据越来越大的比重，应大力支持鼓励。加大5G网络、大数据中心、人工智能、工业互联网、物联网等新型基础设施建设力度，促进物资配送、康养健康、公共卫生等传统产业数字化转型升级。继续出台支持政策，全面推进"互联网＋"，推动电商网购、在线服务等新业态发展，打造数字经济新优势。完善市场准入条件，实行包容审慎监管，鼓励发展数字平台经济，优化数字平台经济发展环境。支持发展各类共享用工和就业保障平台，充分发挥第三方平台在促进共享员工供需快速匹配以及用工过程中费用结算、税务申报、法律咨询、纠纷解决等方面的作用。

另一方面，在促进新产业新业态新模式发展的同时，要注重加强监管，切实保护劳动者权益。要完整准确全面理解对平台经济的"包容审慎监管"政策，包容审慎监管不是不监管，而是要密切跟踪职业活动新变化，动态发布社会需要的新职业、更新职业分类、制定新职业标准，制定不同行业即时性工作的计时、计件最低收入规范和指导意见，引导直播销售、网约配送、社群健康等更多职业规范发展。例如，对零工作为即时性就业的计时工资要有最低小时工资标准规定和最低收入指导意见，对多个平台连续工作的零工时间要贯通后加总折算工作年龄，平台要按照零工时间相对于

全职工作的比重提供某种程度的社会保险。① 政府各有关部门和工会组织应以开放的心态、发展的眼光，拥抱新经济、新就业发展趋势，努力解决平台经济发展过程中出现的用工关系界定、劳动权益保障等问题，及时补齐法律短板，专门制定新就业形态从业人员劳动权益保障政策法规②，实现促进平台经济发展与提升就业质量的良性互动，实现"三新"领域职工队伍的发展和稳定，巩固和扩大党执政的群众基础。

（二）加大宣传力度，营造关心关爱新就业形态从业人员的社会氛围

当前人们对新就业形态的讨论很热烈，但是真正要以此为谋生之道时，许多人特别是大学毕业生的积极性并不高，更多的是被迫而为之，主要原因就是新就业形态在社会尊重程度、收入和福利上不如传统业态那样体面。为此，一要大力宣传新就业形态从业人员的社会贡献。广大新闻媒体要加大对新就业形态从业人员工作生活情况的报道，各级领导干部要多关心快递小哥、网店店主等新就业形态从业人员，在全社会宣传劳动光荣、新就业形态光荣的风尚。在舆论宣传和评选表彰上要向新就业形态从业人员适度倾斜，常态化开展"最美货车司机""最美骑手""最美快递小哥"等行业先进典型评选活动，大力宣传他们为经济社会发展所做的贡献和工作中发生的感人事迹，弘扬行业正能量，为"三新"领域从业人员体面工作、幸福生活营造良好的社会氛围。

二要加强思想政治引领。扎实推动党的创新理论和工会理论下基层、到一线，以新就业形态从业人员喜闻乐见的形式，以社会主义核心价值观为引领，广泛组织开展各类宣讲教育活动，深化"中国梦·劳动美"主题宣传教育，引导广大新就业形态从业人员听党话、跟党走。特别是要针对新就业形态从业人员职业归属感不强、情感和精神需求不能很好地得到满足等问题，加强人文关怀和心理疏导，帮助解疑释惑、排忧解难、增进共识，深入细致地做好思想教育工作。

---

① 诸大建：《U 盘化就业：中国情境下零工经济的三大问题》，《探索与争鸣》2020 年第 7 期。
② 最新出台的《国务院办公厅关于支持多渠道灵活就业的意见》《广东省灵活就业人员服务管理办法（试行）》都把新就业形态纳入灵活就业的范畴，新就业形态的特殊性没有充分彰显。

（三）　精准识别劳动关系类型，建立新就业形态从业者参保促进机制

规范新就业形态从业人员劳动关系是做好劳动权益保障的前提。按照现行法律规定，只要存在劳动关系，无论是全日制用工还是非全日制用工，劳动者的社会保障权益尤其是工伤权益均可以得到保障。但还有大量的新就业形态从业人员在现实中以一种灵活、弹性或自我雇佣的就业形式存在，特别是快递、外卖和网约车等平台聚集了大量这类灵活就业人员。由于平台从业人员只是通过平台企业提供的商务平台从第三方获取收入，并没有直接从平台企业获取薪酬，目前多数情况下双方不存在传统的标准劳动关系，社会保险成为一大问题。因此，要割裂劳动关系与劳动权益保障之间的因果关系，要重点关注没有签订劳动合同建立传统劳动关系的灵活就业人员，尤其是要重点关注平台经济从业人员。

一方面，要按照《劳动法》《劳动合同法》等劳动保障法律法规的规定，结合数字经济、平台经济的用工性质和特点，将新就业形态分成全日制、非全日制、劳务派遣、劳务外包、民事协议五种用工形态。其中，①全日制从业人员应与平台企业签订书面劳动合同；②使用非全日制从业人员应签订书面用工协议；③使用劳务派遣从业人员的平台企业应与劳务派遣单位签订劳务派遣协议，劳务派遣单位应与被派遣人员签订书面劳动合同；④属于劳务外包的，该业务承揽单位（组织）应与从业人员签订书面劳动合同或用工协议；⑤其他情形的用工，平台企业应依据《劳动合同法》与从业人员签订民事协议，这一类情况当前较多，是现行法律和政策亟须突破的重点。

另一方面，要根据不同用工形态和劳动关系类型分别明确与之相对应的参保办法。①使用全日制从业人员的，单位和个人按企业参保办法参加社会保险。②使用非全日制从业人员的，从业人员本人按灵活就业人员参保办法参加城镇职工基本养老保险和基本医疗保险，平台企业应为其购买工伤保险。③使用劳务派遣从业人员的，劳务派遣单位和从业人员按企业参保办法参加社会保险。④将所属业务外包给其他单位的，承揽单位和从业人员按企业参保办法参加社会保险。⑤签订民事协议的，从业人员自身按灵活就业人员参保办法参加城镇职工基本养老保险和基本医疗保险。同时抓紧完善职业伤害保障制度。同一新经济组织使用多种用工形态的，可

根据不同用工形态的参保办法合理选择组合参保方式。

如何为无劳动关系的灵活就业人员（主要针对签订民事协议的上述第五类人员）购买工伤保险是我国社会保障制度亟须突破的难点。近年来，随着我国社会保险扩面进程的加快，社会养老保险制度和医疗保险制度均对灵活就业人员参保问题做出相关规定，但工伤保险以劳动关系存在为参保前提，用人单位不仅要缴纳工伤保险费，还要承担部分工伤保险待遇的支付责任，而新就业形态从业人员与用人单位不存在法定意义上的劳动关系，无用人单位缴费和承担工伤保险待遇支付责任，一旦发生工伤，调查取证难、认定难，所以对现行工伤保险制度和管理经办方式带来巨大挑战。① 2019 年 8 月 8 日国务院办公厅发布的《关于促进平台经济规范健康发展的指导意见》明确提出"抓紧研究完善平台企业用工和灵活就业等从业人员社保政策，开展职业伤害保障试点"。2019 年 12 月 24 日国务院印发的《关于进一步做好稳就业工作的意见》提出"明确灵活就业、新就业形态人员劳动用工、就业服务、权益保障办法，启动新就业形态人员职业伤害保障试点"。2020 年中共中央、国务院一号文件《关于抓好"三农"领域重点工作确保如期实现全面小康的意见》也提出"开展新业态从业人员职业伤害保障试点"。2021 年 7 月 16 日人社部等八部门共同印发的《关于维护新就业形态劳动者劳动保障权益的指导意见》则提出"强化职业伤害保障"。可见，对于平台从业者来说，工伤保险和职业伤害保障不是要不要建的问题，而是如何建的问题。

目前学界普遍不主张将无劳动关系的灵活就业人员工伤保障直接纳入现行工伤保险制度框架。② 当然，学者们也没有提出切实可行的操作方案，倒是一些地方的实践为此提供了新的选择。如南通市早在 2006 年就开展了试点，主要背景是南通原来是以轻工业、纺织业为主的城市，随着国企改革，下岗失业人员不断增加，受年龄、技能等条件的限制，绝大多数人无法实现正规就业，只能选择灵活就业。为了保护这部分人员的工伤权益，南通市于 2006 年发布了《关于灵活就业人员参加工伤保险的通知》，并从

---

① 张军：《新业态从业人员参加工伤保险难点及对策建议》，《中国医疗保险》2017 年第 6 期。
② 王涛：《灵活就业人员工伤保障：无缝衔接》，《中国社会保障》2013 年第 10 期；李坤刚：《"互联网＋"背景下灵活就业者的工伤保险问题研究》，《法学评论》2019 年第 3 期。

2007 年 1 月 1 日起正式施行。随后，潍坊（2009 年）、太仓（2010 年）、苏州市吴江区（2018 年）、九江（2019）等地也相继开展了灵活就业人员工伤保险试点探索。虽然这些地方的探索不是以平台从业人员为重点对象，但其核心是没有建立劳动关系的灵活就业人员，而平台从业人员同样没有与平台建立劳动关系，因此这些政策也适用于平台从业人员。这些地方的思路主要有两种：一是参照《工伤保险条例》来执行，如潍坊、南通；二是重新建立新的制度，如吴江和太仓。课题组认为，纳入工伤保险制度统筹管理和建立职业伤害保障制度各有优势和劣势，需要决策层面进行抉择。但无论采取何种模式，都应明确，参加工伤保险或职业伤害险不能作为劳动关系认定的反推条件，平台企业仅承担工伤保险或职业伤害险的法律责任，不承担传统劳动关系下的其他用人单位责任，如此方能实现劳动者权益保障与新业态发展的双赢。考虑到我国《社会保险法》《工伤保险条例》短期内修订存在困难，工伤保险制度的完善需要时间，课题组倾向于短期内不纳入现行工伤保险统筹管理，单独建立职业伤害保障制度，但职业伤害保障制度可以借鉴工伤保险制度设计，待条件成熟后可通过制度参数的调整实现制度统一。

（四）将新就业形态纳入就业服务管理体系，促进平等享受公共就业服务

政府各有关部门加强沟通协作，建立健全"三新"领域信息沟通、数据共享、协调处理制度，构建与"三新"企业（平台企业）联合工作机制，对货运、快递、网约车等重点行业开展区域性统计和分析，全盘掌控"三新"领域从业人员就业动态，加强行业监管监测，提升服务水平。一是将新就业形态从业人员纳入就业失业登记范畴，强化就业信息采集，纳入城镇新增就业、失业再就业等指标统计范畴，为政府掌握社会就业失业情况、更好服务新就业形态从业者提供基础数据支撑。二是改革创新现有的公共就业服务信息提供方式，政府应加强与平台企业的联系沟通，建立新就业形态劳动力市场供需信息平台，及时免费发布就业岗位信息，按需组织专场招聘。指导企业规范开展用工余缺调剂，帮助有"共享用工"需求的企业精准高效匹配人力资源。三是加强职业培训和技能提升。提高平台劳动

者的工作技能和适应能力是推进平台就业主流化、体面化的关键。① 要加强学校教育、职业教育与平台就业市场的适应性，推动和引导教育培训机构适应经济社会发展和技术进步需要，培养和提升平台就业从业者的价值观念和技能技术。推进高等教育、职业教育的专业设置、培养模式与平台经济等新业态发展相衔接，推动平台经济从业人员从体力型向知识型和技能型就业转型。要有针对性地组织开展电商、微商、网络直播等领域新职业技能培训，推进线上线下相结合，灵活安排培训时间和培训方式，按规定落实职业培训补贴和培训期间生活费补贴，提高劳动者的就业能力和市场竞争力。

（五）加强工会组织建设，提高新就业形态从业者的组织性

新就业形态从业人员具有个体化、分散化和原子化特征，更加需要正式组织去联络、团结他们。而工会的职责是建设和团结产业工人队伍，巩固党的执政基础，竭诚服务职工群众，维护职工合法权益，因此，必须扩大工会组织、工会工作、工会服务的有效覆盖面。只有做好"三新"领域劳动者的团结和工会的组建工作，才能延伸工会的手臂，收集职工诉求，掌握职工队伍动态，构建新型的和谐劳动关系和社会关系，这有利于社会生活的稳定有序，有利于党和国家政治局面的长治久安。2018 年 10 月 29日，习近平总书记在同全国总工会新一届领导班子成员集体谈话时指出，工会要通过多种有效方式，把快递员、送餐员、卡车司机等灵活就业群体、各类平台就业群体吸引过来、组织起来、稳固下来，使工会成为他们愿意依靠的组织。②

一是建立党委领导下的齐抓共推建会工作格局。坚持党建带工建的工作思路，推动各级党建工作领导小组把党建带工建纳为党建工作规划的重要内容，探索将"三新"领域建会工作纳入党建考核体系，坚持在同级党委的领导下，有力有序推进"三新"领域建会入会工作。发挥工会组织的主导作用，并积极争取主管部门、行业协会、基层党组织等主体的支持配合，形成齐抓共推的建会工作格局。推广滴滴深圳分公司建会经验，深圳

---

① 诸大建：《U 盘化就业：中国情境下零工经济的三大问题》，《探索与争鸣》2020 年第 7 期。

② 《习近平关于工人阶级和工会工作论述摘编》，北京：中央文献出版社，2023。

市总工会发挥主导作用，指导滴滴深圳分公司及其线下两个合作公司分别成立基层工会，进而组建工会联合会（三个基层工会联合而成），并负责指导发展会员、工会选举等具体工作。同时，深圳市总工会积极争取市交通运输局（主管部门）、市出租汽车协会（行业协会）及该会党委的支持，协调做好工会联合会组建、会员发展、选举会议召开等工作。

二是创新建会机制。首先，抓住关键"牵头建"。重点突破规模以上龙头企业（如快递业"四通一达"等）和行业垄断性网络平台（如货拉拉、美团等）单独建会，通过企业（平台）总部规范建会发挥示范带动作用，从而加强对下属企业建会的指导。如广州市总工会组织开展了"货车司机等群体入会集中行动"，重点推进货车司机、网约送餐员、快递员等八类新技术、新业态、新模式领域企业建会和职工入会。2019 年 1 月在广州市总工会的指导和见证下，广州饿了么蜂鸟配送代理商第一届第一次会员代表大会召开。第一批 350 名饿了么外卖骑手申请加入工会，他们成为即时配送新业态的首批工会会员。① 其次，借力行业"依托建"。可以依托国家和地方快递、货运、家庭服务业、建筑工程、物业管理、房地产等"三新"行业协会组织，重点推进行业工会联合会建设。同时发挥地方工会、产业工会作用，全面推进所属行业员工入会，如广东省财贸工会积极指导商场、网约平台建会，发展商场信息员、网约送餐员等入会。最后，立足区域"联合建"。在企业（网点）相对集中的区域，如物流园区、创业园区、港口、码头、站场、快递、电商、货运公司聚集区等，按照联合制、代表制原则建设行业性、区域性工会联合会，扩大对中小微企业和非公企业的有效覆盖。

三是创新入会方式，最大限度地吸纳"三新"领域职工入会。根据互联网平台用工方式和职工就业的特点，引导"三新"领域职工通过手机、网络等多种途径表达建会、入会愿望，实现线上提交入会申请、线下及时跟进审核确认会员身份。探索先做好职工服务工作、再吸引"三新"领域职工入会的工作思路，真正把职工团结凝聚到工会中来。根据属地原则，将本区域内（一般为县级以下）在网络平台注册、联系紧密的职工组织入

---

① 周聪：《广州首家即时配送领域工会成立 网约送餐员有了自己的"职工之家"》，金羊网，http://news.ycwb.com/2019－01/09/content_30172276.htm，最后访问日期：2023 年 9 月 21 日。

会，确保会籍落地，扩大有效覆盖。拓展企业外入会新渠道，依托行业性、区域性工会联合会，推动流动分散的以及未建会企业的"三新"领域职工在企业外单独入会。

四是切实开展维权行动。指导"三新"领域从业人员劳动合同与集体合同签订，配合执法监督，切实查处违法用工、侵权案件，鼓励通过法律途径解决争议和纠纷。积极开展行业集体协商，引导工会组织与行业协会代表或行业企业代表协商制定行业劳动定额标准、工时标准、最低劳动报酬标准、职业安全、奖惩办法等行业规范，推动工会与相关行业签订集体合同，及时推动行业实践、基层实践上升为地方立法，形成劳动基准条款。健全劳动关系协商协调机制，探索建立传统协商模式与互联网相结合的协商模式，健全以职工代表大会为基本形式的民主管理制度，积极参与涉及职工切身利益相关方案的制订。进一步完善与"三新"领域用工模式及劳动特点相适应的工会劳动保护监督机制，深入开展安全生产、职业病防治工作，加大安全生产知识培训力度，督促平台企业落实员工体检、疗养休养等制度。

五是开展普惠性服务。以更加灵活的形式和新颖的方式开展服务，推进"爱心驿站""货车司机之家""快递员之家"等工会"实体＋网络"服务平台建设，打造方便快捷、务实高效的"三新"领域服务新通道。加强"三新"领域人才培养和技能培训，充分发挥工会线上教育平台、线下教育基地等阵地作用，深入持久地开展"三新"领域员工继续教育、在职培训活动，把"三新"领域纳入劳动和技能竞赛范围。强化困难帮扶和心理关怀，将新就业形态困难劳动者纳入工会系统的困难职工帮扶范围和民政系统的社会救助范围。同时，注重对敏感舆情和苗头性、倾向性问题的发现、研判和处置，坚决防止敌对势力煽动渗透破坏，进一步维护"三新"领域的政治安全。

（六）整合社会资源，构建多元主体服务体系

一是进一步加强行业管理和社会服务。多方共举，因势利导，引导督促平台企业尽快成立行业自律组织，制订行业章程、业务规则、操作细则，加强自我管理和自我服务，共建利益平衡调整机制。二是更广泛和更普遍地吸引社会力量特别是公益慈善组织和专业社会服务机构的参与。面对数

量庞大的"三新"领域职工群体，仅仅由各级工会来推动服务，在人力和专业性方面都可能力所不逮。工会可以借鉴已有的社会化工会工作以及工会社工和驻企社工的经验，通过招投标方式，为"三新"领域职工群体购买专业的社会工作服务，利用专业的社会工作机构和人员来为"三新"领域职工群体提供更为贴切的服务。同时也可以与公益慈善组织合作，开展社会捐赠和志愿服务，增强全社会对"三新"领域职工群体的关注。三是在大力推行企业社会责任的同时，倡导和促进职工自组织和自我服务，承担起个人的社会责任。激发"三新"领域职工群体的主体意识和参与精神，号召不同行业的"三新"领域职工群体开展自助、互助活动并积极承担社会责任。

第七章 互联网时代劳动关系发展趋势：
迈向新个体劳动关系

技术变革是影响劳动关系变革的重要因素。[①] 当今世界新一轮科技革命和产业变革蓄势待发，科学技术从来没有像今天这样深刻影响着国家前途命运，也从来没有像今天这样深刻影响着人民生活福祉。[②] 本章将在前文对传统劳动关系和平台劳动关系进行实证分析的基础上，从宏观和理论层面进一步揭示技术进步和劳动关系转型之间的关系，指出技术变革背景下中国劳动关系转型和发展的新趋势——迈向新个体劳动关系——及其背后的逻辑。

一 中国劳动关系转型回顾

改革开放以来，基于对国家、企业、工会和工人在劳动关系当中的角色判断及其互动模式分析，学者们对我国劳动关系转型的研究主要有市场化（个体化）转型和集体化转型两个方面，对当下新一轮科技革命和产业变革背景下的劳动关系如何转型尚在探索之中。

（一）劳动关系市场化转型

从高度集中的计划经济体制向充满活力的社会主义市场经济体制转型的过程中，单位制下的"铁饭碗"被打破，劳动力逐渐成为商品，劳动者不得不直面失业风险，对工资性收入的依赖性提高，劳动关系伴随着经济

---

① 赵放、刘雨佳：《人工智能时代我国劳动关系变革的趋势、问题与应对策略》，《求是学刊》2020 年第 5 期。

② 习近平：《努力成为世界主要科学中心和创新高地》，《求是》2021 年第 6 期。

体制改革的深入不断向市场化、契约化转型。①

　　众所周知，新中国成立以后尤其是社会主义改造基本完成后，我国建立的是与社会主义计划经济体制相适应的劳动关系治理体系，其主要特征是单位体制和再分配体制②，即国家对城镇劳动力实行统包统配和终身雇佣的就业用工制度、普遍较低但比较平均的工资制度、全面保障的职工福利制度。在"一大二公"的公有制下，国家、企业、职工的利益高度一体化，劳动者的主人翁地位得到充分体现，生产积极性得到极大调动。这一时期的劳动关系总体比较和谐，存在的矛盾主要在单位内部官僚主义对职工利益的控制和侵犯。如魏昂德（Andrew G. Walder）关于共产党社会新传统主义的经典研究发现，在计划经济体制下，国家的权威造成了工厂组织与工人之间的恩从关系，并导致工人对企业的依赖。③

　　党的十一届三中全会以来，在渐进改革策略下，最初④只是国营企业新招聘的工人以及体制外的个体私营经济、外资企业⑤等实行劳动合同制，形成存量的固定工与增量的合同工并行的"双轨"用工制度。此后⑥，为配合国营企业转换经营机制，国家开始推行全员劳动合同制，积极培育形成统一的劳动力市场，实现从"双轨"到"单轨"的转变。打破所有制身份、统一实行劳动合同制最终在 1994 年颁布的《劳动法》中得以确立。虽然国营企业的固定工也实行了劳动合同制度，但是真正要解除劳动合同，辞退固定工并非易事。让固定工走向市场，社会保障制度的配套改革同样必不

---

① 孟捷、李怡乐：《改革以来劳动力商品化和雇佣关系的发展——波兰尼和马克思的视角》，《开放时代》2013 年第 5 期。

② 路风：《中国单位体制的起源和形成》，《中国社会科学季刊》1993 年第 5 期。

③ Andrew G. Walder, *Communist Neo-Traditionalism* (Berkeley：University of California Press, 1986).

④ 1986 年，国务院颁布《关于发布改革劳动制度四个规定的通知》，这四个规定是《国营企业实行劳动合同制暂行规定》、《国营企业招用工人暂行规定》、《国营企业辞退违纪职工暂行规定》和《国营企业职工待业保险暂行规定》，其中前两个规定明确要求新招工人统一实行劳动合同制。

⑤ 1980 年 11 月，深圳竹园宾馆（1979 年深圳市政府与香港合作兴办）一个名叫赖莉的员工签下内地第一份雇佣合同制工人合同。参见刘洪清《张文超：扛着棉被去"打工"》，《中国社会保障》2008 年第 12 期。

⑥ 1992 年党的十四大明确提出建立社会主义市场经济体制的目标，1993 年十四届三中全会通过《中共中央关于建立社会主义市场经济体制若干问题的决定》明确提出"改革劳动制度，逐步形成劳动力市场"。

可少。为此，我国逐渐建立起以社会保险为核心的社会保障制度，实现了从劳动保险到社会保险的制度模式转型。[①]

对于市场化转型期的劳动关系，学界的研究主要强调劳动力的商品化以及在此过程中的劳动关系个体化转型。此类文献强调市场转型让劳动被重新规制到资本积累的生产逻辑之下，并通过对国企下岗工人和农民工的研究描绘了在剧烈的市场化改革过程中劳动者利益受损的状况。如有学者对20世纪90年代河南的国有棉纺织工厂研究发现，一旦国有企业开始追求利润，也会像自由竞争时期的资本主义企业一样强化对工人的控制，由此导致工人的工作时间延长、工作量加大、机器运转速度提高以及用现金惩罚的方式规训工人等。[②] 在农民工权益受损的研究方面，索林格（Dorothy J. Solinger）发现农民工不仅处于劳动力市场的最底层，而且无法享有与城市公民同样的服务、权利以及资源。[③]

尽管劳动力商品化过程中产生了一些劳动者权益受损的情况，但除了20世纪90年代后期国有企业大规模改革中出现工人游行、堵路、停工等少量集体行动外，这一时期工人对劳动力商品化所带来的一系列不满并没有导致大规模的集体行动。对于其中的原因，学者们从政府的"集体化消融"策略[④]、意识形态管控[⑤]、道德政治[⑥]以及劳动者对经济发展目标的认同、"守法"的逻辑和制度畏惧[⑦]等不同角度进行了解释。总的来看，在21世纪之前，中国劳动关系在市场化转型过程中伴随着鲜明的个体化特点。

[①] 邓智平：《从劳动保险到社会保险：中国社会保障制度模式转型及其逻辑》，北京：中国社会科学出版社，2015，第80~83页。

[②] Zhao Minghua & Nichols Theo, " Management Control of Labor in State Owned Enterprises," *The China Journal*, Vol. 61, No. 36, 1997, pp. 75 – 118.

[③] Dorothy J. Solinger, *Contesting Citizenship in Urban China: Peasant Migrants, the State, and the Logic of Market* (Berkeley: University of California Press, 1999), pp. 247 – 248.

[④] 李琪：《"集体化消融"：对集体劳动关系现状的讨论》，《中国人力资源开发》2019年第2期。

[⑤] Marc J. Blecher, "Hegemony and Workers Politics in China," *The China Quarterly*, Vol. 67, No. 170, 2002, pp. 283 – 303.

[⑥] Feng Chen, "Industrial Restructuring and Workers Resistance in China," *Modern China*, Vol. 29, No. 2, 2003, pp. 237 – 262.

[⑦] 刘爱玉：《国有企业制度变革过程中工人的行动选择——一项关于无集体行动的经验研究》，《社会学研究》2003年第6期。

（二）劳动关系集体化转型

进入 21 世纪，我国劳动关系市场化转型基本完成。[①] 虽然在市场化转型过程中，国家通过劳动立法不断建立健全劳动法律法规，推动了计划经济的公法属性劳动法向社会主义市场经济的社会法属性劳动法转变，初步形成了中国特色的劳动法律体系，其中的劳动合同制度、劳动争议处理的三方机制、工会与企业之间的集体协商制度等在稳定劳动关系方面发挥了重要作用。[②] 但与此同时，21 世纪以来特别是 2010 年前后工人集体行动明显增多，引发了学界关于我国劳动关系集体化转型的新讨论。

首先，学者们围绕中国劳动关系是否发生集体化转型进行了激烈争论。早在 2009 年，常凯就明确提出，中国劳动关系的结构和调整机制正处于由个别劳动关系向集体劳动关系转型的阶段，如何形成法制化的集体劳动关系，是中国劳动关系发展面临的主要任务和基本方向。[③] 2013 年，常凯发表在《中国社会科学》的《劳动关系的集体化转型与政府劳工政策的完善》一文更是详细论述了我国劳动关系集体化转型的起点、过程、路径和特点，并就政府劳工政策的调整和完善提出了相关建议。[④] 该文可谓一石激起千层浪，引发了学界的热烈讨论，支持集体化转型论者有之，反对者也不少。支持者中，刘爱玉等提出，工人自发性的集体行动对政府建立集体劳动关系调整机制产生了"倒逼"效应，在某种程度上推动了制度建设。[⑤] 明娟和周易也指出，部分沿海地区的劳动关系在一定时期内呈现集体化转型的路径。[⑥] 反对者中，以游正林为代表的另一部分学者否认我国劳动关系出现了

---

① 刘向兵、闻效仪、潘泰萍、窦学伟：《中国劳动关系研究 70 年回顾与展望》，《中国劳动关系学院学报》2020 年第 2 期。

② 王全兴、石超：《新中国 70 年劳动法的回顾与思考》，《求索》2020 年第 3 期。

③ 常凯主编《中国劳动关系报告——当代中国劳动关系的特点和趋向》，北京：中国劳动社会保障出版社，2009，第 8 页。

④ 常凯：《劳动关系的集体化转型与政府劳工政策的完善》，《中国社会科学》2013 年第 6 期。

⑤ 刘爱玉、付伟、庄家炽：《结构性力量与新生代工人抗争的组织化趋向》，《中国人力资源开发》2014 年第 23 期。

⑥ 明娟、周易：《劳动关系集体化转型路径与演变机制研究：比较制度分析视角》，《中国人力资源开发》2017 年第 12 期。

"集体化转型"，提出"中国劳动关系的另一种转型"。① 还有一些学者则试图调和这两种观点，如李干认为，集体化转型论与非集体化转型论并非截然对立，应在两种模式的竞争与互动中寻求劳资平衡之路。② 孙中伟等则认为之所以会出现两种不同路径走向的分歧，是因为工人和企业群体具有多样性。③

其次，学者们对中国劳动关系集体化转型的动力与路径展开争论。常凯认为，《劳动合同法》的颁布和实施标志着中国劳动关系的个别调整在法律建构上已经初步完成，同时开启了劳动关系集体调整的新起点，"南海本田事件"则体现了工人对集体谈判和工会改革的推进，"政府主导的自上而下的建构过程"和"劳动者自发的自下而上的促进过程"两条路径相互补充，共同促进了中国劳动关系的集体化转型。④ 但有学者认为，支撑劳动关系集体化转型的现实依据仍然不足。一方面，《劳动合同法》颁布和实施后，政府对集体劳动关系在法律和制度层面的建设一直没有进展，集体行动的增多并未带来集体劳动关系法的大发展⑤，甚至《劳动合同法》所导致的内部劳动力市场机制的形成反而强化了个体化趋势⑥。因此，如果将法律对集体劳动关系的规制作为集体劳动关系是否出现的判断标准⑦，那么很难说中国政府对集体化劳动关系的规制已经成熟。如各级政府和中华全国总工会的正式文件中都没有提过"集体劳动关系"，学界多年倡导的罢工权立法也没有如愿推进。⑧ 另一方面，政府和企业推动集体化转型的动力不足⑨，而

---

① 游正林：《对中国劳动关系转型的另一种解读——与常凯教授商榷》，《中国社会科学》2014年第3期。
② 李干：《劳动关系转型的另一种思考》，《广西社会科学》2016年第9期。
③ 孙中伟、刘明巍、贾海龙：《内部劳动力市场与中国劳动关系转型——基于珠三角地区农民工的调查数据和田野资料》，《中国社会科学》2018年第7期。
④ 常凯：《劳动关系的集体化转型与政府劳工政策的完善》，《中国社会科学》2013年第6期。
⑤ 阎天：《美国集体劳动关系法的兴衰——以工业民主为中心》，《清华法学》2016年第2期。
⑥ 孙中伟、刘明巍、贾海龙：《内部劳动力市场与中国劳动关系转型——基于珠三角地区农民工的调查数据和田野资料》，《中国社会科学》2018年第7期。
⑦ 谢德成、王天玉：《集体劳动关系的法律目标及规范重点》，《当代法学》2010年第2期；段礼乐：《劳动关系的选择性干预与集体劳动关系的制度逻辑》，《中国劳动关系学院学报》2011年第5期。
⑧ 李琪：《"集体化消融"：对集体劳动关系现状的讨论》，《中国人力资源开发》2019年第2期。
⑨ 熊新发、曹大友：《劳动关系集体化转型的历史回顾与治理启示》，《中国行政管理》2016年第5期；孙永生：《推进工会体制创新是中国劳动关系集体化转型的根本路径——与常凯教授和游正林教授商榷》，《中国劳动关系学院学报》2017年第3期。

且基于保持全球市场竞争优势的考虑，它们还有意识地对集体劳动争议采取了非集体化甚至去集体性的方法①。因此，无论是以工人为主体的民间集体劳动关系还是以工会为主体的体制内集体劳动关系，均没有朝着制度化的集体劳动关系方向发展。前者由于工人集体行动的自发性和不稳定性，以及政府的"集体化消融"策略，在生成期便处于停滞状态；后者由于中国工会的特点与职能限制也尚未呈现一条清晰的发展路径。② 从统计数据中也可以看出，中国劳动仲裁受理的集体劳动争议案件数虽然在2000～2009 年呈上升③趋势，但在 2009 年后逐步下降，2019 年与 2000 年大致相当，总体保持稳定；反而是个体劳动争议案件数和当事人数不断攀升（见图 7－1）。

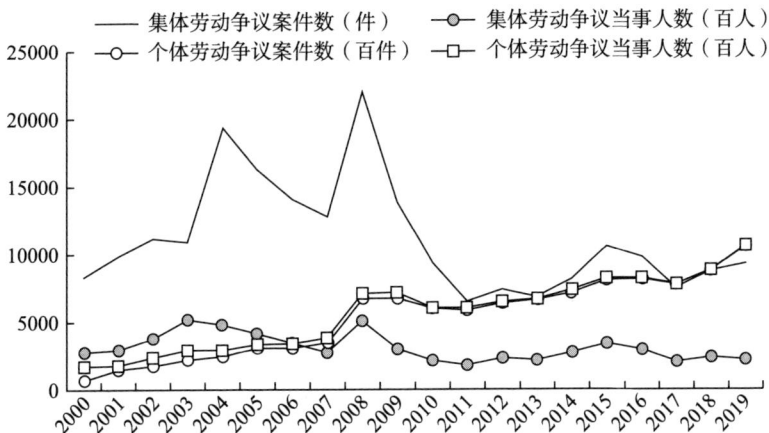

图 7－1　2000～2019 年中国劳动争议案件数和当事人数

资料来源：相关年份《中国统计年鉴》。

（三）技术变革与中国劳动关系新转型

总的来看，现有对中国劳动关系现状和发展走向的研究都没有考虑技术变革和数字经济的时代背景。当前，第四次工业革命的深入推进使劳动关系不断重构，在很大程度上影响了劳动关系转型的走向。我国劳动关系

---

① 陈步雷：《劳权与发展：权利论与功能论的多维度分析》，北京：法律出版社，2009。

② 李琪：《"集体化消融"：对集体劳动关系现状的讨论》，《中国人力资源开发》2019 年第2 期。

③ 这里的"上升"是相对于 2000 年来说的。

正面临新技术、新业态、灵活就业与数字劳动等的合力重塑[1]，机器正在替换人的工作，依托平台经济灵活就业的人员也越来越多，互联网时代的劳动关系正在经历深刻变革。但目前学界认为新一轮技术变革对劳动关系的影响主要集中在就业、收入分配、企业管理等具体方面，鲜有学者从宏观和理论层面关注互联网时代人工智能、大数据、物联网等新技术对我国劳动关系变革和转型的影响。

技术通过不同的社会主体发挥作用，如技术会向它的开发者和使用者赋权，不过赋权的内容与程度并不完全相同[2]。从劳资政三方的具体情况来看，虽然劳动者、企业和政府都可以借助技术赋权增能，但政府和企业往往在新技术的应用中占据优势，工人虽然可以通过互联网技术消除信息不对称甚至增强集体团结，但是对大数据等新技术的利用仍处于劣势。新技术和新经济（数字经济）的发展对劳资政三方普遍但不均衡的赋权导致各方的力量发生了显著变化，深刻影响着劳动力市场的博弈，从而演变出不同的发展类型。在不同发展类型中，政府、企业和劳动者之间的互动关系和行动逻辑也会呈现不同的特征，进而重塑劳动关系模式，改变劳动关系"集体化"转型的固有方向。基于前文对技术赋权的实证分析，本书认为互联网时代下"新个体劳动关系"是中国劳动关系新的发展趋势。

二 传统劳动关系个体化转型及其机制

技术进步不仅推动生产工具和生产方式的变革，也促成企业组织的变革和管理方式的变革，传统劳动关系中工人的结构力量和结社力量所嵌入的市场、制度和组织环境均发生了重大变化，使工人更加趋向于通过个体化的行为维权。

（一）技术红利和技术话语消解了劳动者的集体行动

近年来，国内以"机器换人"为代表的技术进步推进十分顺利，传统

---

[1] 李雄：《新时代我国劳动关系治理的重大转型》，《学术界》2020 年第 8 期。
[2] 张丙宣、卢志朋：《服务、监管与技术性协同治理》，《公共管理与政策评论》2016 年第 4 期。

生产领域（制造业）使用机器人和自动化、智能化设备的比例稳步提高①，却没有带来显著的失业问题，也鲜有工人大规模抵制，更不用说像发生在英国工业革命时代的"卢德运动"，背后的原因是技术红利和技术话语消解了劳动者的集体行动。

　　一方面，工人享受到技术进步的红利。技术一旦大规模应用就成为一种具有强大外部性的公共产品，不仅资本可以从中获利，工人也可以分享技术红利，尽管这种分享未必是均等的。具体来说，技术对工人的赋权体现在两个方面：一是提高自我解决问题的能力，二是与外界互动获得新的资源。如智能手机和移动互联网技术让工人的信息搜寻成本大幅度降低，工人随时可以便捷地搜索到劳动力市场的岗位需求信息，实现"用脚投票"；可以在线咨询维权信息，轻松知道合法权益是否被侵害，如果个体诉求得不到制度化途径的及时解决，那么可以通过互联网、微信、微博等将权益受损情况"问题化"，实现网络动员；可以通过线上学习提升人力资本水平；可以利用下班、节假日等休息时间在网络平台兼职，获得增加收入的机会；等等。总之，信息技术的发展让工人能够走出封闭、监管严密的工厂体系，随时进入信息自由开放的社会，极大地缓解了劳动紧张和工作焦虑。

　　另一方面，工人认同国家倡导的新技术即进步的理念。自近代以来，国人一直积极学习西方发达国家的科学技术，典型的如"师夷长技以制夷"。新中国成立后，党和国家把科技作为实现国富民强和中华民族伟大复兴的法宝，从"四个现代化"中的科技现代化到"科学技术是第一生产力"，从"科教兴国"到"建设创新型国家"，再到"创新是第一动力"，工人们长期在这种宣传下耳濡目染，普遍比较认同技术发展主义的意识形态，认为技术进步意味着社会进步。即便是部分低技术工人意识到"机器换人"会带来"劳动降级"乃至失业的风险，他们仍然倾向于将问题归因于自己，认为是自己的年龄、能力等人力资本跟不上时代和技术进步，而不是把个体的不幸归因于技术。同时，中国劳动力市场的良好就业形势也

---

① 最近十年，中国机器人的使用覆盖比例有了快速增长，使用工业机器人的企业比例从2008年前的2%，提高到2017年的13%，年均增速高达21%。参见程虹、陈文津、李唐《机器人在中国：现状、未来与影响——来自中国企业‐劳动力匹配调查（CEES）的经验证据》，《宏观质量研究》2018年第3期。

给工人的"用脚投票"提供了多样化选择，消解了个体化不满积累升级为集体化行动的可能。如人口转变和"刘易斯转折点"的到来①让工人求职、离职变成较为容易，"机器换人"几乎与网络平台经济的发展同步，新旧业态存在激烈的竞争劳动力的现象②，平台经济的兴起为工人在传统业态与新业态之间的跨界流动提供了更多的就业选择机会。

（二）人力资源管理创新导致劳动者分化

技术的变革也带来了企业管理技术和策略的进步，越来越多的企业通过弹性化用工、内部劳动力市场等新的人力资源管理策略，促进了管理效率的提高和对工人权益的保护。企业人力资源管理模式的变革在一定程度上实现了对劳资双方通过集体谈判共治的替代，加速了新个体劳动关系的形成。

首先，弹性化用工的增加。20 世纪 70 年代以来，经济全球化导致国际产业分工深化和企业间竞争加剧，企业人力资源的价格和规模有逐底竞争（race to the bottom）的动力和趋势，由此带来雇佣弹性化和非正规劳动者的激增。③ 特别是 2008 年全球金融危机以后，不稳定无产阶级（precariat）的概念在全球劳工研究领域流行起来④，金融危机后各国政府进一步去管制化，发达资本主义国家试图通过减少或减弱就业保护立法以解决失业问题，这同时加剧了就业零散化的问题。在全球化弹性用工的背景下，跨国公司在全球进行外包生产的方式被越来越多的国内企业采用，企业对内部职工尤其是新招聘职工采取签订短期或临时性劳动合同甚至不签订合同的方式来建立劳动关系的策略，成为一种普遍的用工现象，短工、散工、临时工、劳务派遣工、自由职业等灵活用工形式蓬勃兴起。⑤ 根据中华全国总工会的一项调查，全国被派遣劳动者人数在 2011 年达到约 3700 万人，占

---

① 蔡昉：《人口转变、人口红利与刘易斯转折点》，《经济研究》2010 年第 4 期。
② 闻效仪：《去技能化陷阱：警惕零工经济对制造业的结构性风险》，《探索与争鸣》2020 年第 11 期。
③ 乔健：《雇佣弹性化时代的劳动关系与劳工权益保障》，《中国人力资源开发》2002 年第 8 期。
④ Guy Standing, "The Precariat—The New Dangerous Class," *Amalgam*, No. 6, 2014, pp. 115 - 119.
⑤ Gerald Friedman, "Workers without Employers: Shadow Corporations and the Rise of the Gig Economy," *Review of Keynesian Economics*, Vol. 2, No. 2, 2014, pp. 171 - 188.

国内职工总数的 13.1%[①]，而农民工则成为灵活用工的主要对象。劳务派遣工中，农民工和外地户籍人员占 52.6%，其中天津的劳务派遣工中新生代农民工占比更是高达 70%。[②] 可以预见，未来弹性就业和非标准劳动关系还会增加。

同时，就业观念的变化意味着工人对这种不稳定的劳动关系和劳动条件不是一味排斥，而是存在某种程度的"同意"。如郑广怀等对广州市中大布匹市场周边聚集的小型制衣厂的非正式就业工人与老板的田野研究指出，非正式工人在"个个来管理"的"老板游戏"中接受并积极参与"工人—师傅—老板"的阶级跃升游戏，而对行业内高强度、低工资、无保障、零散化的劳动条件并不反对，这种"老板游戏"成为消解工人团结与抗争的观念机制。[③] 梅扎德里（Mezzadri）和范璐璐对德里地区和长三角地区制衣行业工人的研究提出，劳动者并非总是被动地被排挤出工厂正式的劳动关系，在某些情境下，劳动者也可能出于自身的考虑（如对工厂令人窒息的管理体制的逃离、再生产的需要等）而主动选择非正式的劳动关系，比如长三角地区制衣行业当中以家庭作坊的形式运作的技术女工合作社。[④] 当前，不愿意与企业建立稳定劳动关系而接受日结制等灵活工作方式的年轻人越来越多，"三和青年"[⑤] 只是其中的极端例子。

其次，内部劳动力市场的形成加速了工人的分化。影响集体劳动关系转型的另一个重要因素是内部劳动力市场对工人的分化机制，这一机制无论是在农民工群体还是在知识工人群体都发挥着重要作用。内部劳动力市场是指企业内部所建立的将员工纳入晋升、技能培育、职业发展和福利保障的阶梯制度设置。[⑥] 它是企业为了吸引和留住人才，从而将符合企业发展

① 《中国劳务派遣"临时工"迅猛增加 用工"双轨制"遇变革节点》，共产党员网，https://news.12371.cn/2013/06/22/ARTI1371881320479201.shtml，最后访问日期：2023 年 11 月 21 日。
② 全总劳务派遣问题课题组：《当前我国劳务派遣用工现状调查》，《中国劳动》2012 年第 5 期。
③ 郑广怀、孙慧、万向东：《从"赶工游戏"到"老板游戏"——非正式就业中的劳动控制》，《社会学研究》2015 年第 3 期。
④ Alessandra Mezzadri and Fan Lulu, "'Classes of Labour' at the Margins of Global Commodity Chains in India and China," *Development and Change*, Vol. 49, No. 4, 2018, pp. 1034 – 1063.
⑤ 田丰、林凯玄：《岂不怀归：三和青年调查》，北京：海豚出版社，2020。
⑥ George Baker and Bengt Holmstrom, "Internal Labor Markets: Too Many Theories, Too Few Facts," *American Economic Review*, Vol. 85, No. 2, 1995, pp. 255 – 259.

所需的特殊岗位和特殊员工纳入晋升阶梯和福利保障体系，是一种人力资源管理策略。内部劳动市场本质是一种员工内部竞争和分化机制。工人在高度商业化的内部劳动力市场上互相竞争，团结程度会相应下降。

一方面，当前很多用人单位同时采用多种用工方式，甚至将同一个组织的员工分成不同的身份，从而形成复杂多样的劳动关系，只有进入核心，员工才有资格进入内部劳动力市场。例如，IT 企业既存在正规的雇佣劳动关系，也存在劳务派遣、外包和在家工作等非正式的劳动关系，形成核心 - 边缘的二元劳动力雇佣结构，企业往往只保留最核心的技术和业务人员，而将其他工作以外包、兼职、实习等形式分配给边缘劳动者。① 又如，在一些国有企业甚至民营企业，员工存在正式编制人员、合同正式工、合同非正式工、下属企业员工、劳务派遣员工等不同类型，往往只有正式编制员工才能进入公司管理层。

另一方面，技术进步加速了企业建立健全内部劳动力市场机制。孙中伟等研究发现，《劳动合同法》的颁布实施促进了内部劳动力市场机制在农民工群体中的扩展，并有利于缓解劳资之间的紧张关系，进而强化了中国劳动关系的"个体化"发展趋势。② 而课题组调研发现，自动化机器设备的使用并不意味着工人的彻底消失，人与机器之间并非完全对立的关系，当前的自动化仍然需要工人的操作，需要人机协同合作。原先处于生产线的技术型工人现在则在企业的培训下成为机器操作工，甚至晋升为技术员、工程师和中低层管理人员。内部的成长空间与晋升空间既能起到激励的作用，也减少了企业裁员的压力。此外，劳动力在企业内部的调动和转岗也降低了企业在员工招聘等方面的成本，这一点在当前劳动力短缺的大背景下尤为重要。内部劳动力市场对那些原本要被替代、被抛向外部劳动力市场的劳动者进行了合理的转化，这种柔性管理消解了工人与资方的对抗，促进了劳动关系在个体化层面的调整。

---

① 梁萌：《我国 IT 产业发展现状和劳动关系研究》，《内蒙古大学学报》（哲学社会科学版）2013 年第 6 期。

② 孙中伟、刘明巍、贾海龙：《内部劳动力市场与中国劳动关系转型——基于珠三角地区农民工的调查数据和田野资料》，《中国社会科学》2018 年第 7 期。

（三）传统企业组织平台化变革重构了企业与员工的关系

互联网时代的技术进步不仅推动了企业生产技术和生产方式的变革，而且推动了传统企业组织的变革，越来越多的科层组织向平台化组织转型，既激发了员工的创造力和组织的活力，也改变了员工与企业的关系。[①] 从课题组调研的情况来看，实践中主要有两种组织变革模式：一是平台化组织变革，二是项目制。这些组织变革让员工成为内部创业者或企业合作者，员工与企业之间从雇佣关系变成合伙人或类合伙人关系。

一是传统企业平台化组织变革。以海尔为代表的传统企业通过实施平台化战略改造，面向企业内部市场进行竞标，鼓励员工组建小微公司，以创业项目为中心实行按单聚散、自负盈亏、超利分成。[②] 众所周知，海尔原本是一家传统家电制造企业，但从 2012 年开始实施网络化战略，重构企业组织架构，转型为面向全社会孵化创客的平台。其主要做法是企业平台化、员工创客化、用户个性化，即打散原有组织结构、逐步消除中间层、划小经营单元、构建所谓的小微团队。小微团队根据客户需求进行产品设计研发、销售、资源投入，公司给予资源支持，通过市场反馈体现小微的价值。在这一过程中，员工从被雇者、执行者转变为创业者、动态合伙人，企业由经营管理/决策者转变为资源支持者和投资者，作为创业者的员工，在为用户创造价值的同时实现自身价值。平台化组织变革后，海尔只有平台主、小微主和创客三种人。原来集团部门领导都变成平台主，平台主不再是领导，其作用是为小微主提供创新创业最合适的条件和资源，判别其成功与否的标准是看平台上创业公司多少和成长情况。小微主也就是小型创业公司[③]，判别标准在于能不能自主找到机会创业。在平台化组织变革中，所有的员工都是创客，不光是内部员工是创客，甚至企业外的人也可以通过参与平台成为创客（见图 7-2）。

---

① 波士顿咨询、阿里研究院：《未来平台化组织研究报告——平台化组织：组织变革前沿的"前言"》，2016。

② 杨文华、何翘楚：《平台经济业态下去集体化劳动关系的生成及治理》，《改革与战略》2018年第1期。

③ 海尔将小微公司又分成三类：一是创业小微，即从无到有孵化出来的，如雷神、巨商汇等；二是转型小微，由成长、成熟的产业模式创新转型而来，如智胜（三门冰箱）、卡萨帝（高端冰箱品牌）等；三是生态小微，如9万辆服务车的车小微。

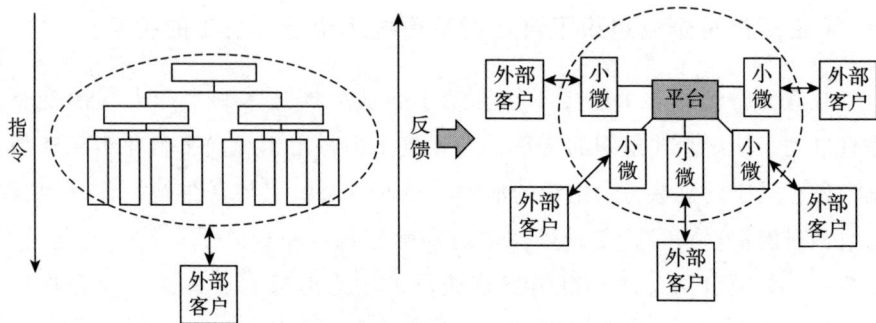

图 7 - 2　海尔组织平台化变革示意

二是项目制。当前许多高科技公司、互联网公司在保留传统科层制的同时，又普遍进行以项目制为主要特征的组织扁平化改造。以百度为例，百度公司在生产中实行项目制，允许各工种员工以项目为中心，跨越部门边界组建虚拟团队，形成团队成员之间民主的、团队与企业之间共生的伙伴关系。梁萌研究发现，技术变迁导致信息产业的劳动研究与传统工业的劳动研究不同，互联网公司普遍采取虚拟团队的工作方式来完成一个产品或项目，来自各个实体部门的不同工种的劳动者，以无行政等级差别的方式组成项目工作团队，按照不同的技术分工共同推动项目的开展，形成平等的合作关系。[①] 虚拟团队在项目推进过程中形成的平等合作关系跨越了组织边界，也部分消解了科层制权力关系，从而有利于缓解员工与管理者之间的紧张关系和矛盾。

无论是对于海尔还是百度来说，组织变革和企业内部"大众创新、万众创业"的兴起，都让具有共生性的合伙人或类合伙人模式不断推行。合伙人关系或类合伙人关系的建立意味着，员工和公司之间不再是雇员和雇主的从属关系，而是更像球队和球员的关系。球队有整体品牌，球员成为球星后也拥有个人品牌，球员和球队之间是相互投资、共同受益的关系[②]。这种以价值创造为基础的共生关系为企业和员工创造了更大的自由发展空间，企业的物力资本价值和员工的人力资本价值都能最大限度地得到实

---

① 梁萌：《技术变迁视角下的劳动过程研究——以互联网虚拟团队为例》，《社会学研究》2016年第 2 期。

② 赵玉、姚涟漪：《"互联网＋"时代企业人力资源管理的变化与转型》，《中国人事科学》2018 年第 4 期。

现。当员工的价值受到尊重，员工的归属感也极大提升时，就不再需要汇聚集体的力量进行对抗。① 合伙人或类合伙人模式在传统企业中得到越来越广泛的应用，在某种意义上也预示着共生性的劳动关系将逐渐取得主导地位。

三　平台经济塑造新型个体化劳动关系

蓬勃兴起的平台经济不仅创造了新的就业机会，而且引发了工作性质和雇佣方式的革命。平台经济通过数字连接拆解工人与社会的关联，促使劳动者个体化，剥夺了工人的关系空间，并总体上形成个体化社会②，对集体劳动关系形成全面解构。平台经济去集体劳动关系的生成机制主要体现以下几个方面。

（一）劳动合同签订比例低，雇佣关系模糊化

在平台经济中，传统的科层制企业被自由人（专业的或非专业的）的联合体取代，劳动者与企业之间签订的不再是雇佣合同而是合作协议，甚至根本没有任何协议。③ 众多的调查均表明，平台企业与劳动者签订劳动合同的比例不高，这已成为一个公认的事实。课题组在深入调研中更是发现，即便是有些问卷调查中被访者回答签订了劳动合同，其实合同是劳动者与平台企业委托或外包的第三方中间商、代理商签订的；有些则是由于劳动者分不清楚劳动合同和合作协议、劳务协议等的区别造成这类被访者回答有误；真正与平台企业直接签订劳动合同的劳动者非常少，主要是平台企业总部的管理者、运营维护者。按照我国目前的劳动法律，没有签订劳动合同就不构成劳动关系，在司法实践中，网约工、外包工与平台企业之间被判定存在劳动关系的判例虽然有但是并不多。从具体的劳动过程来看，平台从业者的工作自主性、灵活性有所增加，人员配置方式和由此产

---

① 杨文华、何翘楚：《平台经济业态下去集体化劳动关系的生成及治理》，《改革与战略》2018年第1期。
② 杨伟国、张成刚、辛茜莉：《数字经济范式与工作关系变革》，《中国劳动关系学院学报》2018年第5期。
③ 李晓华：《"新经济"与产业的颠覆性变革》，《财经问题研究》2018年第3期。

生的新的就业方式使标准劳动关系要素变得非标准化。① 如近年来我国出现的微商、淘宝店店主、网约车司机、外卖骑手、网络直播员等。在互联网平台经济中，每个人都可以轻易地加盟平台，从而在平台上进行"创业就业"。调研中，当问到自己是劳动者还是老板时，常有劳动者调侃是"自己雇用自己"。无论是客观的法律规则还是劳动者自己的主观认识，都表明平台经济中的雇佣关系模糊化，曾经边界清晰的劳资身份变得更加自由和多样。

（二）利益高度捆绑，劳资对立格局难以形成

利益对立是劳资对立的根源。在资本雇佣劳动的传统劳资关系格局下，处于同等受雇地位的劳动者为了争取自身的利益联合起来，从而形成集体劳动关系甚至资产阶级与无产阶级的阶级对立。但在平台经济条件下，个体与平台的联结就意味着劳动与资本的结合，而平台中劳动者的收入计算方式非常简单，除少数平台有底薪外，绝大部分都是按单（件）计酬，即每一笔交易额中平台收取一定（比例）的信息服务费或中介费后，剩下的就是劳动者的收入。这种收入计算方式类似于过去农村家庭联产承包制中农民"交够国家的，留足集体的，剩下都是自己的"的实践，劳动者多劳不仅意味着平台企业多得，而且意味着自己多得。由此，平台与劳动者形成了一种利益共生关系，如果劳动者不劳动，那么意味着劳资双方都没有收益，共同把交易量最大化才是彼此的明智之举。劳资双方不再是围绕既定利益如何分配的"零和博弈"关系，而是成为一种共同创造价值、共同分配价值的共生关系。实践中，平台还通过五花八门的奖励、补贴等累进激励手段诱发劳动者主动延长工作时间，劳动者在自己多劳多得的同时也为平台带来更多效益，劳资双方利益实现高度捆绑。尽管调研中也偶尔有劳动者对平台的抽成比例或者数额有异议，如"希望平台的抽成比例进一步降低"，但鲜有劳动者团结起来集体协商或行动，对此工人普遍的心态是"与其花时间去协商，还不如多接几单"。

---

① 邓宝山：《"互联网＋"时代下的企业价值创造方式对就业和劳动关系的影响》，《中国劳动》2017 年第 11 期。

（三）工人"原子化"且高度分化，丧失了团结行动的基础

集体劳动关系的形成和发展既需要有集体利益的基础，又需要有工人团结的条件。在机械化大生产过程中，产业工人长期在生产线上分工协作，集体劳动和共同生活的经历使他们容易形成共同的生活习惯、思想观念、社会地位、阶层认同等。换言之，集体劳动或者集体生活（如宿舍体制）[1]有利于工人的团结。可是，在数字技术的影响下，劳动者不再围绕机器在特定的时间和地点劳动，以平台经济为主的新就业形态可以让劳动者自由决定工作时间和工作地点，甚至可以自由选择接单或者不接单，因此，工人们不再有共同的劳动和生活经历，而是各自分散，独立完成属于自己的工作任务，从而难以形成共同的群体认同或者集体心理。

不仅如此，数字技术下从业者是高度分化和结构分层的。从劳动者的技能水平看，平台从业者中既存在拥有较高人力资本水平的知识工人，这些人的市场议价能力较强，他们往往依靠专业技术知识从网络平台中赚取高额的附加收益；也有低学历、低技能的简单体力劳动者，如快递小哥、外卖骑手，他们往往只能从事操作简单的重复性工作。从进入平台前的经济状况来看，平台从业者内部阶层是高度分化的，如网约车司机中，有的是有车一族，有的贷款买车，双方进行平台劳动的追求、兴趣完全不同。[2]从劳动者的经济从属性来看，平台经济中有专职从业者，也有兼职从业者，如外卖平台中，有专送和众包之分，专职往往以平台收入为生，兼职往往只是利用业余时间赚取外快甚至只是个人兴趣爱好；从劳动者的组织从属性来看，有的人注册多个平台，形成多重雇佣关系。课题组问卷调查结果显示，平台经济从业者只在一个平台提供服务的占 71.4%，在两个平台提供服务的占 20.5%，在三个及以上平台提供服务的占 8.1%。

此外，虽然互联网、微信、微博、QQ 等网络工具有利于工人团结和动员[3]，但工人的集体化倾向处于严格的监控之下，互联网、大数据等技术可

---

① 任焰、潘毅：《跨国劳动过程的空间政治：全球化时代的宿舍劳动体制》，《社会学研究》2006 年第 4 期。

② 杜鹏、张锋、刘上、裴逸礼：《从有产者游戏到互联网劳工———一项关于共享经济与劳动形式变迁的定性研究》，《社会学评论》2018 年第 3 期。

③ 汪建华：《互联网动员与代工厂工人集体抗争》，《开放时代》2011 年第 11 期。

以精准识别出可能出现的工人集体抗议、集体行动等事件，既能有效预警预测、防微杜渐，又能精确精准迅速处理，工人线上的内部团结和动员越来越难以形成线下的实际行动。

（四）平台规则透明，组织不公正感下降

组织中雇员的公正判断所产生的不公正感将直接或间接地影响雇员的态度、情感和行为。公平感是指拿自己的"结果/投入"比率与他人的"结果/投入"比率进行比较之后的产物，当这两个比率相等时，雇员就会产生公平感，反之，就会产生不公平感。[1]雇员的不公平感也是引发雇员不满乃至产生集体行动的重要因素。正如通常所说的，人们往往"不患寡而患不均"。在平台经济中，平台的规则对所有人都是一样的，平台企业的算法化与规范化所营造的公平感分化了劳动者的团结性，特别是数字技术下各个平台的收益分配规则在形式上都公开透明、内容上简单公平，基本上是计单（件）工资制度的简单复制，劳动者能够在自己的终端软件中直观快捷地看到自己的收入情况，即时结算、实时到账，劳动者与企业之间的分配额度、比例也清楚明白，不会出现传统劳动关系中劳方不清楚自己劳动所得甚至被拖欠工资的情况，从而容易产生"一视同仁""多劳多得"的公平正义感，不会因组织对不同员工的差异化态度而产生任何不公平感，从而极大地降低劳资冲突发生的概率。平台企业通过算法与规则的设定拉开了与劳动者的距离，劳动者只有多劳多得、遵循系统安排才能获得更好的结果产出。在看似公正的制度下，劳动者受到的剥削可能更甚以往，但是很少对平台组织产生不满，即便偶尔存在疑惑或不公正的感觉，也只能归因于机器和算法系统。在这个意义上，平台算法与规则是一种更为隐蔽的劳动控制。

（五）劳动结果由消费者评价，转移了矛盾对象

"如果被统治者意识到他们有共同的敌人，则会提高其团结程度。"[2]平

---

[1] 游正林：《不平则鸣：关于劳资冲突分析的文献综述》，《学海》2005年第4期。

[2] 乔纳森·特纳：《社会学理论的结构》（第7版），邱泽奇、张茂元等译，北京：华夏出版社，2006，第215页。

台劳动者工作业绩的好坏是通过评分高低得出的。但与传统用工模式的绩效考核不同，平台劳动者的分数高低不是由管理者而是由消费者给出的，消费者评价能直接影响平台劳动者的经济收入和职业发展空间。数字技术赋予消费者考评劳动者劳动质量的能力，平台以非契约的形式将对劳动的监管控制权"外包"，赋予作为第三方的消费者对劳动者进行监管的权利。消费者根据服务体验对平台劳动者进行评价打分，使平台劳动者难以感觉到自己是被平台监督和管理的，从而转移了平台与劳动者的冲突风险，消解了劳动者对平台的不满。与此同时，评分高低与劳动者奖励程度高度相关，劳动者表现出对高分评级的强烈偏好，分值已然成为劳动者在平台的"个人资产"，并通过更多在线时间和接单任务来实现"保值增值"。可见，数字技术的发展使消费者介入劳动生产关系中，劳资双方的矛盾与冲突被掩盖在平台、劳动者与消费者的复杂关系之中，工人在日常劳动中主要与消费者发生矛盾，而消费者又是分散的，从而使工人找不到团结起来共同面对的敌人，在一定程度上转移了劳资矛盾。

四　迈向新个体劳动关系

基于对国家、企业和工人在劳动关系系统中的角色和互动模式的判断，学界对于我国劳动关系转型的路径主要有市场化（个体化）、集体化以及在市场化（个体化）和集体化两种模式折中下的劳资平衡三个方向。早期对我国劳动关系的研究强调劳动力的商品化以及在此过程中劳动关系的个体化转型。伴随着改革开放的推进和政治经济的发展，我国通过劳动立法不断完善个体劳动关系调整机制。但2010年前后的工人集体行动也提出了集体化解决劳动争议的诉求，一系列的社会事件引发了学界关于我国劳动关系集体化转型的讨论。当下随着制造业的技术升级和互联网科技的快速发展，灵活用工在制造业等传统业态和平台经济等新业态中被广泛应用，工作性质和劳动关系发生深刻变革，对新时代我国劳动关系转型的研究需要新的视野和判断。

总的来看，现有对中国劳动关系现状和发展走向的研究都没有考虑技术变革和数字经济的时代背景。当前，互联网平台经济的兴起和传统企业自动化改造深刻改变了传统的劳动关系，数字技术正全面重塑互联网时代的劳动关系，使中国劳动关系转型的方向发生改变，技术对劳资政三方普遍但不均衡的赋权导致各方的力量发生了显著变化，深刻影响劳动力市场的互动和博弈，进而改变了劳动关系走"集体化路径"的固有转型方向，未来将走向"新个体劳动关系"。

新个体劳动关系是一种灵活化和模糊化的雇佣关系。在传统工业社会，特定工厂甚至特定产业中劳动者的差异性并不明显，劳动者之间容易达成身份、价值与信念上的共识①，这是劳动关系"集体化"的必要条件。但技术重构了劳动者与工作联结的方式，数字化、智能化与网络化的发展令劳动者也可以直接和生产资料相结合，进而呈现工作灵活化、时间自由支配、工作安排去组织化的特征，大量分散的个体可以自发地生产社会需要的产品和服务。一方面，基于互联网、大数据、云计算等信息网络技术的发展而形成的互联网平台，全面重构了供给与需求的联结方式，改变了人与组织的关系。劳动者不再需要加入传统的组织并形成标准劳动关系，就可以依靠平台提供的需求信息直接为消费者服务并满足其需求，劳动形态日趋多样化。在这种新型经济形态中，劳动者在雇员与自我雇佣（供应商、承包人）之间的身份变得日益模糊。另一方面，随着数字技术的发展和企业内部"大众创新、万众创业"的兴起，传统的企业和组织变得弹性化，一些传统企业也在进行平台化组织改造，趋于成为一个共创平台，终身雇员不再流行，合作式的类合伙人关系正在取代上下级的雇佣关系，员工越来越多地为自己负责，员工从被雇者、执行者转变为创业者、动态合伙人，"企业付薪"变为"用户付薪"驱动员工转型为真正的创业者，使劳资双方的身份界限变得模糊。

新个体劳动关系意味着工人团结失效。根据赖特（Wright）的观点，工人的力量主要来自"结社力量"和"结构力量"。其中，"结社力量"主要"来自工人形成集体组织的各种权力形式"②，即工人团结和集体行动的权力和力量（如集体谈判、罢工等）。随着"福特主义"生产模式的衰落，用人需求弹性化，劳动力流动性增强，尤其是伴随着个性化消费的原子化就业

---

① Clark Kerr, Frederick H. Harbison, John T. Dunlop, and Charles A. Myers, "Industrialism and Industrial Man," *International Labour Review*, Vol. 82, No. 3, 1960, pp. 236 – 250.

② 埃里克·奥林·赖特：《工人阶级的力量、资产阶级的利益和阶级妥协》，载李友梅等编《当代中国社会分层：理论与实证》，北京：社会科学文献出版社，2006，第118～119页。

形态，使劳动者组织化的难度明显增加①。各自分散的劳动者失去了集体团结共生的基础。基于互联网与数字平台，在自由支配时间与空间的情况下，劳动者需要独自完成平台分配的订单任务，工作场景与工作状态均有所不同，失去了集体的工作环境和生活条件，他们很难再形成共同的思想观念和集体认同。除此之外，劳动者内部之间的分化也加剧了统一身份认同和团结合作的困难。人力资本丰富的知识工人可以凭借创造力、知识、经验在技能偏向型劳动力市场赚取更高的附加收益，低技能型的简单体力劳动者虽然在就业可及性等方面获得了赋权，但是进一步固化在去技术化的"执行"层面。职业身份以及能力的差异进一步瓦解了平台劳动者的集体认同，导致团结的失效。此外，政府和平台企业对大数据的掌握也让工人的团结和动员难以形成集体抗争力量。

新个体劳动关系彻底打破了集体劳动关系赖以形成的劳资对立的集体利益格局。雇佣关系的灵活化形成了利益共生的工作联结。劳动者无须再加入传统的组织，通过联盟的方式，员工与企业的关系就由指令、命令式的被动接受转化为互惠互利的战略合作。企业能够以更灵活的方式吸纳越来越多的劳动者发挥集群效应，劳动者不仅有了更多的就业选择，个人价值与能力也因此能够得到提升。在这种情况下，劳资对立的集体利益格局被打破，劳动者只有尽可能多地创造业绩，企业才有可能更有竞争性，个人也才能获得更多的收益，劳动者个人的利益与平台的利益捆绑在一起形成了利益共同体。技术变革时代，企业员工改变了将企业作为终身供职对象的观点，而是将其作为提升自身能力、树立自我品牌的平台，员工与企业的关系也转化为一种合作模式，即员工与企业双方需要彼此共创价值②。对于劳动者而言，他们无须再对企业忠诚，而是对客户忠诚，对自己的职业能力和职业道德忠诚③，进一步加剧了工人的个体化。

虽然从劳资力量对比的客观现实来看，员工合法权益的正当维护需要团结形成集体力量，集体劳动关系也是政府提高劳动监管效能、节约社会治理成本的一个选择，但是在互联网时代，技术进步改变了中国劳动关系

---

① F. H. R. Hendrickx, "The Future of Collective Labour Law in Europe," *European Labour Law Journal*, Vol. 1, No. 1, 2010, pp. 59 – 80.

② 陈春花：《共享时代的到来需要管理新范式》，《管理学报》2016 年第 2 期。

③ 彭剑锋：《互联网时代的人力资源管理新思维》，《中国人力资源开发》2014 年第 12 期。

集体化转型的方向，在工作性质变革、雇佣关系模糊化、利益共生联结和集体团结失效等多重因素的作用下，中国劳动关系转型将不再亦步亦趋地遵循市场经济条件下西方国家"个体化—集体化—再个体化（无工会产业关系系统①）"的固有路径，而是呈现"新个体化"的发展趋势，为此政府的干预和劳动政策设计都需要重新考虑。

---

① 托马斯·寇肯、哈瑞·卡兹、罗伯特·麦克西：《美国产业关系的转型》，朱飞、王侃译，北京：中国劳动社会保障出版社，2008，第39页。

图书在版编目（CIP）数据

技术赋权与互联网时代的劳动关系转型／邓智平著
. -- 北京：社会科学文献出版社，2023.11
ISBN 978 - 7 - 5228 - 2680 - 6

Ⅰ.①技…　Ⅱ.①邓…　Ⅲ.①互联网络 - 应用 - 劳动
关系 - 研究 - 中国　Ⅳ.①F249.26

中国国家版本馆 CIP 数据核字（2023）第 200584 号

技术赋权与互联网时代的劳动关系转型

著　　者／邓智平

出 版 人／冀祥德
组稿编辑／谢蕊芬
责任编辑／孟宁宁
责任印制／王京美

出　　版／社会科学文献出版社·群学出版分社（010）59367002
　　　　　地址：北京市北三环中路甲 29 号院华龙大厦　邮编：100029
　　　　　网址：www. ssap. com. cn
发　　行／社会科学文献出版社（010）59367028
印　　装／三河市东方印刷有限公司

规　　格／开　本：787mm × 1092mm　1/16
　　　　　印　张：12　字　数：195 千字
版　　次／2023 年 11 月第 1 版　2023 年 11 月第 1 次印刷
书　　号／ISBN 978 - 7 - 5228 - 2680 - 6
定　　价／89.00 元

读者服务电话：4008918866